高等院校"十三五"工商管理类课程规划教材

政府与非营利组织会计

章新蓉　主编

Government accounting and Non-profit Organization Accounting

经济管理出版社

图书在版编目（CIP）数据

政府与非营利组织会计/章新蓉主编. —北京：经济管理出版社，2016.12
ISBN 978-7-5096-4687-8

Ⅰ.①政… Ⅱ.①章… Ⅲ.①单位预算会计 Ⅳ.①F810.6

中国版本图书馆 CIP 数据核字（2016）第 262366 号

组稿编辑：王光艳
责任编辑：许　兵　吴菡如
责任印制：黄章平
责任校对：超　凡

出版发行：经济管理出版社
　　　　　（北京市海淀区北蜂窝 8 号中雅大厦 A 座 11 层　100038）
网　　址：www.E-mp.com.cn
电　　话：（010）51915602
印　　刷：三河市延风印装有限公司
经　　销：新华书店
开　　本：787mm×1092mm/16
印　　张：22.25
字　　数：472 千字
版　　次：2017 年 2 月第 1 版　2017 年 2 月第 1 次印刷
书　　号：ISBN-978-7-5096-4687-8
定　　价：58.00 元

·版权所有　翻印必究·

凡购本社图书，如有印装错误，由本社读者服务部负责调换。
联系地址：北京阜外月坛北小街 2 号
电话：（010）68022974　邮编：100836

前　言

随着新一轮政府与非营利组织会计准则和制度的改革和陆续颁布，标志着我国政府与非营利组织会计发展进入一个新阶段。近年来财政部已经陆续颁布了《事业单位会计准则》和《会计制度》(2013年)、《行政单位会计制度》(2014年)、《财政总预算会计制度》(2015年)，在政府与非营利组织会计实务规范方面，新的准则制度已经进行了全覆盖，不仅如此，2015年财政部还颁发了《政府会计准则——基本准则》，搭建起了政府与非营利组织基本理论的概念框架，随着2015年末政府综合财务报告编制指南（试行）的颁布，标志着基于权责发生制的政府综合财务报告已经突破了原有的政府与非营利组织会计核算内容的边界。本书就是在改革进入一个新阶段背景下应运而生的。本书在体系结构安排上，以《政府会计准则——基本准则》为指南，内容涵盖了"政府与非营利组织会计的基本理论"和"事业、行政、财政总预算会计信息生成系统"及"政府综合财务报告的编制"三大模块。其中第一大模块为政府与非营利组织会计基本理论，主要包括政府与非营利组织概念及其会计概念、政府与非营利组织会计规范及其会计目标、会计要素、会计假设、会计信息质量要求以及会计确认与计量等基本理论；第二大模块为事业单位、行政单位和财政总预算会计的经济业务账务处理及会计报表编制；第三大模块是政府综合财务报告的编制，包括政府综合财务报告的概述和编制方法。本书吸收了近年来政府与非营利组织会计理论发展、我国政府与非营利组织会计准则改革的最新内容，知识涵盖面广，突出实务，具有较好的应用性、实践性和可操作性。各章均配有复习思考题，便于读者掌握和理解所学内容。

在本书的编写过程中，力求体现以下特色：

（1）新颖性。紧密结合财政部最新颁发的《政府会计准则——基本准则》及四项具体准则——事业单位会计准则和会计制度、行政事业单位会计制度、财政总预算会计制度、政府综合财务报告编制指南进行内容更新和知识拓展，严格遵循最新颁布的政府与事业单位相关会计准则和会计制度，突出新准则和新制度的变化。

（2）结构安排的创新性。本书以《政府会计准则——基本准则》界定的适用范围为标准，设计和安排了"三大模块"的内容，其一是政府与非营利组织会计的基本理论；其二是事业单位、行政单位和财政总预算会计实务；其三是按照最新颁布的政府综合财务报告编制指南新增设的政府财务综合报告的编制。在体系结构上具有完整性、创新性，突出重点。

（3）适用性。本书既可供高等院校会计学专业和其他经济管理类专业的本专科学生使用，也可供会计专业和其他经济管理类专业硕士研究生使用，特别是会计学专业硕士（MPACC）和公共管理专业硕士（MPA）的学生使用。同时，政府和事业单位的会计人员及管理人员也可使用本书。

本书由章新蓉主编，负责大纲的编写并对全书进行了总纂和审定，各章的执笔人如下：第一篇由章新蓉执笔，第二篇由薛正宽执笔，第三篇由詹学刚执笔，第四篇和第五篇由唐莉执笔。

政府与非营利组织会计依然处在不断深化改革的过程中，本书也始终处于不断完善中，由于编写时间和作者的水平有限，难免存在不足和疏漏，恳请读者批评指正。我们相信在读者的大力支持下，本书会不断得到完善。

编 者

2016 年 9 月

目 录

第一篇 总 论

第一章 政府与非营利组织会计概述 ………………………………………… 003

第一节 政府与非营利组织会计的产生与发展 …………………………… 003

第二节 政府与非营利组织会计概念 ……………………………………… 005

第三节 政府与非营利组织会计规范 ……………………………………… 007

第二章 政府与非营利组织会计基本理论 ……………………………………… 010

第一节 政府与非营利组织会计目标 ……………………………………… 010

第二节 政府与非营利组织会计假设 ……………………………………… 013

第三节 政府与非营利组织会计信息质量要求 …………………………… 014

第四节 政府与非营利组织会计要素 ……………………………………… 015

第五节 政府与非营利组织会计报告 ……………………………………… 019

第二篇 事业单位会计

第三章 事业单位会计概述 ……………………………………………………… 023

第一节 事业单位会计及其特点 …………………………………………… 023

第二节 事业单位会计制度与会计科目 …………………………………… 024

第四章 事业单位资产核算 ……………………………………………………… 027

第一节 流动资产 …………………………………………………………… 027

第二节 非流动资产 ………………………………………………………… 041

第五章　事业单位负债核算 … 060

　　第一节　流动负债 … 060
　　第二节　非流动负债 … 069

第六章　事业单位收入核算 … 073

　　第一节　财政补助收入 … 073
　　第二节　事业收入 … 075
　　第三节　上级补助收入 … 077
　　第四节　附属单位上缴收入 … 078
　　第五节　经营收入 … 080
　　第六节　其他收入 … 081

第七章　事业单位支出核算 … 083

　　第一节　事业支出 … 084
　　第二节　上缴上级支出 … 086
　　第三节　对附属单位补助支出 … 087
　　第四节　经营支出 … 088
　　第五节　其他支出 … 089

第八章　事业单位净资产核算 … 092

　　第一节　事业基金 … 092
　　第二节　非流动资产基金 … 093
　　第三节　专用基金 … 095
　　第四节　财政补助结转与结余 … 096
　　第五节　非财政补助结转 … 098
　　第六节　非财政补助结余 … 100
　　第七节　非财政补助结余分配 … 102

第九章　事业单位会计报表 … 104

　　第一节　事业单位会计报表概述 … 104
　　第二节　资产负债表 … 105
　　第三节　收入支出表 … 109

| 第四节 财政补助收入支出表 | 113 |
| 第五节 会计报表附注 | 116 |

第三篇　行政单位会计

第十章　行政单位会计概述 119
第一节　行政单位会计及其特点 119
第二节　行政单位会计科目 120

第十一章　行政单位资产核算 123
第一节　流动资产 123
第二节　非流动资产 136

第十二章　行政单位负债核算 159
第一节　流动负债 159
第二节　非流动负债 165

第十三章　行政单位收入核算 168
第一节　财政拨款收入 168
第二节　其他收入 170

第十四章　行政单位支出核算 172
第一节　经费支出 172
第二节　拨出经费 175

第十五章　行政单位净资产核算 177
第一节　财政拨款结转 177
第二节　财政拨款结余 180
第三节　其他资金结转结余 181
第四节　资产基金 184
第五节　待偿债净资产 186

第十六章　行政单位会计报表 ……………………………………………… 188

第一节　资产负债表 …………………………………………………… 188
第二节　收入支出表 …………………………………………………… 193
第三节　财政拨款收入支出表 ………………………………………… 196
第四节　会计报表附注 ………………………………………………… 198

第四篇　财政总预算会计

第十七章　财政总预算会计概述 …………………………………………… 201

第一节　财政总预算会计概念及其特点 ……………………………… 201
第二节　财政总预算会计制度与会计科目 …………………………… 202

第十八章　财政总预算会计的资产核算 …………………………………… 205

第一节　流动资产 ……………………………………………………… 205
第二节　非流动资产 …………………………………………………… 216

第十九章　财政总预算会计的负债核算 …………………………………… 221

第一节　流动负债 ……………………………………………………… 221
第二节　非流动负债 …………………………………………………… 227

第二十章　财政总预算会计的收入核算 …………………………………… 239

第一节　一般公共预算本级收入 ……………………………………… 239
第二节　政府性基金预算本级收入 …………………………………… 243
第三节　国有资本经营预算本级收入 ………………………………… 245
第四节　财政专户管理资金收入 ……………………………………… 246
第五节　专用基金收入 ………………………………………………… 247
第六节　转移性收入 …………………………………………………… 248
第七节　债务收入与债务转贷收入 …………………………………… 252

第二十一章　财政总预算会计的支出核算 ………………………………… 255

第一节　一般公共预算本级支出 ……………………………………… 255
第二节　政府性基金预算本级支出 …………………………………… 258

第三节	国有资本经营预算本级支出	259
第四节	财政专户管理资金支出	260
第五节	专用基金支出	261
第六节	转移性支出	262
第七节	债务还本支出和债务转贷支出	265

第二十二章 财政总预算会计的净资产核算 268

第一节	结转结余	268
第二节	预算稳定调节基金与预算周转金	274
第三节	资产基金与待偿债净资产	276

第二十三章 财政总预算会计报表 278

第一节	财政总预算会计报表概述	278
第二节	资产负债表	280
第三节	收入支出表	283
第四节	预算执行情况表	285
第五节	会计报表附注	287

第五篇 政府综合财务报告的编制

第二十四章 政府综合财务报告概述 291

第一节	政府综合财务报告编制背景	291
第二节	政府综合财务报告的主要内容	292
第三节	政府综合财务报告的编制流程	292

第二十五章 政府综合财务报表的编制 295

第一节	政府综合会计报表的内容及计量方法	295
第二节	政府综合会计报表的编制	297
第三节	政府财务报表附注编制的方法	306
第四节	政府财政经济状况分析	307
第五节	政府财政财务管理情况分析	309

附录 政府综合财务报表 310

第一篇 总论

　　从社会功能的定位来看,我们将社会组织区分为政府、非营利组织和企业三个部分。政府在经济活动中一般不采取直接参与的方式,而是进行必要的监督、协调和指导,代表社会公共利益制订游戏规则,并扮演裁判的角色。企业则根据自身掌握的资源和市场情况,以利润最大化为目标,自主地参与经济活动。根据亚当·斯密"看不见的手"的理论,企业只专注于追求自身的利益,就可以达到全社会范围的最优资源配置和最大效率。在现代社会还存在相当多的"公共事业",这些"公共事业"对于整个社会而言非常重要而且必不可少,但是对企业而言,从事"公共事业"却不一定能获得收益,而对于政府而言,如果将"公共事业"全部包揽,会导致政府负担过重,必然不能完全满足人们对公共物品的需求。因此,这些"公共事业"通常是由非营利组织来承担。

　　与现代社会组织结构相适应,会计相应地分为政府会计、非营利组织会计和企业会计,因政府与非营利组织都是不以营利为目的的社会组织,因此,通常将这两大组织的会计合并称为政府与非营利组织会计,与企业会计对应,也称为非企业会计。

第一章
政府与非营利组织会计概述

【本章学习目标】 本章在简要介绍政府与非营利组织会计产生和发展的基础上,主要讲述政府与非营利组织界定、政府与非营利组织会计界定、政府与非营利组织会计规范体系等基本问题。本章学习目标在于了解政府与非营利组织会计的产生和发展,理解政府与非营利组织及会计的概念,理解政府与非营利组织会计规范体系及其主要内容框架。

因政府及非营利组织与企业在营运目的上具有本质区别,导致政府与非营利组织会计与企业会计在理论和实务方面存在诸多区别,本章重点界定政府与非营利组织及其会计的概念,并阐述我国政府与非营利组织会计规范的现状及其发展。

第一节 政府与非营利组织会计的产生与发展

会计自产生以来经历了由低级到高级、由简单到复杂的发展过程。会计的萌芽最早可以追溯到公元前3600年,至公元前1000年左右,一些较发达的国家就出现了专职会计。据我国《周礼》记载,在古代西周就出现了"会计"一词,并专门设有"司会"一职,专门核算周王朝财赋收支,对宫廷的收支实行"月计岁会",即每月的零星计算称为"计",年终的总合计算称为"会"。西周的"官厅会计"发展为我国最早的政府会计。政府会计作为一种专门的职能,其产生是适应承担反映财政收支和监督政府责任履行的需要,政府会计是国家财政管理的一个重要组成部分。

20世纪70年代,西方国家为了提高政府工作效率和政府的国际竞争力,推进了以新公共管理理论为核心的政府财政管理体制的改革,以适应世界政治和经济环境的变化。随着新公共管理运动的推进,需要进一步明确公共受托责任,这一要求从强调政府资源受托责任发展为衡量政府管理及提供公共产品服务的绩效评价，这些改革直接推进了政府会计改革的进程。自20世纪80年代以来，新西兰、英国、美国、澳大利亚等国的政府会计先后实施了以权责发生制为基础的会计改革，建立了一套政府会计准则体系，并成为国际上政府会计的通行惯例。

国际公共部门会计准则是由国际公共部门会计准则理事会（IPSASB）制订并发布，其前身为公共部门委员会，成立于1986年，2004年11月改名为国际公共部门会计准则理事会（IPSASB），截至2008年10月，国际公共部门会计准则理事会已经陆续发布了26项基于权责发生制的国际公共部门会计准则，1项基于收付实现制基础的财务报告。同时，还发布了系列研究报告等，如有重大影响的"在政府中实施应计制会计：新西兰的经验""美国权责发生制会计之路"等。国际公共部门会计准则理事会颁发的政府会计准则及其相关研究报告，对促进世界各国对政府预算、预算会计，特别是政府财务会计及财务报告的改进发挥了重要作用。

自中华人民共和国成立以来，我国的政府与非营利组织会计工作经历了一段不平凡的发展历程。20世纪50年代，我国借鉴苏联的经验，诞生了中国预算会计，财政部先后制定多种统一的会计制度，建立了一套适合当时计划经济管理体制需要的会计制度体系，当时的预算会计是对国家预算资金活动过程及其结果实施的一项管理活动，主要是核算和监督预算资金运动。在改革开放前，中国预算会计理论和方法几乎没有大的变化。党的十一届三中全会后，我国进入了有计划的市场经济，20世纪90年代，我国企业会计制度率先进行了重大改革，财政部于1992年先后颁布了《企业会计准则》和《企业财务通则》，是我国会计理论与实务发展的一个重要里程碑，标志着我国会计模式的转变，并开始与国际惯例接轨。1996~1998年，财政部相继发布征求意见稿，将预算会计制度分为三大部分，并相继颁发了《财政总预算会计制度》《行政单位会计制度》《事业单位会计准则》和《事业单位会计制度》，这标志着我国政府与非营利组织会计已经开始走上了适应市场经济需要的改革之路。随着我国经济体制改革的深入，公共财政体制的改革，特别是国库集中收付制度、政府收支分类以及部门预算等各项公共财政的改革，促进了我国政府与非营利组织会计规范体系的深化改革，从2012年开始，我国已相继颁发了改革后的新《事业单位会计准则》和《事业单位会计制度》《行政单位会计制度》《财政总预算会计制度》，更重要的是国务院批转了财政部《权责发生制政府综合财务报告制度改革方案》（以下简称《改革方案》）（国发〔2014〕63号），《改革方案》明确要求，2015年制定政府会计基本准则，2016年起要制定发布政府会计具体准则及应用指南，力争在2020年前建立具有中国特色的政府会计准则体系。财政部按照《改革方案》的要求，加快建立政府会计准则体系，2015年财政部颁发了《政府会计准则——基本准则》和《政府综合财务报告编制指南》，2016年财政部颁发了存货、固定资产、无形资产、投资四项具体准则。政府会计准则体系的建立标志着我国政府会计规范体系建设从逐步发展走向成熟，对提高我国政府会计信息质量产生了深远的意义。随着我国经济体制改革的进一步深入，我国的政府会计准则仍将持续地不断颁布、修改和完善。

第二节　政府与非营利组织会计概念

一、政府与非营利组织界定

2015年10月由财政部颁布，并于2017年1月1日开始执行的《政府会计准则——基本准则》中明确指出本准则适用于各级政府、各部门、各单位，而准则对各部门、各单位的范围界定是指与本级政府财政部门直接或者间接发生预算拨款关系的国家机关、军队、政党组织、社会团体、事业单位和其他单位（在本章简称政府）。军队、已纳入企业财务管理体系的单位和执行《民间非营利组织会计制度》的社会团体，不适用政府会计准则。本书按照《政府会计准则——基本准则》的适用范围界定政府与非营利组织范围。

1. 政府组织的界定

政府是由被授权制定公共政策与处理国家事务的个人和机构所组成的政治组织（2004，杨光斌）。在国际上通常称为狭义的公共部门，按照国际会计师联合会的表述，公共部门是指国家政府机构、区域政府机构、地方政府机构以及相应的政府主体（如机构、团体、委员会），而不包括各种非营利组织。在我国通常称为行政单位，是指进行国家行政管理、组织经济建设和文化建设、维护社会公共秩序的单位，包括国家权力机关、行政机关、司法机关、检察机关以及各级党政和人民团体。

2. 事业单位的界定

我国的事业单位是由政府出资兴办的公立非营利组织。事业单位是指不直接进行物质资料的生产和流通，不具有国家管理职能，直接或间接地为上层建筑、生产建设和人民生活服务的单位，包括科学、教育、文化、广播电视、信息、卫生、社会福利等公益事业单位。按照《事业单位登记管理暂行条例》（国务院令第411号，2004年6月27日）第二条规定：事业单位是指国家为了社会公益目的，由国家机关举办或者其他组织利用国有资产举办的，从事教育、科技、文化、卫生等活动的社会服务组织。

《事业单位登记管理暂行条例实施细则》规定的事业单位行业有28个：①教育；②科研；③文化；④卫生；⑤体育；⑥新闻出版；⑦广播电视；⑧社会福利；⑨救助减灾；⑩统计调查；⑪技术推广与实验；⑫公用设施管理；⑬物资仓储；⑭监测；⑮勘探与勘

察；⑯测绘；⑰检验检测与鉴定；⑱法律服务；⑲资源管理事务；⑳质量技术监督事务；㉑经济监督事务；㉒知识产权事务；㉓公证与认证；㉔信息与咨询；㉕人才交流；㉖就业服务；㉗机关后勤服务；㉘其他事业单位的社会服务组织。

以上事业单位不包括已经改制为企业的单位组织。

二、政府与非营利组织会计概念

政府与非营利组织会计是以货币为主要计量单位，并利用专门的方法和程序，对政府及非营利组织的财务收支进行完整的、连续的、系统的核算和监督，旨在考核受托责任的履行情况，并为有关决策人提供会计信息的一项管理活动。

在政府行政机关中，财政承担着国家政府分配社会产品、调节经济活动的重要手段所具有的职责和功能，因此，财政部门除担负着财政机关行政会计的核算和监督职能外，还担负着财政总预算会计的核算和监督职能，我国于1996年开始就将预算会计分为财政总预算会计、行政单位会计、事业单位会计三大部分。

1. 财政总预算会计

财政总预算会计是反映政府财政部门预算和财政周转性资金运动的会计。与我国五级财政的划分一致，包括中央政府会计、省（自治区、直辖市）政府会计、市政府会计、县政府会计、乡政府会计，现执行2015年10月财政部颁发的新财政总预算会计制度。

2. 行政单位会计

行政单位会计是反映各级行政单位的单位预算资金运动的会计。按照预算关系分为一级会计单位、二级会计单位、三级（或基层）会计单位。现执行2013年12月财政部颁发的新行政单位会计制度。

3. 事业单位会计

事业单位会计是反映各类事业单位预算资金及经营资金运动的会计。包括高校会计、医院会计、中小学会计、科学事业单位会计、彩票机构会计、其他非营利组织会计等。现执行2012年12月财政部颁发的新事业单位会计准则和新事业单位会计制度，以及财政部会同相关部门相继颁发的事业单位行业会计制度，如高校会计制度、中小学会计制度、医院会计制度、科学事业单位会计制度、彩票机构会计制度等。

第三节 政府与非营利组织会计规范

一、我国的会计规范体系

会计规范是指人们从事与会计有关的活动时所应遵循的约束性或指导性的行为准则。我国会计法规体系是以会计法律为基础构成的一个比较完整的法规体系,包括会计法律与会计的行政法规两个部分。

1. 会计相关法律

会计法律,是指由全国人民代表大会及其常务委员会经过一定立法程序制定的有关会计工作的法律。目前我国会计的基本法为《中华人民共和国会计法》(以下简称《会计法》)。最早的《会计法》于1985年1月21日,在第六届全国人大常委会第九次会议通过,并于1985年5月1日实施。我国的《会计法》经过了两次修订。现行的《会计法》是2000年7月1日修订实施的。主要对会计工作总的原则、会计核算、公司和企业核算的特别规定、会计监督、会计机构和会计人员以及法律责任等方面作了原则性的规定。作为会计方面的根本大法,无论是对企业还是对政府及非营利组织的会计行为都具有强制的约束力。而政府与事业单位担负着执行各级政府预算的工作,政府与事业单位会计在遵循《会计法》的同时,还需要遵循《中华人民共和国预算法》(以下简称《预算法》),按照《预算法》规定,各级政府需向人民代表大会做本级总预算草案报告,因此,政府与事业单位提供的会计信息应适应预算管理的需要,其财务收支活动必须符合《预算法》管理的要求,并接受立法机构的监督,这是政府据以解除受托责任的重要标志之一。

2. 会计准则和会计制度

目前,我国政府与非营利组织会计正处于改革的进程中,在会计规则方面采用"准则"加"制度"的模式。会计准则与会计制度都属于行政规范性文件。会计准则是对会计实践活动的规律性总结,是开展会计工作的标准和指导思想,是一个包括普遍性指导意义和具体指导会计业务处理意义在内的具有一定层次结构的会计规范。主要规范会计要素的确认、计量和报告。会计准则包括基本会计准则和具体会计准则,均由财政部制定并公布,均在全国范围内实施,属于国家统一的会计核算制度的组成部分。而会计制度是以特定行业的单位为对象,着重对会计科目的设置、使用和会计报表的格式及其编制加以详细规范,我国统一的会计准则和制度体系按企业与非企业分类的框架,如图1-1所示。

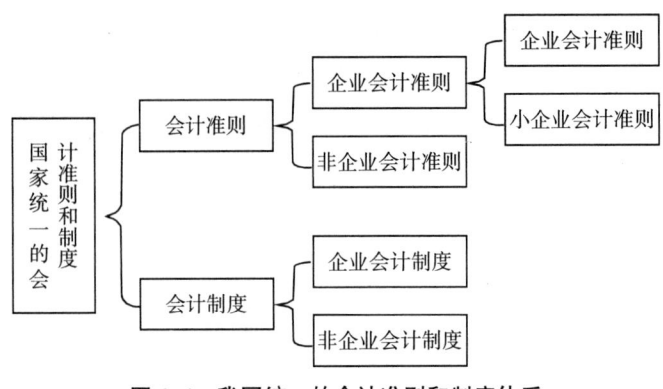

图 1-1 我国统一的会计准则和制度体系

二、我国现行的政府与非营利组织会计准则和制度

政府与非营利组织会计行政法规是指除了企业以外的其他单位适用的会计准则和会计制度，主要包括《政府会计准则——基本准则》及具体准则、《事业单位会计准则》《事业单位会计制度》《行政单位会计制度》和《财政总预算会计制度》等。

1. 政府会计准则

目前政府会计已经颁发了一个基本准则和四个具体准则。2015年10月23日财政部令第78号颁发了《政府会计准则——基本准则》（以下简称《准则》）。《准则》分为总则、政府会计信息质量要求、政府预算会计要素、政府财务会计要素、政府决算报告和财务报告、附则共6章61条，自2017年1月1日起施行。2016年7月6日财政部根据《政府会计准则——基本准则》制定印发了《政府会计准则第1号——存货》《政府会计准则第2号——投资》《政府会计准则第3号——固定资产》和《政府会计准则第4号——无形资产》（以下简称四项具体准则）。2016年财政部不仅颁发了四项具体准则，还相继启动了政府或有事项、租赁、土地、政府储备物资、政府收入、政府成本费用等项目的具体准则研究工作。具体准则的陆续颁发将标志着建立具有中国特色的政府会计准则体系又迈上了一个新的台阶。

2. 事业单位会计准则和会计制度

2012年12月6日，财政部令第72号颁发了《事业单位会计准则》。《事业单位会计准则》分总则、会计信息质量要求、资产、负债、净资产、收入、支出或者费用、财务会计报告、附则共9章49条，自2013年1月1日起施行。1997年5月28日财政部印发的《事业单位会计准则》（财预字〔1997〕236号）予以废止。

2012年12月18日，财政部以财库〔2012〕218号印发《事业单位会计制度》。《事业单位会计制度》分总则、会计信息质量要求、资产、负债、净资产、收入、支出、会计科目、财务报表、附则共10章46条，自2013年1月1日起施行。1997年7月17日财政部印发的《事业单位会计制度》（财预字〔1997〕288号）同时废止。财政部会同相关部门还根据事业单位的行业先后颁布了医院、基层医疗机构、高校、中小学、彩票、科学事业单位等行业会计制度。

3. 行政单位会计制度

为了进一步规范行政单位的会计核算，提高会计信息质量，2013年12月18日，财政部以财库〔2013〕218号印发《行政单位会计制度》。《行政单位会计制度》分总则、会计信息质量要求、资产、负债、净资产、收入、支出、会计科目、财务报表、附则共10章46条，自2014年1月1日起施行。1998年2月6日财政部印发的《行政单位会计制度》（财预字〔1998〕49号）予以废止。

4. 财政总预算会计制度

为了进一步规范各级政府财政总预算会计核算，提高会计信息质量，充分发挥总预算会计的职能作用，2015年10月23日财政部以财库〔2015〕192号印发《财政总预算会计制度》。《财政总预算会计制度》分总则、会计信息质量要求、资产、负债、净资产、收入、支出、会计科目、会计结账与结算、总会计报表、信息化管理、会计监督、附则共13章63条，本制度自2016年1月1日起施行。1997年6月25日发布的《财政总预算会计制度》（财预字〔1997〕）予以废止。

除了上述会计准则和会计制度之外，财政部于2014年12月12日，国务院以国发〔2014〕63号批转财政部《权责发生制政府综合财务报告制度改革方案》（以下简称《方案》）。《方案》分为建立权责发生制政府综合财务报告制度的重要意义，指导思想、总体目标和基本原则，主要任务，具体内容，配套措施，实施步骤，组织保障七个部分。2015年12月2日，财政部以财库〔2015〕224号印发了《政府综合报告编制操作指南（试行）》，以及财政部发布的暂行规定或者补充规定等，构成国家统一的政府与非营利组织会计规范体系的组成部分。

复习思考题

1. 什么是政府与非营利组织会计？按照《政府会计准则——基本准则》规定的适用范围包括几个部分？

2. 我国现行的政府与非营利组织会计规范包括哪些层次？政府会计准则体系包括哪些内容？

3. 目前我国政府与非营利组织会计执行哪些会计制度？

第二章
政府与非营利组织会计基本理论

【本章学习目标】 本章以《政府会计准则——基本准则》为依据,按照政府会计与非营利组织基本理论的逻辑框架,阐述了政府与非营利组织会计目标、会计假设、会计信息质量要求、会计要素及其确认基础和计量模式。本章学习的目标在于理解政府与非营利组织会计目标、会计假设、会计信息质量要求和会计确认基础和计量属性模式,掌握预算会计要素和财务会计要素的定义及其主要分类。

政府与非营利组织会计基本理论,要求我们理解这样几个具有递进逻辑关系的问题:政府与非营利组织会计到底为哪些利益相关者提供信息,即主要有哪些群体会关注政府决算报告和财务报告?政府会计主体要提供这些会计信息,客观上要受到一些条件的限制,那么政府会计主体应当在什么样的前提下提供这些会计信息?提供的这些会计信息需要满足哪些质量特征才能保障对信息使用者的决策是有用的?政府会计主体具体又能够提供哪些内容的会计信息?这些信息又是如何加工出来并报送出去的?上述五个问题依次对应政府与非营利组织的会计目标、会计核算基本前提、会计信息质量要求、会计要素、会计要素的确认与计量及会计报告等核心理论,这些理论基于上述逻辑关系形成一个有机的框架体系,也构成政府会计与非营利组织基本理论的框架。

第一节 政府与非营利组织会计目标

会计目标是指会计工作所要达到的目的。会计目标是会计信息系统整体运行和发挥其职能的方向和归宿。按照我国《政府会计准则——基本准则》的规定,将其政府会计目标区分为预算会计目标和财务会计目标,即"双目标"模式。

一、政府与非营利组织会计信息使用者

我国《政府会计准则——基本准则》第五条规定：政府决算报告使用者包括各级人民代表大会及其常务委员会、各级政府及其有关部门、政府会计主体自身、社会公众和其他利益相关者；政府财务报告使用者包括各级人民代表大会常务委员会、债权人、各级政府及其有关部门、政府会计主体自身和其他利益相关者。综上所述，政府会计信息现在的和潜在的使用者主要包括以下几类。

1. 立法和政府监督机构

我国的立法机构是人民代表大会。人民代表大会及其常务委员会是我国立法的最高权力机构，各级人民代表大会需要依据政府相关部门提供的信息来做出立法及修改相关法律的决策；而监督机关，如纪委及监察部门、审计部门，需要政府会计提供的信息检查监督各级政府及相关部门的责任履行情况。

2. 各级政府管理部门

政府机构包括中央政府和地方政府及其职能部门，一方面，政府部门要进行宏观管理和调控，要从宏观上对行业、金融和资本等各类市场进行监督和调节，从而制定正确、合理、有效的调控和管理措施，促进国民经济协调、有序发展。这在很大程度上需要会计系统提供的信息，由政府相关部门进行汇总分析，为宏观经济决策服务。另一方面，政府管理层在履行国家赋予的权利、执行预算过程中，作为独立的会计主体，需要随时了解和掌握财务信息，包括资产运用与分布、资金使用情况、政府绩效等信息，管理层不仅需要借助于会计信息对日常活动进行管理和控制，还需要借助于会计信息进行科学的经营决策和管理决策。

3. 社会公众

我国采取人民代表大会制度，一方面，社会公众通过人民大会的代表来履行其作为公众的权利；另一方面，社会公众作为纳税人，享有政府资源使用是否合理、合法的知情权，即有权通过政府会计信息了解政府履行政府责任和提供公共服务的情况。

4. 债权人或潜在债权人

在《预算法》修改前，我国除中央政府外，是不允许地方政府发行地方债券的。2014年8月通过的新《预算法》从法律层面上打开了地方政府债券发行合法性的大门，《预算法》已于2015年1月1日起生效，新《预算法》第三十五条规定，"经国务院批准的省、自治区、直辖市的预算中必需的建设投资的部分资金，可以在国务院确定的限额内，通过发行地方政府债券举借债务的方式筹措"。当政府发行政府债券时，银行及其他债权人及相关评级机构需要了解和评价各级政府的财务能力和信用等级，需要评价政府的未来现金流量信息，掌握政府是否能够定期付息，是否能够偿还到期贷款本金等有关财务信息，这

些都需要债权人去借助于会计信息来进行分析。

（五）其他利益相关者

政府及非营利组织是多资源的综合体，其行政管理和提供的公共服务覆盖全社会，政府及非营利组织的内部员工、转移支付方、供应商、接受服务者、捐助者及其媒体机构都需要了解会计信息，相关各方还可以通过会计信息了解政府及非营利组织为当地提供就业机会的能力、对环境的保护能力等重要信息。

所有利益相关者都有权知道政府的预算执行及财务状况。他们需要了解反映政府受托责任的相关信息及有利于提高政府工作效率的信息。这些利益相关者作为政府会计信息的现在或潜在的使用者。

二、政府与非营利组织会计目标

综上所述，可以将政府会计目标进一步理解为：会计目标是利用会计信息系统的加工而生成的会计信息，向立法和政府监督机构、各级政府及相关部门，以及社会公众、债权人、接受服务者等利益相关者提供有关政府及相关部门的决算报告和财务报告方面的对决策有用的会计信息，并客观地反映各级政府及相关部门管理层受托责任的履行情况。政府会计目标强调反映政府公共受托责任的履行情况及评价管理和组织绩效的有关会计信息，有助于政府有关管理部门做出经济、政治和社会决策。按《政府会计准则——基本准则》的规定，政府会计目标具体又分为两大目标。

1. 决算报告目标

决算报告的目标是向决算报告使用者提供与政府预算执行情况有关的信息，综合反映政府会计主体预算收支的年度执行结果，有助于决算报告使用者进行监督和管理，并为编制后续年度预算提供参考和依据。实际为预算管理目标，政府会计应该披露预算编制与执行各环节的信息，满足预算管理内部和外部信息使用者的需要。

2. 财务会计目标

财务报告的目标是向财务报告使用者提供与政府的财务状况、运行情况（含运行成本）和现金流量等有关信息，反映政府会计主体公共受托责任履行情况，有助于财务报告使用者作出决策或者进行监督和管理。在这一目标下，政府会计系统对于政府控制的资产及其消耗情况、政府承担债务的规模与结构以及偿还能力等信息在会计系统中应进行完整的披露，以及实际交易与事件的绩效，主要满足外部信息使用者。

第二节 政府与非营利组织会计假设

会计核算的基本前提通常被称为会计假设,它是会计确认、计量和报告的基本前提,是对会计核算所处时间、空间环境等所做的合理设定。我国《政府会计准则——基本准则》规定的会计核算的基本前提包括会计主体、持续运行、会计分期和货币计量。

一、会计主体

会计主体,是指政府会计确认、计量和报告的空间范围。会计核算和财务报告的编制应当集中反映特定对象的活动,并将其与其他会计实体区别开来,才能实现会计目标。政府会计主体应当对其自身发生的经济业务或者事项进行会计核算。

二、持续运行

持续运行,是指在可以预见的将来,会计主体将会按当前的规模和状态继续运行下去。在持续运行前提下,会计确认、计量和报告应当以会计主体持续、正常的活动为前提。政府会计核算应当以政府会计主体持续运行为前提。

会计主体是否持续运行,在会计原则、会计方法的选择上有差别。明确这个基本假设,就意味着会计主体将按照既定用途使用资产,按照既定的合约条件清偿债务,会计人员就可以在此基础上选择会计政策和会计方法。

三、会计分期

根据上述持续运行假设,各利益相关者的决策都需要及时的会计信息,都需要将持续运行活动划分为一个个连续的、长短相同的期间,分期确认、计量和报告政府与非营利组织的预算及执行信息以及财务报告信息,这就需要进行会计分期假设。政府会计核算应当划分会计期间,分期结算账目,按规定编制决算报告和财务报告。会计期间至少分为年度和月度。会计年度、月度等会计期间的起讫日期采用公历日期。

四、货币计量

货币计量,是指政府会计在会计确认、计量和报告时以货币计量反映会计主体的活动。政府会计核算应当以人民币作为记账本位币。发生外币业务时,应当将有关外币金额折算为人民币金额计量,同时登记外币金额。

第三节 政府与非营利组织会计信息质量要求

会计信息质量特征是提供会计信息质量的基本要求，是提供会计信息有助于利益相关者的决策所应具备的基本特征，目前我国《政府会计准则——基本准则》规定的会计信息质量特征有七个：可靠性、全面性、相关性、及时性、可比性、可理解性、实质重于形式。

一、可靠性

可靠性要求会计主体应当以实际发生的经济业务或者事项为依据进行确认、计量和报告，如实反映符合确认和计量要求的各项会计要素及其他相关信息，保证会计信息真实可靠、内容完整。政府会计主体应当以实际发生的经济业务或者事项为依据进行会计核算，如实反映各项会计要素的情况和结果，保证会计信息真实可靠。

二、全面性

全面性要求会计主体提供的会计信息应当包括会计主体的全部经济业务或事项。会计主体应当将发生的各项经济业务或者事项统一纳入会计核算，确保会计信息能够全面反映政府会计主体预算执行情况和财务状况、运行情况、现金流量等。

三、相关性

相关性要求会计主体提供的会计信息应当与会计信息使用者的决策需要相关，有助于会计信息使用者对会计主体过去、现在或者未来的情况做出评价或者预测。政府会计主体提供的会计信息，应当与反映政府会计主体公共受托责任履行情况以及报告使用者决策或者监督、管理的需要相关，有助于报告使用者对政府会计主体过去、现在或者未来的情况作出评价或者预测。

四、及时性

及时性要求会计主体对于已经发生的经济业务和事项处理要及时确认、计量和报告。政府会计主体对已经发生的经济业务或者事项，应当及时进行会计核算，不得提前或者延后。

五、可比性

政府会计主体提供的会计信息应当具有可比性。可比性要求会计主体提供的会计信息应当相互可比。这包括两层含义：其一，同一政府会计主体不同时期发生的相同或者相似的经济业务或者事项，应当采用一致的会计政策，不得随意变更。确需变更的，应当将变更的内容、理由及其影响在附注中予以说明。其二，不同政府会计主体发生的相同或者相似的经济业务或者事项，应当采用一致的会计政策，确保政府会计信息口径一致，相互可比。

六、可理解性

可理解性要求会计主体提供的会计信息应当清晰明了，便于利益相关者等会计报告使用者理解和使用。提供会计信息的目的在于使用，而要有利于使用者有效使用会计信息，应当能让其了解会计信息的内涵，弄懂会计信息的内容，这就要求会计报告所提供的会计信息应当清晰明了，易于理解。政府会计主体提供的会计信息应当清晰明了，便于报告使用者理解和使用。

七、实质重于形式

实质重于形式要求会计主体应当按照经济业务或者事项的经济实质进行会计确认、计量和报告，不仅仅以经济业务或者事项的法律形式为依据。政府会计主体应当按照经济业务或者事项的经济实质进行会计核算，不限于以经济业务或者事项的法律形式为依据。

第四节 政府与非营利组织会计要素

为了具体实施会计核算，需要对会计核算和监督的内容进行分类。会计要素是指会计对象的具体内容，是会计对象按经济特征所做的最基本分类，也是会计核算对象的具体化。按照《政府会计准则——基本准则》的规定，政府会计分为预算会计和财务会计，其会计要素相应分为政府预算会计要素和财务会计要素，政府预算会计要素包括预算收入、预算支出和预算结余三个要素，政府财务会计要素包括资产、负债、净资产、收入和费用五个要素。

一、政府预算会计要素

政府预算会计要素包括预算收入、预算支出与预算结余。符合预算收入、预算支出和预算结余定义及其确认条件的项目应当列入政府决算报表。

1. 预算收入

预算收入是指政府会计主体在预算年度内依法取得的并纳入预算管理的现金流入。

2. 预算支出

预算支出是指政府会计主体在预算年度内依法发生并纳入预算管理的现金流出。

3. 预算结余

预算结余是指政府会计主体预算年度内预算收入扣除预算支出后的资金余额,以及历年滚存的资金余额。

预算结余包括结余资金和结转资金。结余资金是指年度预算执行终了,预算收入实际完成数扣除预算支出和结转资金后剩余的资金;结转资金是指预算安排项目的支出年终尚未执行完毕或者因故未执行,且下年需要按原用途继续使用的资金。

二、政府财务会计要素

政府财务会计要素包括资产、负债、净资产、收入和费用。符合资产、负债、净资产、收入和费用定义及其确认条件的项目应当列入政府资产负债表和收入费用表。

1. 资产

资产是指政府会计主体过去的经济业务或者事项形成的,由政府会计主体控制的,预期能够产生服务潜力或者带来经济利益流入的经济资源。服务潜力是指政府会计主体利用资产提供公共产品和服务以履行政府职能的潜在能力;而经济利益流入则表现为现金及现金等价物的流入,或者现金及现金等价物流出的减少。

政府会计主体的资产按照流动性,分为流动资产和非流动资产。

流动资产是指预计在1年内(含1年)耗用或者可以变现的资产,包括货币资金、短期投资、应收及预付款项、存货等。

非流动资产是指流动资产以外的资产,包括固定资产、在建工程、无形资产、长期投资、公共基础设施、政府储备资产、文物文化资产、保障性住房和自然资源资产等。

2. 负债

负债是指政府会计主体过去的经济业务或者事项形成的,预期会导致经济资源流出政府会计主体的现时义务。现时义务是指政府会计主体在现行条件下已承担的义务。未来发生的经济业务或者事项形成的义务不属于现时义务,不应当确认为负债。

政府会计主体的负债按照流动性,分为流动负债和非流动负债。

流动负债是指预计在1年内（含1年）偿还的负债，包括应付及预收款项、应付职工薪酬、应缴款项等。

非流动负债是指流动负债以外的负债，包括长期应付款、应付政府债券和政府依法担保形成的债务等。

3. 净资产

净资产是指政府会计主体资产扣除负债后的净额。净资产金额取决于资产和负债的计量。净资产项目应当列入资产负债表。

4. 收入

收入是指报告期内导致政府会计主体净资产增加的、含有服务潜力或者经济利益的经济资源的流入。收入的确认应当同时满足以下条件：与收入相关的含有服务潜力或者经济利益的经济资源很可能流入政府会计主体；含有服务潜力或者经济利益的经济资源流入会导致政府会计主体资产增加或者负债减少；流入金额能够可靠地计量。

5. 费用

费用是指报告期内导致政府会计主体净资产减少的、含有服务潜力或者经济利益的经济资源的流出。费用的确认应当同时满足以下条件：与费用相关的含有服务潜力或者经济利益的经济资源很可能流出政府会计主体；含有服务潜力或者经济利益的经济资源流出会导致政府会计主体资产减少或者负债增加；流出金额能够可靠地计量。

三、会计要素确认基础

会计要素确认，也称为会计记账基础，是指为编制会计报告的目的而决定在何时确认经济业务或事项的影响。

1. 收付实现制

收付实现制又称现金制，是以款项的实际收付为标准来确定本期收入和支出，计算本期结余的会计处理基础。在现金收付的基础上，凡在本期以现款实际付出的支出均应作为本期应计支出处理；凡在本期实际收到的现款收入均应作为本期应计的收入处理。目前预算会计实行收付实现制，国务院另有规定的，依照其规定。

2. 权责发生制

权责发生制又称应计制，是以应收应付作为标准来确定本期收入和费用以计算本期结余的会计处理基础。即凡是当期已经实现的收入和已经发生或应当负担的费用，不论款项是否收付，都应作为当期的收入或费用处理；凡是不属于当期的收入和费用，即使款项已经在当期收付，都不作为当期的收入和费用。政府财务会计实行权责发生制。

四、会计要素计量模式

会计要素计量是指从某一特定方面对经济业务进行的会计计量。我国的《政府会计准则——基本准则》规定的资产计量属性有历史成本、重置成本、现值、公允价值和名义金额五种；负债计量属性有历史成本、现值、公允价值三种。

1. 历史成本

历史成本也称实际成本，是指取得时或制造某项财产物资时所实际支付的现金或现金等价物。历史成本是一种最常用的、最基本的计量属性，它是从实际发生的支出方面对经济业务进行的一种会计计量。在历史成本计量下，资产按照取得时支付的现金金额或者支付对价的公允价值计量；负债按照因承担现时义务而实际收到的款项或者资产的金额，或者承担现时义务的合同金额，或者按照为偿还负债预期需要支付的现金计量。

2. 重置成本

重置成本又称现行成本，是指按照当前市场条件，重新取得同样一项资产需支付的现金或现金等价物。在重置成本计量下，资产按照现在购买相同或者相似资产所需支付的现金或现金等价物的金额计量。

3. 现值

现值是指对未来现金流量以恰当的折现率进行折现后的价值，是考虑货币时间价值因素等的一种计量属性，在现值计量下，资产按照预计从其持续使用和最终处置中所产生的未来净现金流入量的折现金额计量；负债按照预计期限内需要偿还的未来净现金流出量的折现金额计量。

4. 公允价值

公允价值是指市场参与者在计量日发生的有序交易中，出售一项资产所能收到或者转移一项负债所需支付的价格。企业以公允价值计量相关资产或负债，应当假定市场参与者在计量日出售资产或者转移负债的交易，是在当前市场条件下的有序交易。在公允价值计量下，资产按照市场参与者在计量日发生的有序交易中，出售资产所能收到的价格计量；负债按照市场参与者在计量日发生的有序交易中，转移负债所需支付的价格计量。

5. 名义金额

无法采用上述计量属性的，采用名义金额（即人民币1元）计量。

政府会计主体在对资产进行计量时，一般应当采用历史成本。采用重置成本、现值、公允价值计量的，应当保证所确定的资产金额能够持续、可靠计量；在对负债进行计量时，一般应当采用历史成本。采用现值、公允价值计量的，应当保证所确定的负债金额能够持续、可靠计量。

第五节 政府与非营利组织会计报告

政府会计分为预算会计和财务会计,并相应明确了各自的会计目标,因此政府会计报告也分为政府决算报告和财务报告。政府会计主体应当编制政府决算报告和财务报告。

一、政府决算报告

政府决算报告是综合反映政府会计主体年度预算收支执行结果的文件。政府决算报告应当包括决算报表和其他应当在决算报告中反映的相关信息和资料。政府决算报告的编制主要以收付实现制为基础,以预算会计核算生成的数据为准。政府决算报告的具体内容及编制要求等由财政部规定。

二、政府财务报告

政府财务报告是反映政府会计主体某一特定日期的财务状况和某一会计期间的运行情况和现金流量等信息的文件。政府财务报告应当包括财务报表和其他应当在财务报告中披露的相关信息和资料。政府财务报告包括政府综合财务报告和政府部门财务报告。政府综合财务报告是指由政府财政部门编制的,反映各级政府整体财务状况、运行情况和财政中长期可持续性的报告。政府部门财务报告是指政府各部门、各单位按规定编制的财务报告。政府财务报告的编制主要以权责发生制为基础,以财务会计核算生成的数据为准。

财务报表是对政府会计主体财务状况、运行情况和现金流量等信息的结构性表述。财务报表包括会计报表和附注。会计报表至少应当包括资产负债表、收入费用表和现金流量表。政府会计主体应当根据相关规定编制合并财务报表。

资产负债表是反映政府会计主体在某一特定日期的财务状况的报表。

收入费用表是反映政府会计主体在一定会计期间运行情况的报表。

现金流量表是反映政府会计主体在一定会计期间现金及现金等价物流入和流出情况的报表。

附注是对在资产负债表、收入费用表、现金流量表等报表中列示项目所做的进一步说明,以及对未能在这些报表中列示项目的说明。

 **复习思考题**

1. 政府与非营利组织会计目标是什么？哪些利益相关者需要政府与非营利组织的会计信息？

2. 政府与非营利组织会计核算有哪些会计假设？

3. 政府与非营利组织会计的信息质量要求有哪些？与企业会计比较有什么差异？为什么？

4. 政府与非营利组织会计要素如何分类？为什么？

第二篇　事业单位会计

　　事业单位经济活动的特殊性及其在我国国民经济中的特殊地位，使得事业单位会计正成为会计的一个独特分支。原《事业单位会计制度》自1997年颁布实施以来，对规范事业单位会计核算工作，保证会计信息质量发挥了积极作用。但是，自2000年以来，围绕公共财政体制建设，各项财政改革不断推进，很多改革涉及会计核算的调整，包括事业单位的会计核算。同时，新的改革也对事业单位财务管理提出了新的要求。应财政改革和事业单位财务管理改革的要求，为了规范事业单位的会计核算，保证会计信息质量，财政部于2012年12月颁布了《事业单位会计准则》和《事业单位会计制度》，并自2013年1月1日起施行。新的《事业单位会计准则》和《事业单位会计制度》的颁布实施，是强化事业单位财务会计制度建设、落实全国打击发票违法犯罪活动工作要求的重要措施。新的《事业单位会计准则》和《事业单位会计制度》，要求会计人员准确理解其内容，做好新旧制度的衔接工作。

第三章
事业单位会计概述

【本章学习目标】 本章介绍事业单位会计的概念及特点、事业单位的会计制度和会计科目。本章的学习目标是理解我国事业单位会计的概念；熟悉事业单位会计科目及应用要求；掌握事业单位会计的特点。

第一节 事业单位会计及其特点

一、事业单位会计的概念

事业单位会计是各级各类事业单位以货币为计量单位，对自身发生的经济业务或者事项进行全面、系统、连续的核算和监督的专业会计。事业单位应当将其实际发生的各项经济业务或者事项统一纳入会计核算，确保会计信息能够全面反映事业单位的财务状况、事业成果、预算执行等情况。

事业单位会计是政府会计的一部分，它依据政府会计的目标、政府会计的信息质量要求，以及政府会计准则，对事业单位的各项经济业务或事项进行会计核算。向其信息使用者提供各种信息，其信息使用者主要有政府及其有关部门、举办（上级）单位、债权人、事业单位自身和其他利益相关者。

二、事业单位会计的特点

事业单位会计核算既要满足预算管理的需要，也要满足事业单位财务管理的需要。所以相对于企业而言，事业单位会计主要有以下几个特点：

1. 目标不同

事业单位会计核算目标是向会计信息使用者提供与事业单位财务状况、事业成果、预算执行等有关的会计信息。反映其受托责任履行情况，有助于会计信息使用者进行预算管理、做出事业发展的决策。所以，事业单位提供的会计信息包括反映事业单位某一特定日期财务状况的资产负债表；反映某一会计期间的事业成果和预算执行情况的收入支出表；专门反映事业单位某一会计年度财政补助收入、支出、结转及结余情况的财政补助收入支出表。而企业会计目标是向财务会计报告使用者提供与企业财务状况、经营成果和现金流量等有关的会计信息，反映企业管理层受托责任的履行情况，有助于财务会计报告使用者作出经济决策。

2. 会计核算基础不同

事业会计核算一般采用收付实现制，但部分经济业务或者事项的核算采用权责发生制。为反映预算执行情况，事业单位的会计核算以收付实现制为主，收入一般在实际收到款项时确认，支出一般在实际支付时确认。事业单位对其经营活动按照权责发生制原则核算，对应收应付款项等部分经济业务或者事项也采用权责发生制核算。而企业的所有经济业务或事项的会计核算采用权责发生制。

3. 会计要素不同

事业单位会计要素分为资产、负债、净资产、收入和支出（费用）五大类。而企业会计要素包括资产、负债、所有者权益、收入、费用和利润。

4. 会计计量略有不同

在计量属性方面，事业单位的计量属性主要有历史成本、重置成本、现值、公允价值和名义金额，一般采用历史成本计量，除国家另有规定外，事业单位不得自行调整其账面价值。名义金额计量则是政府会计中所特有的，企业会计没有此计量属性。同时，事业单位会计计量本位币只能是人民币，外币经济业务要按照规定汇率折算为人民币。企业可以根据自身经济业务环境，采用其主要业务交易所使用的货币作为记账本位币，其记账本位币可以是人民币以外的货币。

第二节 事业单位会计制度与会计科目

一、事业单位会计制度

我国政府会计正处于改革的进程中，新的事业单位会计准则和制度已经颁布并执行，且政府会计准则已经出台了基本准则和四项具体准则，但政府会计准则尚未出台，关于会计准则的相关解释指南等具有操作性的详细规定。所以现行事业单位会计主要适用于

2012 年颁布的《事业单位会计准则》和《事业单位会计制度》，政府会计具体准则对个别经济业务的会计处理与《事业单位会计制度》是不同的，按新的要求处理。因此，本书事业单位会计核算规则主要遵循通用的事业单位会计准则和会计制度的规定，并结合政府会计基本准则的相关规定。

二、事业单位会计科目

事业单位的会计科目是对事业单位会计要素所做的进一步分类，它是事业单位会计设置账户、核算和归集经济业务的依据，也是汇总和检查事业单位资金活动情况及其结果的依据。按照会计要素的类别，事业单位会计科目可分为资产类、负债类、净资产类、收入类、支出或费用类五类。根据现行《事业单位会计制度》的规定，各级各类事业单位的通用会计科目如表 3-1 所示。

表 3-1　事业单位会计科目名称和编号

序号	科目编号	科目名称	序号	科目编号	科目名称
一、资产类			三、净资产类		
1	1001	库存现金	29	3001	事业基金
2	1002	银行存款	30	3101	非流动资产基金
3	1011	零余额账户用款额度		310101	长期投资
4	1101	短期投资		310102	固定资产
5	1201	财政应返还额度		310103	在建工程
	120101	财政直接支付		310104	无形资产
	120102	财政授权支付	31	3201	专用基金
6	1211	应收票据	32	3301	财政补助结转
7	1212	应收账款		330101	基本支出结转
8	1213	预付账款		330102	项目支出结转
9	1215	其他应收款	33	3302	财政补助结余
10	1301	存货	34	3401	非财政补助结转
11	1401	长期投资	35	3402	事业结余
12	1501	固定资产	36	3403	经营结余
13	1502	累计折旧	37	3404	非财政补助结余分配
14	1511	在建工程	四、收入类		
15	1601	无形资产	38	4001	财政补助收入
16	1602	累计摊销	39	4101	事业收入
17	1701	待处理资产损溢	40	4201	上级补助收入
二、负债类			41	4301	附属单位上缴收入
18	2001	短期借款	42	4401	经营收入
19	2101	应缴税费	43	4501	其他收入
20	2102	应缴国库款	五、支出类		
21	2103	应缴财政专户款	44	5001	事业支出
22	2201	应付职工薪酬	45	5101	上缴上级支出
23	2301	应付票据	46	5201	对附属单位补助支出
24	2302	应付账款	47	5301	经营支出
25	2303	预收账款	48	5401	其他支出
26	2305	其他应付款			
27	2401	长期借款			
28	2402	长期应付款			

按照会计制度的规定,会计科目的运用,一般要符合以下要求:

第一,事业单位应当按照《事业单位会计制度》的规定设置和使用会计科目。在不影响会计处理和编报财务报表的前提下,可根据实际情况自行增设、减少或合并某些明细科目。

第二,《事业单位会计制度》统一规定会计科目的编号,以便填制会计凭证、登记账簿、查阅账目,实行会计信息化管理。事业单位不得打乱重编。

第三,事业单位填制会计凭证、登记会计账簿时,应当填列会计科目的名称,或者同时填列会计科目的名称和编号,不得只填列编号、不填列科目名称。

复习思考题

1. 什么是事业单位会计?有何特点?
2. 事业单位的会计目标、核算基础是什么?有哪些会计要素?
3. 事业单位的计量属性有什么特点?

第四章
事业单位资产核算

【本章学习目标】本章对事业单位会计的资产按照流动性分项目进行阐述,主要介绍资产各项目的含义、科目设置及其相关会计处理。本章学习目标是了解事业单位各项资产及核算特征;理解事业单位各资产项目的内涵及其分类;掌握事业单位货币性资产和应收款项、存货、对外投资、固定资产、在建工程和无形资产等各项资产的核算方法。

事业单位的资产是指事业单位占有或者使用的能以货币计量的经济资源,包括各种财产、债权和其他权利。具体内容包括货币资金、短期投资、应收及预付款项、存货、长期投资、固定资产、在建工程、无形资产等。事业单位的资产按照流动性,分为流动资产和非流动资产。

事业单位的资产应当按照取得时的实际成本进行计量。除国家另有规定外,事业单位不得自行调整其账面价值。①取得资产时支付对价的应当按照取得资产时支付的现金或者现金等价物的金额,或者按照取得资产时所付出的非货币性资产的评估价值等金额计量。②取得资产时没有支付对价的,其计量金额应当按照有关凭据注明的金额加上相关税费、运输费等确定;没有相关凭据的,其计量金额比照同类或类似资产的市场价格加上相关税费、运输费等确定;没有相关凭据、同类或类似资产的市场价格也无法可靠取得的,所取得的资产应当按照名义金额入账。

第一节 流动资产

流动资产是指预计在1年内(含1年)变现或者耗用的资产,包括货币资金、短期投资、应收及预付款项、存货等。

一、货币资金

事业单位的货币资金是指事业单位经济活动过程中处于货币形态的那部分资金,是事业单位资产的重要组成部分,包括库存现金、银行存款、零余额账户用款额度等。它是事业单位中最活跃、流动性最强的资产,也是为了确保事业活动能够正常进行所必须具备的前提条件。

1. 库存现金

事业单位的库存现金是指事业单位在预算执行过程中为保证日常开支需要而存放在财务部门的现金。事业单位应当严格按照国家有关现金管理的规定收支现金,不得超范围、超额度使用现金,不得"坐支"现金,并按照规定核算现金的各项收支业务,确保库存现金使用的合法性和合理性,保护库存现金的安全与完整。

(1)库存现金科目设置。为核算库存现金,事业单位应当设置"库存现金"科目。该科目借方登记库存现金的增加,贷方登记库存现金的减少,期末借方余额反映事业单位实际持有的库存现金。

(2)库存现金主要账务处理。

1)单位收到现金,借记"库存现金"科目,贷记有关科目;支出现金,借记有关科目,贷记"库存现金"科目。

2)事业单位应当设置"现金日记账",由出纳人员根据收付款凭证,按照业务发生顺序逐笔登记。每日终了,应当计算当日的现金收入合计数、现金支出合计数和结余数,并将结余数与实际库存数核对,做到账款相符。

每日账款核对中发现现金溢余或短缺的,应当及时进行处理。如发现现金溢余,属于应支付给有关人员或单位的部分,借记"库存现金"科目,贷记"其他应付款"科目;属于无法查明原因的部分,借记"库存现金"科目,贷记"其他收入"科目。如发现现金短缺,属于应由责任人赔偿的部分,借记"其他应收款"科目,贷记"库存现金"科目;属于无法查明原因的部分,报经批准后,借记"其他支出"科目,贷记"库存现金"科目。

现金收入业务较多、单独设有收款部门的事业单位,收款部门的收款员应当将每天所收现金连同收款凭据等一并交财务部门核收记账;或者将每天所收现金直接送存开户银行后,将收款凭据及向银行送存现金的凭证等一并交财务部门核收记账。

【例4-1】某事业单位1月发生如下与现金有关的经济业务,财会部门根据有关凭证,应编制如下会计分录:

(1)开出现金支票从银行提取现金10000元。

借:库存现金　　　　　　　　10000
　　贷:银行存款　　　　　　　　10000

(2) 办公室购买办公用品 240 元，凭发票向财务部门报销。

借：事业支出　　　　　　　　　　240

　　贷：库存现金　　　　　　　　　　240

(3) 办公室工作人员李某出差借支差旅费 1000 元，财务部门以现金支付。

借：其他应收款——李某　　　　1000

　　贷：库存现金　　　　　　　　　　1000

(4) 财务部门盘点库存现金时发现现金溢余 200 元。确实无法查明原因，经批准作其他收入处理。

借：库存现金　　　　　　　　　　200

　　贷：其他收入　　　　　　　　　　200

2. 银行存款

事业单位的银行存款是指事业单位存入银行或其他金融机构的各种存款，包括人民币存款和外币存款两种。事业单位应当严格按照国家有关支付结算办法的规定办理银行存款收支业务，并按照规定核算银行存款的各项收支业务。

(1) 银行存款科目设置。为核算事业单位存入银行的各种存款，事业单位应当设置"银行存款"科目。该科目借方登记银行存款的增加，贷方登记银行存款的减少，期末借方余额反映事业单位实际存放在银行或其他金融机构的款项。

(2) 银行存款账务处理。银行存款的主要账务处理如下：

1) 单位将款项存入银行或其他金融机构时，借记"银行存款"科目，贷记有关科目；提取和支出存款时，借记有关科目，贷记"银行存款"科目。

2) 发生外币业务的，应当按照业务发生当日（或当期期初）即期汇率，将外币折算为人民币记账，并登记外币金额和汇率，期末各种外币账户的外币金额应当按照期末的即期汇率折算为人民币，作为外币账户期末人民币金额。调整后的外币账户人民币金额与原账面人民币余额的差额，作为汇兑损益计入相关支出。

3) 事业单位应当按开户银行或其他金融机构存款种类及币种等，分别设置"银行存款日记账"，由出纳人员根据收付款凭证，按照业务的发生顺序逐笔登记，每日终了应结出余额。"银行存款日记账"应定期与"银行对账单"核对，至少每月核对一次。月度终了，事业单位银行存款账面余额与银行对账单余额之间如有差额，必须逐笔查明原因并进行处理，按月编制"银行存款余额调节表"，调节相符。

【例 4-2】某事业单位 2 月发生如下与银行存款有关的经济业务，财会部门根据有关凭证，应编制如下会计分录：

(1) 收到校友无条件捐赠的支票 100000 元，并于当日终了将支票送存银行。

借：银行存款　　　　　　　100000

　　　　贷：其他收入　　　　　　　　　　100000

（2）购买了一批自用物资，以银行存款实际支付购买价款46800元，物资经验收当日入库。

　　　　借：存货　　　　　　　　　46800
　　　　　　贷：银行存款　　　　　　　　46800

（3）开出转账支票支付购买办公用品款计2000元。

　　　　借：事业支出　　　　　　　2000
　　　　　　贷：银行存款　　　　　　　　2000

3. 零余额账户用款额度

（1）零余额账户概念与国库集中支付制度。零余额账户是指财政部门为本部门和预算单位在商业银行开设的账户，用于财政直接支付和财政授权支付及清算。这是国库集中支付制度中资金拨付所需要的账户，有财政部门零余额账户和预算单位零余额账户之分。

财政部门零余额账户用于财政直接支付。该账户每日发生的支付，于当日营业终了前与国库单一账户清算；营业中单笔支付额5000万元（含5000万元）人民币以上的，应及时与国库单一账户清算。财政部门零余额账户在国库会计中使用。

预算单位零余额账户用于财政授权支出。该账户每日发生的支付，于当日营业终了前由代理银行在财政部批准的用款额度内与国库单一账户清算；财政授权的转账业务一律通过预算单位零余额账户办理。预算单位零余额账户在行政单位会计和事业单位会计中使用。

国库集中收付，是指以国库单一账户体系为基础，将所有财政性资金都纳入国库单一账户体系管理，收入直接缴入国库和财政专户，支出通过国库单一账户体系支付到商品和劳务供应者或用款单位的一项国库管理制度。实行国库集中支付的事业单位，财政资金的支付方式包括财政直接支付和财政授权支付。

在财政直接支付方式下，事业单位在需要使用财政性资金时，按照批复的部门预算和资金使用计划，向财政国库支付执行机构提出支付申请。财政国库支付执行机构根据批复的部门预算和资金使用计划及相关要求对支付申请审核无误后，向代理银行发出支付令，并通知中国人民银行国库部门，通过代理银行进入全国银行清算系统实时清算，财政资金从国库单一账户划拨到收款人的银行账户。

在财政授权支付方式下，事业单位按照批复的部门预算和资金使用计划，向财政国库支付执行机构申请授权支付的月度用款限额，财政国库支付执行机构将批准后的限额通知代理银行和事业单位，并通知中国人民银行国库部门。事业单位在月度用款限额内，自行开具支付令，通过财政国库支付执行机构转由代理银行向收款人付款，并与国库单一账户清算。

（2）零余额账户用款额度的核算。在授权支付方式下，事业单位的财政性资金的拨付需通过事业单位的零余额账户来支付。在会计处理时，事业单位应设置"零余额账户用款额度"科目，核算实行国库集中支付的事业单位根据财政部门批复的用款计划收到的零余额账户用款额度。该科目借方登记收到授权支付到账额度，贷方登记支用的零余额用款额度，期末借方余额反映事业单位尚未支用的零余额用款额度。年度终了，事业单位应当依据代理银行提供的对账单作注销额度的相关账务处理，所以"零余额账户用款额度"科目年末应无余额。

零余额账户用款额度的主要账务处理如下：

1) 在财政授权支付方式下，事业单位收到代理银行盖章的"授权支付到账通知书"时，根据通知书所列数额，借记"零余额账户用款额度"科目，贷记"财政补助收入"科目。

2) 按规定支用额度时，借记"事业支出""存货"等科目，贷记"零余额账户用款额度"科目。

3) 从零余额账户提取现金时，借记"库存现金"科目，贷记本科目。

4) 因当期购货退回等发生国库授权支付额度退回的，按照退回金额，借记本科目，贷记"事业支出""存货"等科目。属以前年度支付款项退回的，转入"财政补助结转""财政补助结余""存货"等科目。

5) 年度终了，依据代理银行提供的对账单作注销额度的相关账务处理，借记"财政应返还额度——财政授权支付"科目，贷记本科目。事业单位本年度财政授权支付预算指标数大于零余额账户用款额度下达数的，根据未下达的用款额度，借记"财政应返还额度——财政授权支付"科目，贷记"财政补助收入"科目。

下年初，事业单位依据代理银行提供的额度恢复到账通知书作恢复额度的相关账务处理，借记本科目，贷记"财政应返还额度——财政授权支付"科目。事业单位收到财政部门批复的上年年未下达零余额账户用款额度的，借记本科目，贷记"财政应返还额度——财政授权支付"科目。

【例4-3】某事业单位发生如下有关零余额账户用款额度的业务，财会部门根据有关凭证，应编制如下会计分录：

(1) 收到同级财政部门批复的分月用款计划及代理银行盖章的"授权支付到账通知书"，金额为150000元。

借：零余额账户用款额度　　　　　150000
　　贷：财政补助收入　　　　　　　　　　150000

(2) 以财政授权支付的方式支付印刷费10000元。

借：事业支出　　　　　　　　　　10000
　　贷：零余额账户用款额度　　　　　　　10000

(3) 通过零余额账户购买一批办公用品，共计500000元，已经验收入库。

借：存货　　　　　　　　　　　　　500000

　　贷：零余额账户用款额度　　　　　　　　500000

二、短期投资

事业单位的短期投资是指事业单位依法取得的，持有时间不超过1年（含1年）的有价证券以及不超过1年的其他投资。

由于各种各样的原因，事业单位往往有多余的货币资金，为了获得比银行存款利息较高的收益，可购买有公开市场的随时抛售的有价证券，事业单位的短期投资主要是国债投资。事业单位进行短期投资，应当严格遵守国家法律、行政法规以及财政部门、主管部门关于对外投资的有关规定。

1. 短期投资科目设置

为核算短期投资，事业单位应当设置"短期投资"科目。该科目借方反映事业单位实际取得的短期投资，贷方反映因出售或到期收回而减少的短期投资，期末借方余额反映事业单位持有的短期投资的实际成本。

2. 短期投资账务处理

短期投资在取得时，应当按照其实际成本（包括购买价款以及税金、手续费等相关税费），借记"短期投资"科目，贷记"银行存款"等科目。短期投资持有期间收到利息时，按实际收到的金额，借记"银行存款"科目，贷记"其他收入"科目。出售短期投资或到期收回短期国债本息，按照实际收到的金额，借记"银行存款"科目，按照出售或收回短期国债的成本，贷记"短期投资"科目，按其差额，贷记或借记"其他收入"科目。

【例4-4】某事业单位发生以下短期投资，财会部门根据有关凭证，应编制的会计分录如下：

购买3个月到期国债，购买金额为100000元，票面利率为3%，一次还本付息。3个月后国债到期，该单位收回本息100750元。

购买国债时：

借：短期投资　　　　　　　100000

　　贷：银行存款　　　　　　　　　100000

到期收回国债本息时：

借：银行存款　　　　　　　100750

　　贷：短期投资　　　　　　　　　100000

　　　　其他收入　　　　　　　　　　750

三、应收及预付款项

事业单位的应收及预付款项是指事业单位在开展业务活动中因产品、商品已经交付，劳务已提供或者预先支付供货单位货款，从而取得的向其他单位或个人索取货款、劳务补偿及所购货物的要求权等各项债权，包括财政应返还额度、应收票据、应收账款、其他应收款等应收款项和预付账款。

1. 财政应返还额度

财政应返还额度是指实行国库集中支付的事业单位，年度终了应收财政下年度返还的资金额度，即反映结转下年使用的用款额度。

（1）财政应返还额度科目设置。为核算财政应返还额度，事业单位应当设置"财政应返还额度"科目，并设置"财政直接支付"和"财政授权支付"两个明细科目，进行明细核算，分别反映在两种支付方式下，事业单位应收财政下年度返还的资金额度。

（2）财政应返还额度账务处理。

1）在财政直接支付方式下，年度终了，根据本年度财政直接支付预算指标数与当年财政直接支付实际支出数的差额，借记"财政应返还额度——财政直接支付"科目，贷记"财政补助收入"科目。下年度恢复财政直接支付额度后，事业单位以财政直接支付方式发生实际支出时，借记"事业支出"等科目，贷记"财政应返还额度——财政直接支付"科目。

2）在财政授权支付方式下，年度终了，依据代理银行提供的对账单作注销额度的相关账务处理，借记"财政应返还额度——财政授权支付"科目，贷记"零余额账户用款额度"科目；下年初恢复额度时，借记"零余额账户用款额度"科目，贷记"财政应返还额度——财政授权支付"科目。事业单位本年度财政授权支付预算指标数大于零余额账户用款额度下达数的，根据未下达的用款额度，借记"财政应返还额度——财政授权支付"科目，贷记"财政补助收入"科目；下年度收到财政部门批复的上年末未下达零余额账户用款额度时，借记"零余额账户用款额度"科目，贷记"财政应返还额度——财政授权支付"科目。

【例4-5】某事业单位发生如下与财政应返还额度有关的业务，财会部门根据有关凭证，应编制会计分录如下：

（1）2016年12月31日，该事业单位财政直接支付指标数与当年财政直接支付实际支出数之间的差额为100000元。2017年1月4日，财政部门恢复了该单位的财政直接支付额度。1月15日该单位以财政直接支付方式购买一批办公用品（属于上年预算指标数），支付给供应商50000元价款。

2016年12月31日补记指标：

借：财政应返还额度——财政直接支付　　100000
　　贷：财政补助收入　　　　　　　　　　　　　100000

2017年1月4日，恢复直接支付额度不做会计分录处理。

2017年1月15日，使用上年预算指标购买办公用品：

借：存货　　　　　　　　　　　　　　　50000
　　贷：财政应返还额度——财政直接支付　　　　50000

（2）2016年12月31日，该事业单位已下达财政授权支付资金年终结余为36万元，另有未下达的财政授权支付资金20万元。2017年1月4日，收到代理银行转来的《财政授权支付额度恢复到账通知书》，恢复2016年度财政授权支付额度36万元。2017年2月6日，收到财政部门批复的2016年未下达的零余额账户用款额度20万元。

2016年12月31日注销授权支付额度：

借：财政应返还额度——财政授权支付　　560000
　　贷：零余额账户用款额度　　　　　　　　　360000
　　　　财政补助收入　　　　　　　　　　　　200000

2017年1月4日恢复财政授权支付额度：

借：零余额账户用款额度　　　　　　　360000
　　贷：财政应返还额度——财政授权支付　　　360000

2017年2月6日收到未下达财政授权支付额度：

借：零余额账户用款额度　　　　　　　200000
　　贷：财政应返还额度——财政授权支付　　　200000

2. 应收票据

事业单位的应收票据是指事业单位因开展经营活动销售产品、提供有偿服务等收到的商业汇票。应收票据按承兑人不同，分为银行承兑汇票和商业承兑汇票；应收票据按是否计息可分为带息票据和不带息票据两种。

（1）应收票据科目设置。为核算应收票据，事业单位应当设置"应收票据"科目。该科目借方登记取得的商业汇票，贷方登记商业汇票的收回、贴现、背书转让或转为应收账款，期末借方余额反映单位持有的商业汇票票面金额。

（2）应收票据的账务处理。应收票据的主要账务处理如下：

1）因销售产品、提供服务等收到商业汇票，按照商业汇票的票面金额，借记本科目，按照确认的收入金额，贷记"经营收入"等科目，按照应缴增值税金额，贷记"应缴税费——应缴增值税"科目。

2）持未到期的商业汇票向银行贴现，按照实际收到的金额（即扣除贴现息后的净额），借记"银行存款"科目；按照贴现息，借记"经营支出"等科目；按照商业汇票的票面金额，贷记本科目。

3）将持有的商业汇票背书转让以取得所需物资时，按照取得物资的成本，借记有关科目；按照商业汇票的票面金额，贷记本科目；如有差额，借记或贷记"银行存款"等科目。

4）商业汇票到期时，应当按以下情况分别处理：收回应收票据，按照实际收到的商业汇票票面金额，借记"银行存款"科目，贷记本科目；因付款人无力支付票款，收到银行退回的商业承兑汇票、委托收款凭证、未付票款通知书或拒付款证明等，按照商业汇票的票面金额，借记"应收账款"科目，贷记本科目。

5）事业单位应当设置"应收票据备查簿"，逐笔登记每一应收票据的种类、号数、出票日期、到期日、票面金额、交易合同号和付款人、承兑人、背书人姓名或单位名称、背书转让日、贴现日期、贴现率和贴现净额、收款日期、收回金额、退票情况等资料。应收票据到期结清票款或退票后，应当在备查簿内逐笔注销。

事业单位应收票据的业务内容和核算方法与企业应收票据的相应内容类似，可参阅企业会计相应内容。由于事业单位的事业活动一般采用收付实现制基础进行会计核算，因此，应收票据科目主要用于事业单位的经营活动。

【例4-6】某事业单位发生如下与应收票据有关的业务，财会部门根据有关凭证，应编制会计分录如下：

销售产品一批给甲公司，货已发出，价款10000元，增值税1700元。按合同两个月后付款，甲公司交给该事业单位1张两个月到期的商业承兑汇票，面值为11700元。其会计分录如下：

借：应收票据　　　　　　　　　　　　　11700
　　贷：经营收入　　　　　　　　　　　　　　10000
　　　　应缴税费——应缴增值税（销项税额）　　1700

3. 应收账款

事业单位的应收账款是指事业单位因开展经营活动销售产品、提供有偿服务等而应收取的款项，包括应收货款和代垫运杂费，不包括应收的非销售货物或提供劳务的账款。

一般而言，事业单位赊销商品或提供劳务等，应按照买卖成交时的实际金额入账，具体计算入账金额时应当考虑有关折扣因素。在存在商业折扣的情况下，其入账金额应按照扣除商业折扣的实际发票价格入账；在存在现金折扣情况下，应收账款入账金额按照总价法确认入账金额。

（1）应收账款科目设置。为核算应收账款，事业单位应当设置"应收账款"科目。该科目借方登记应收账款的增加，贷方登记应收账款的收回或核销，期末借方余额反映单位事业单位尚未收回的应收账款。应收账款科目应当按照购货、接受劳务单位（个人）进行明细核算。

(2) 应收账款的账务处理。

1) 事业单位应收账款的会计核算同企业会计应收账款基本相同,产生的应收账款应按实际应收未收的金额入账,也应考虑折扣因素。事业单位发生应收账款时,借记"应收账款"科目,贷记"经营收入""应缴税费"等有关科目;收到款项时,借记"银行存款"科目,贷记"应收账款"科目。

2) 逾期3年或以上、有确凿证据表明确实无法收回的应收账款,按规定报经批准后予以核销。核销的应收账款应在备查簿中保留登记。转入待处置资产时,按照待核销的应收账款金额,借记"待处置资产损溢"科目,贷记"应收账款"科目。报经批准予以核销时,借记"其他支出"科目,贷记"待处置资产损溢"科目。已核销应收账款在以后期间收回的,按照实际收回的金额,借记"银行存款"等科目,贷记"其他收入"科目。

【例4-7】某事业单位发生如下与应收账款有关的业务,财会部门根据有关凭证,应编制会计分录如下:

(1) 5月10日,向A公司提供劳务获得收入5万元,按照合同规定,这笔款项应在5月30日支付。

5月10日的会计分录为:

借:应收账款——A公司　　　　50000
　　贷:经营收入　　　　　　　　　　　50000

5月30日收到款项时的会计分录为:

借:银行存款　　　　　　　　　50000
　　贷:应收账款——A公司　　　　　　50000

(2) 应收B公司的应收账款10万元逾期3年,有证据表明B公司资金周转遇到巨大困难,该款项收回的概率极小,经批准予以核销。

报批时:

借:待处置资产损溢　　　　　　100000
　　贷:应收账款——B公司　　　　　　100000

同意核销时:

借:其他支出　　　　　　　　　100000
　　贷:待处置资产损溢　　　　　　　　100000

4. 预付账款

事业单位的预付账款是指事业单位按照购货、劳务合同规定预付给供应单位的款项。该款项按照实际发生金额入账。

预付账款与应收账款虽然都是事业单位的流动资产,都属于应收及预付款项,但两者性质不同。应收账款是应收客户的账款,预付账款是事业单位预先付给商品供应单位的账款,所以需要分别设置账户进行核算。

(1)预付账款科目设置。为核算预付账款,事业单位应当设置"预付账款"科目。该科目借方登记支付的预付账款,贷方登记已结算的预付账款,期末借方余额反映事业单位实际预付但尚未结算的款项。

(2)预付账款的账务处理。预付账款的主要账务处理如下:

1)事业单位发生预付账款时,借记"预付账款"科目,贷记"银行存款"等科目;收到所购资产或劳务时,借记有关科目,按照相应预付账款金额,贷记"预付账款"科目,按照补付的款项,贷记"银行存款"等科目。

2)逾期3年或以上、有确凿证据表明因供货单位破产、撤销等原因已无望再收到所购物资,且确实无法收回的预付账款,按规定报经批准后予以核销。核销的预付账款应在备查簿中保留登记。

转入待处置资产时,按照待核销的预付账款金额,借记"待处置资产损溢"科目,贷记"预付账款"科目。

报经批准予以核销时,借记"其他支出"科目,贷记"待处置资产损溢"科目。已核销预付账款在以后期间收回的,按照实际收回的金额,借记"银行存款"等科目,贷记"其他收入"科目。

【例4-8】某事业单位发生如下与预付账款有关的业务,财会部门根据有关凭证,应编制会计分录如下:

(1)4月1日订购某种货物,货款8万元,按照合同规定需要预付货款的40%,并于当日用银行存款支付。

借:预付账款　　　　　　　　　　　　　32000
　　贷:银行存款　　　　　　　　　　　　　　　　　32000

(2)4月20日,货物到达单位并入库,发票账单同时到达,价款8万元,增值税1.36万元,用银行存款补付剩余款项。

借:存货　　　　　　　　　　　　　　　80000
　　应缴税费——应缴增值税(进项税额)　13600
　　贷:预付账款　　　　　　　　　　　　　　　　　93600
借:预付账款　　　　　　　　　　　　　61600
　　贷:银行存款　　　　　　　　　　　　　　　　　61600

5. 其他应收款

事业单位的其他应收款是指事业单位除财政应返还额度、应收票据、应收账款、预付账款以外的其他各项应收及暂付款项,如职工预借的差旅费、拨付给内部有关部门的备用金、应向职工收取的各种垫付款项等。一般包括借出款、备用金、应向职工收取的各种代垫款项等。

(1) 其他应收款科目设置。为核算其他应收款,事业单位应当设置"其他应收款"科目。该科目借方登记其他应收款的增加,贷方登记已结算的其他应收款,期末借方余额反映事业单位尚未收回的其他应收款。

(2) 其他应收款的账务处理。其他应收款的主要账务处理如下:

1) 事业单位发生其他各种应收及暂付款项时,借记"其他应收款"科目,贷记"银行存款"等科目。

2) 收回或转销其他各种应收及暂付款项时,借记有关科目,贷记"其他应收款"科目。

3) 逾期3年或以上、有确凿证据表明确实无法收回的其他应收款,按规定报经批准后予以核销。核销的其他应收款应在备查簿中保留登记。

转入待处置资产时,按照待核销的其他应收款金额,借记"待处置资产损溢"科目,贷记"其他应收款"科目。

报经批准予以核销时,借记"其他支出"科目,贷记"待处置资产损溢"科目。

已核销其他应收款在以后期间收回的,按照实际收回的金额,借记"银行存款"等科目,贷记"其他收入"科目。

【例4-9】某事业单位发生如下与其他应收款有关的业务,财会部门根据有关凭证,应编制会计分录如下:

(1) 职工李三借差旅费3000元,通过库存现金支付。

借:其他应收款——李三　　　3000
　　贷:库存现金　　　　　　　　3000

(2) 李三出差回来报账,差旅费2500,交回500现金。

借:事业支出　　　　　　　　2500
　　库存现金　　　　　　　　　500
　　贷:其他应收款——李三　　　3000

四、存货

事业单位的存货是指事业单位在开展业务活动及其他活动中为耗用而储存的各种材料、燃料、包装物、低值易耗品及达不到固定资产标准的用具、装具、动植物等。事业单位随买随用的零星办公用品,可以在购进时直接列作支出,不作为存货核算。事业单位的存货应该按照种类、规格、保管地点等进行分类管理和核算。

事业单位有从事商品生产的事业单位、从事商品购销的事业单位与一般事业单位之分,其存货分类有所不同。从事商品生产的事业单位存货与从事商品生产的企业类似,有原材料、在产品、半成品、产成品、低值易耗品、办公用品等;从事商品购销的事业单位存货有商品存货、低值易耗品、包装物等材料物料;一般事业单位的存货有材料、低值易耗品、办公用品等。

1. 存货的计价

事业单位的存货在取得时按照其实际成本入账。购入的存货,其成本包括购买价款、相关税费、运输费、装卸费、保险费以及使得存货达到目前场所和状态所发生的其他支出。自行加工的存货,其成本包括耗用的直接材料费用、发生的直接人工费用和按照一定方法分配的与存货加工有关的间接费用。接受捐赠、无偿调入的存货,其成本按照有关凭据注明的金额加上相关税费、运输费等确定;没有相关凭据的,其成本比照同类或类似存货的市场价格加上相关税费、运输费等确定;没有相关凭据、同类或类似存货的市场价格也无法可靠取得的,该存货按照名义金额(即人民币1元,下同)入账。

存货在发出时,应当根据实际情况采用先进先出法、加权平均法或者个别计价法确定发出存货的实际成本。有关先进先出法、加权平均法和个别计价法的具体应用比照企业会计规则计算。

2. 存货科目设置

为核算存货,事业单位应当设置"存货"科目。该科目借方登记存货的增加,贷方登记存货的发出或核销,期末借方余额反映事业单位存货的实际成本。

3. 存货账务处理

存货增加时,借记"存货"科目,贷记"银行存款""应付账款"等有关科目。

【例4-10】某事业单位发生如下与存货购买有关的业务,财会部门根据有关凭证,应编制会计分录如下:

3月5日,某事业单位购入自用物资一批,取得的增值税专用发票上注明的物资价款为20000元,增值税税额为3400元,款项尚未支付,当日收到物资,经验收合格后入库。3月10日,该单位以银行存款支付了价款23400元。

3月5日购入物资:

借:存货　　　　　　　23400

　　贷:应付账款　　　　　　　23400

3月10日支付价款:

借:应付账款　　　　　23400

　　贷:银行存款　　　　　　　23400

开展业务活动等领用、发出存货,借记"事业支出""经营支出"等科目,贷记"存货"科目。对外捐赠、无偿调出存货,转入待处置资产时,借记"待处置资产损溢"科目,贷记"存货"科目;实际捐出、调出存货时,借记"其他支出"科目,贷记"待处置资产损溢"科目。

【例 4-11】某事业单位发生如下与存货发出、领用有关的业务,财会部门根据有关凭证,应编制会计分录如下:

(1) 6 月 3 日,某事业单位领用自用甲材料 100 件用于本单位的专业业务活动,按照先进先出法确定的甲材料单价为 117 元。

借:事业支出　　　　　　　　　　　　11700
　　贷:存货——甲材料　　　　　　　　　　　11700

(2) 6 月 10 日,向受灾地区捐赠 3000 元自用 A 材料,4000 元非自用 B 材料。

借:待处理资产损溢　　　　　　　　　7680
　　贷:存货——A 材料　　　　　　　　　　　3000
　　　　　——B 材料　　　　　　　　　　　　4000
　　　　应缴税费——应缴增值税（进项税额转出）　680

4. 存货盘点

事业单位的存货应当定期进行清查盘点,每年至少盘点一次。对于发生的存货盘盈、盘亏或者报废、毁损,应当及时查明原因,按规定报经批准后进行账务处理。盘盈的存货,按照确定的入账价值,借记"存货"科目,贷记"其他收入"科目。盘亏或者毁损、报废的存货,转入待处置资产时,借记"待处置资产损溢"科目,贷记"存货"科目;报经批准予以处置时,借记"其他支出"科目,贷记"待处置资产损溢"科目。

【例 4-12】某事业单位发生如下与存货清查有关的业务,财会部门根据有关凭证,应编制会计分录如下:

6 月 30 日,某事业单位对其自用材料进行盘点,盘盈乙材料 5 件,同类材料每件单价为 234 元,盘亏丙材料 30 件,每件单价为 117 元。盘亏的材料报经批准予以处置。

乙材料盘盈:

借:存货——乙材料　　　　　　　　　1170
　　贷:其他收入　　　　　　　　　　　　　　1170

丙材料盘亏,转入待处置资产时:

借:待处置资产损溢　　　　　　　　　3510
　　贷:存货——丙材料　　　　　　　　　　　3510

报经批准予以处置时:

借:其他支出　　　　　　　　　　　　3510
　　贷:待处置资产损溢　　　　　　　　　　　3510

第二节 非流动资产

事业单位的非流动资产是指流动资产以外的资产。包括长期投资、在建工程、固定资产、无形资产和待处理财产损溢等。

长期投资是指事业单位依法取得的，持有时间超过1年（不含1年）的各种股权和债权性质的投资。

在建工程是指事业单位已经发生必要支出，但尚未完工交付使用的各种建筑（包括新建、改建、扩建、修缮等）和设备安装工程。

固定资产是指事业单位持有的使用期限超过1年（不含1年），单位价值在规定标准以上，并在使用过程中基本保持原有物质形态的资产，包括房屋及构筑物、专用设备、通用设备等。单位价值虽未达到规定标准，但是耐用时间超过1年（不含1年）的大批同类物资，应当作为固定资产核算。

无形资产是指事业单位持有的没有实物形态的可辨认非货币性资产，包括专利权、商标权、著作权、土地使用权、非专利技术等。

一、长期投资

事业单位的长期投资是指事业单位依法取得的，持有时间超过1年（不含1年）的股权和债权性质的投资。事业单位进行长期投资，应当严格遵守国家法律、行政法规以及财政部门、主管部门等有关事业单位对外投资的规定。事业单位进行长期投资的目的是为了获取长时间的、较高的投资收益，事业单位对外的投资包括长期股权投资和长期债权投资。

为核算长期投资，事业单位应当设置"长期投资"科目。该科目借方登记长期投资的增加，贷方登记长期投资的减少，期末借方余额反映事业单位持有的长期投资成本。事业单位长期投资增加和减少时，应相应调整非流动资产基金，长期投资账面余额应与对应的非流动资产基金账面余额保持相等。

1. 长期股权投资

（1）长期股权投资在取得时，应当按照其实际成本作为投资成本。

1）以货币资金取得的长期股权投资，按照实际支付的全部价款（包括购买价款以及税金、手续费等相关税费）作为投资成本，借记本科目，贷记"银行存款"等科目；同时，按照投资成本金额，借记"事业基金"科目，贷记"非流动资产基金——长期投资"科目。

2) 以固定资产取得的长期股权投资，按照评估价值加上相关税费作为投资成本，借记本科目，贷记"非流动资产基金——长期投资"科目，按发生的相关税费，借记"其他支出"科目，贷记"银行存款""应缴税费"等科目；同时，按照投出固定资产对应的非流动资产基金，借记"非流动资产基金——固定资产"科目，按照投出固定资产已计提折旧，借记"累计折旧"科目，按投出固定资产的账面余额，贷记"固定资产"科目。

3) 以已入账无形资产取得的长期股权投资，按照评估价值加上相关税费作为投资成本，借记本科目，贷记"非流动资产基金——长期投资"科目，按发生的相关税费，借记"其他支出"科目，贷记"银行存款""应缴税费"等科目；同时，按照投出无形资产对应的非流动资产基金，借记"非流动资产基金——无形资产"科目，按照投出无形资产已计提摊销，借记"累计摊销"科目，按照投出无形资产的账面余额，贷记"无形资产"科目。

以未入账无形资产取得的长期股权投资，按照评估价值加上相关税费作为投资成本，借记本科目，贷记"非流动资产基金——长期投资"科目，按发生的相关税费，借记"其他支出"科目，贷记"银行存款""应缴税费"等科目。

（2）长期股权投资持有期间，收到利润等投资收益时，按照实际收到的金额，借记"银行存款"等科目，贷记"其他收入——投资收益"科目（注：按照成本法核算）。

（3）转让长期股权投资，转入待处置资产时，按照待转让长期股权投资的账面余额，借记"待处置资产损溢——处置资产价值"科目，贷记本科目。

实际转让时，按照所转让长期股权投资对应的非流动资产基金，借记"非流动资产基金——长期投资"科目，贷记"待处置资产损溢——处置资产价值"科目。

转让长期股权投资过程中取得价款、发生相关税费，以及转让价款扣除相关税费后的净收入的账务处理，参见"待处置资产损溢"科目。

（4）因被投资单位破产清算等原因，有确凿证据表明长期股权投资发生损失，按规定报经批准后予以核销。将待核销长期股权投资转入待处置资产时，按照待核销的长期股权投资账面余额，借记"待处置资产损溢"科目，贷记本科目。

报经批准予以核销时，借记"非流动资产基金——长期投资"科目，贷记"待处置资产损溢"科目。

【例4-13】某事业单位发生如下与长期股权投资有关的业务，财会部门根据有关凭证，应编制会计分录如下：

（1）某单位经批准将一台专业设备用于对外长期股权投资。该设备原始价值为100000元，预计使用年限为10年，已使用4年，累计折旧40000元。该设备评估价为70000元，发生评估费2000元，已用银行存款付讫。

借：长期投资——股权投资　　　　　　　　　　72000
　　贷：非流动资产基金——长期投资　　　　　　　　72000

借：其他支出	2000	
贷：银行存款		2000
借：非流动资产基金——固定资产	60000	
累计折旧	40000	
贷：固定资产		100000

（2）上述投资收回利润5000元。

借：银行存款	5000	
贷：其他收入——投资收益		5000

（3）某单位经批准，转让了全部股权投资，收到股权转让款80000元，已存入银行；发生相关税费3000元，用银行存款付讫。假设按照规定，该股权转让款应上缴国库。所处置长期股权投资的账面余额为72000元。

借：待处置资产损溢——待处置资产价值	72000	
贷：长期投资——股权投资		72000

办理完成股权转让手续实际转让时：

借：非流动资产基金——长期投资	72000	
贷：待处置资产损溢——待处置资产价值		72000

收到股权转让款：

借：银行存款	80000	
贷：待处置资产损溢——处置净收入		80000

支付股权转让中的相关税费：

借：待处置资产损溢——处置净收入	3000	
贷：银行存款		3000

将净收入转入应上缴国库：

借：待处置资产损溢——处置净收入	77000	
贷：应缴国库款		77000

2. 长期债权投资

事业单位的长期债权投资主要是购买国债等长期债券，对于长期债券的投资处理如下：

（1）长期债券投资在取得时，应当按照其实际成本作为投资成本。以货币资金购入的长期债券投资，按照实际支付的全部价款（包括购买价款以及税金、手续费等相关税费）作为投资成本，借记本科目，贷记"银行存款"等科目；同时，按照投资成本金额，借记"事业基金"科目，贷记"非流动资产基金——长期投资"科目。

（2）长期债券投资持有期间收到利息时，按照实际收到的金额，借记"银行存款"等科目,贷记"其他收入——投资收益"科目。

(3)对外转让或到期收回长期债券投资本息,按照实际收到的金额,借记"银行存款"等科目,按照收回长期投资的成本,贷记本科目,按照其差额,贷记或借记"其他收入——投资收益"科目;同时,按照收回长期投资对应的非流动资产基金,借记"非流动资产基金——长期投资"科目,贷记"事业基金"科目。

事业单位的其他长期债权投资与长期债券投资会计核算相同,比照处理。

【例4-14】 某事业单位发生如下与长期债权投资有关的业务,财会部门根据有关凭证,应编制会计分录如下:

(1)某事业单位以银行存款购买50000元的3年期国库券,年利率为3.69%,半年付息一次;支付相关税费300元。

  借:长期投资——债权投资 50300
    贷:银行存款   50300
  借:事业基金   50300
    贷:非流动资产基金——长期投资 50300

(2)某事业单位收到上述债券利息半年利息922.5元。

  借:银行存款   922.5
    贷:其他收入——投资收益 922.5

(3)某事业单位对外转让上述债券,取得价款52000元,已收存银行。

  借:银行存款   52000
    贷:长期投资——债权投资 50300
      其他收入——投资收益 1700
  借:非流动资产基金——长期投资 50300
    贷:事业基金   50300

二、固定资产

事业单位的固定资产是指事业单位持有的使用期限超过1年(不含1年)、单位价值在规定标准以上,并在使用过程中基本保持原有物质形态的资产。单位价值虽未达到规定标准,但使用期限超过1年(不含1年)的大批同类物资,作为固定资产核算和管理。在《事业单位财务规则》中规定,纳入固定资产管理的单位价值标准是1000元以上(其中,专用设备单位价值在1500元以上)。

1. 固定资产的分类

事业单位的固定资产一般分为六类:房屋及构筑物;专用设备;通用设备;文物和陈列品;图书、档案;家具、用具、装具及动植物。

房屋及构筑物是指单位自有的各种办公用房屋、生活用房屋、围墙、水塔、仓库及与此相联系的不可分割的附属设备等。专用设备包括各种仪器和机器设备、医疗器械、交通运输工具、文体事业单位的文体设备等。通用设备包括装具、办公与事务用的家具设备等。文物和陈列品包括博物馆、展览馆、陈列馆和文化馆等的文物及陈列品。图书包括专业图书馆的图书和事业单位的技术图书等。

对于固定资产在确认时，几项特殊说明如下：①应用软件，如果是构成相关硬件不可缺少的组成部分，应当将该软件价值包括在所属硬件价值中，一并作为固定资产进行核算；如果其不是构成相关硬件不可缺少的组成部分，应当将该软件作为无形资产核算。②事业单位以经营租赁租入的固定资产，不作为固定资产核算，应当另设备查簿进行登记。③购入需要安装的固定资产，应当先通过"在建工程"科目核算，安装完毕交付使用时再转入固定资产核算。

2. 固定资产的账务处理

为核算固定资产，事业单位应当设置"固定资产"科目。该科目借方登记因购入、接受捐赠、无偿调入、盘盈等而增加的固定资产，贷方登记因出售、无偿调出、对外捐赠、报废、毁损、盘亏以及对外投资转出而减少的固定资产，期末借方余额反映事业单位固定资产的原价。与长期投资类似的是，事业单位的固定资产也有对应的非流动资产基金。为满足预算管理的需要，事业单位固定资产的核算一般采用双分录的形式。购置固定资产的支出，在实际支付购买价款时确认为当期支出或减少专用基金中的修购基金，同时增加固定资产原值和非流动资产基金。在计提折旧时，逐期减少固定资产对应的非流动资产基金。处置固定资产时，相应减少非流动资产基金。

（1）固定资产的初始计量。事业单位取得固定资产时，应当按照其实际成本入账。

1）外购固定资产。购入的固定资产，其成本包括购买价款、相关税费以及固定资产交付使用前所发生的可归属于该项资产的运输费、装卸费、安装调试费和专业人员服务费等。固定资产增加时，应当相应增加非流动资产基金。

购入不需要安装的固定资产，按照确定的固定资产成本，借记"固定资产"科目，贷记"非流动资产基金——固定资产"科目；同时，按照实际支付金额，借记"事业支出""专用基金——修购基金"等科目，贷记"银行存款"等科目。

购入需要安装的固定资产，先通过"在建工程"科目核算。安装完成交付使用时，借记"固定资产"科目，贷记"非流动资产基金——固定资产"科目；同时，借记"非流动资产基金——固定资产"科目，贷记"在建工程"科目。

购入固定资产扣留质量保证金的，应当在取得固定资产时，按照确定的成本，借记本科目（不需安装）或"在建工程"科目（需要安装），贷记"非流动资产基金—固定资产""非流动资产基金—在建工程"科目。

同时取得固定资产全款发票的,应当同时按照构成资产成本的全部支出金额,借记"事业支出""经营支出""专用基金——修购基金"等科目,按照实际支付金额,贷记"财政补助收入""零余额账户用款额度""银行存款"等科目,按照扣留的质量保证金,贷记"其他应付款"(扣留期在 1 年以内,含 1 年)或"长期应付款"(扣留期超过 1 年)科目;取得的发票金额不包括质量保证金的,应当同时按照不包括质量保证金的支出金额,借记"事业支出""经营支出""专用基金——修购基金"等科目,贷记"财政补助收入""零余额账户用款额度""银行存款"等科目。

质保期满支付质量保证金时,借记"其他应付款""长期应付款"科目,或借记"事业支出""经营支出""专用基金——修购基金"等科目,贷记"财政补助收入""零余额账户用款额度""银行存款"等科目。

【例 4-15】某事业单位发生如下与固定资产取得有关的业务,财会部门根据有关凭证,应编制会计分录如下:

(1) 购入不需安装的新设备,买价 20 万元,运杂费 5000 元,有关款项通过财政直接支付,设备已运抵单位。

借:固定资产　　　　　　　　　　　205000
　　贷:非流动资产基金——固定资产　　　　205000

同时:

借:事业支出　　　　　　　　　　　205000
　　贷:财政补助收入　　　　　　　　　　　205000

(2) 购入需要安装的设备一台,价款 10 万元,安装费 7000 元,款项通过财政授权支付。

设备运抵事业单位时:

借:在建工程　　　　　　　　　　　100000
　　贷:非流动资产基金——在建工程　　　　100000

借:事业支出　　　　　　　　　　　100000
　　贷:零余额账户用款额度　　　　　　　　100000

安装时:

借:在建工程　　　　　　　　　　　7000
　　贷:非流动资产基金——在建工程　　　　7000

借:事业支出　　　　　　　　　　　7000
　　贷:零余额账户用款额度　　　　　　　　7000

安装完成,交付使用时:

借:固定资产　　　　　　　　　　　107000

  贷：非流动资产基金——固定资产 　　　　107000
 借：非流动资产基金——在建工程　　107000
  贷：在建工程 　　　　　　　　　　　　　107000

（3）购入不需要安装的事业用设备80000元，取得固定资产全额发票；发生相关的运输费、装卸费2000元。为了保证设备的质量，甲单位扣留质量保证金10000元，扣留期限3个月。

购入时：

 借：固定资产（80000+2000） 　　　82000
  贷：非流动资产基金——固定资产 　　　　82000

同时：

 借：事业支出 　　　　　　　　　　82000
  贷：银行存款（70000+2000） 　　　　　　72000
   其他应付款 　　　　　　　　　　　　　10000

3个月的质保期满设备质量合格，支付质量保证金时：

 借：其他应付款 　　　　　　　　　　10000
  贷：银行存款 　　　　　　　　　　　　　10000

2）自行建造的固定资产。自行建造的固定资产，其成本包括建造该项资产至交付使用前所发生的全部必要支出。工程完工交付使用时，按自行建造过程中发生的实际支出，借记本科目，贷记"非流动资产基金——固定资产"科目；同时，借记"非流动资产基金——在建工程"科目，贷记"在建工程"科目。已交付使用但尚未办理竣工决算手续的固定资产，按照估计价值入账，待确定实际成本后再进行调整。

3）融资租赁租入的固定资产。融资租赁租入的固定资产，其成本按照租赁协议或者合同确定的租赁价款、相关税费以及固定资产交付使用前所发生的可归属于该项资产的运输费、途中保险费、安装调试费等确定。

  融资租入的固定资产，按照确定的成本，借记本科目（不需安装）或"在建工程"科目（需安装），按照租赁协议或者合同确定的租赁价款，贷记"长期应付款"科目，按照其差额，贷记"非流动资产基金——固定资产""非流动资产基金——在建工程"科目。同时，按照实际支付的相关税费、运输费、途中保险费、安装调试费等，借记"事业支出""经营支出"等科目，贷记"财政补助收入""零余额账户用款额度""银行存款"等科目。

  定期支付租金时，按照支付的租金金额，借记"事业支出""经营支出"等科目，贷记"财政补助收入""零余额账户用款额度""银行存款"等科目；同时，借记"长期应付款"科目，贷记"非流动资产基金——固定资产"科目。

  跨年度分期付款购入固定资产的账务处理，参照融资租入固定资产。

【例 4-16】某事业单位发生如下与融资租赁租入的固定资产有关的业务，财会部门根据有关凭证，应编制会计分录如下：

采用融资租赁方式从某公司租入一台不需安装的专用设备，用于专业业务活动，协议价款为 600000 元（租金），每年末支付租金 100000 元，分 6 年付清。租入该项专用设备时，甲单位支付了运杂费等 2200 元。

融资租入固定资产时：

借：固定资产——融资租入　　　　602200
　　贷：长期应付款　　　　　　　　　　　　600000
　　　　非流动资产基金——固定资产　　　　2200

支付运杂费时：

借：事业支出　　　　　　　　　　　2200
　　贷：银行存款　　　　　　　　　　　　　2200

每年末，支付租金 100000 元时：

借：事业支出　　　　　　　　　　　100000
　　贷：银行存款　　　　　　　　　　　　　100000

借：长期应付款　　　　　　　　　　100000
　　贷：非流动资产基金——固定资产　　　　100000

4）接受捐赠、无偿调入的固定资产。接受捐赠、无偿调入的固定资产，其成本按照有关凭据注明的金额加上相关税费、运输费等确定；没有相关凭据的，其成本比照同类或类似固定资产的市场价格加上相关税费、运输费等确定；没有相关凭据、同类或类似固定资产的市场价格也无法可靠取得的，该固定资产按照名义金额入账。

接受捐赠、无偿调入的固定资产，按照确定的固定资产成本，借记本科目（不需安装）或"在建工程"科目（需安装），贷记"非流动资产基金——固定资产""非流动资产——基金在建工程"科目；按照发生的相关税费、运输费等，借记"其他支出"科目，贷记"银行存款"等科目。

【例 4-17】某事业单位发生如下与接受捐赠、无偿调入的固定资产有关的业务，财会部门根据有关凭证，应编制会计分录如下：

根据主管部门的"固定资产调拨单"无偿调入专业活动用设备两台，每台价款 28000 元，发生运输费、安装费 3000 元，已用银行存款支付。

借：固定资产——专业设备　　　　59000
　　贷：非流动资产基金——固定资产　　　　59000

借：其他支出　　　　　　　　　　　3000
　　贷：银行存款　　　　　　　　　　　　　3000

(2) 固定资产的后续计量。

1) 后续支出的处理。对于为增加固定资产使用效能或延长使用年限而发生的改建、扩建、修缮等开支，应当计入固定资产成本，通过"在建工程"科目核算，完工交付使用时转入"固定资产"科目。该改建、扩建、修缮后的固定资产，其成本按照原固定资产账面价值（"固定资产"科目账面余额减去"累计折旧"科目账面余额后的净值）加上改建、扩建、修缮发生的支出，再扣除固定资产拆除部分的账面价值后的金额确定。

将固定资产转入改建、扩建、修缮时，按固定资产的账面价值，借记"在建工程"科目，贷记"非流动资产基金——在建工程"科目；同时，按固定资产对应的非流动资产基金，借记"非流动资产基金——固定资产"科目，按固定资产已计提折旧，借记"累计折旧"科目，按固定资产的账面余额，贷记本科目。

工程完工交付使用时，借记本科目，贷记"非流动资产基金——固定资产"科目；同时，借记"非流动资产基金——在建工程"科目，贷记"在建工程"科目。

对于为维护固定资产正常使用效能而发生的日常修理等后续支出，应当计入当期支出，不计入固定资产成本。

2) 固定资产折旧。折旧是指在固定资产使用寿命内，按照确定的方法对应折旧金额进行系统分摊。按照现行事业单位会计制度规定，事业单位应当对除以名义金额计量的固定资产、文物和陈列品、图书、档案、动植物以外的其他固定资产计提折旧，有关说明如下：①事业单位应当根据固定资产的性质和实际使用情况，合理确定其折旧年限。省级以上财政部门、主管部门对事业单位固定资产折旧年限作出规定的，从其规定。②事业单位一般应当采用年限平均法或工作量法计提固定资产折旧。③事业单位固定资产的应折旧金额为其成本，计提固定资产折旧不考虑预计净残值。④事业单位一般应当按月计提固定资产折旧。当月增加的固定资产，当月不提折旧，从下月起计提折旧；当月减少的固定资产，当月照提折旧，从下月起不提折旧。⑤固定资产提足折旧后，无论能否继续使用，均不再计提折旧；提前报废的固定资产，也不再补提折旧。已提足折旧的固定资产，可以继续使用的，应当继续使用，规范管理。⑥计提融资租入固定资产折旧时，应当采用与自有固定资产相一致的折旧政策。能够合理确定租赁期届满时将会取得租入固定资产所有权的，应当在租入固定资产尚可使用年限内计提折旧；无法合理确定租赁期届满时能够取得租入固定资产所有权的，应当在租赁期与租入固定资产尚可使用年限两者中按较短的期间内计提折旧。⑦固定资产因改建、扩建或修缮等原因而延长其使用年限的，应当按照重新确定的固定资产的成本以及重新确定的折旧年限，重新计算折旧额。

累计折旧的主要账务处理如下：按月计提固定资产折旧时，按照应计提折旧金额，借记"非流动资产基金——固定资产"科目，贷记本科目。随着计提折旧，固定资产占用的资金（固定基金）不断减少，将固定基金与固定资产原值作比较，可以看出固定资产的新旧程度。

固定资产处置时，按照所处置固定资产的账面价值，借记"待处置资产损溢"科目，按照已计提折旧，借记本科目，按照固定资产的账面余额，贷记"固定资产"科目。

【例4-18】某事业单位发生如下与固定资产折旧有关的业务，财会部门根据有关凭证，应编制会计分录如下：

5月31日，某项管理用固定资产原价60万元，按照直线法折旧，期限5年，计提当月折旧。

借：非流动资产基金——固定资产　　　　10000
　　贷：累计折旧　　　　　　　　　　　　　　　10000

3）固定资产清查。事业单位的固定资产应当定期进行清查盘点，每年至少盘点一次。对于发生的固定资产盘盈、盘亏或者报废、毁损，应当及时查明原因，按规定报经批准后进行账务处理。

盘盈的固定资产，按照确定的价值借记"固定资产"，贷记"非流动资产基金——固定资产"；盘亏或者报废、毁损的固定资产，先转入待处置资产，按照固定资产账面价值，借记"待处置资产损溢"科目，按照已计提的累计折旧，借记"累计折旧"，按固定资产账面余额，贷记"固定资产"科目。经批准予以处置时，借记"非流动资产基金——固定资产"，贷记"待处置资产损溢"。

处置毁损、报废固定资产过程中所取得的收入、发生的相关费用，分别计入待处置资产损溢的贷方和借方，处置收入扣除相关费用后的净收入根据国家有关规定处理，转入应缴国库款。

（3）固定资产的处置。固定资产的处置具体包括固定资产的出售、报废、毁损、无偿调出、对外捐赠等。固定资产转入待处置资产时，事业单位应将其账面余额和相关的累计折旧转入"待处置资产损溢"科目，实际出售、毁损、报废、调出、捐出时，将相关的非流动资产基金余额转入"待处置资产损溢"科目。对处置过程中取得的收入、发生的相关费用通过"待处置资产损溢"科目核算，处置净收入根据国家有关规定处理。

【例4-19】某事业单位发生如下与固定资产处置有关的业务，财会部门根据有关凭证，应编制会计分录如下：

12月末，盘亏笔记本电脑一台，账面余额为12000元，已提折旧2000元，报经批准后按照正常盘亏处理。

固定资产转入待处置资产时：

借：待处置资产损溢　　　　　10000
　　累计折旧　　　　　　　　　2000
　　贷：固定资产　　　　　　　　　　12000

固定资产报经批准予以核销时：
借：非流动资产基金——固定资产　　10000
　　贷：待处置资产损溢　　　　　　　　　　　10000

三、在建工程

事业单位的在建工程是指事业单位已经发生的必要支出，但尚未完工交付使用的各种建筑（包括新建、改建、扩建、修缮等）和设备安装工程。为核算在建工程，事业单位应当设置"在建工程"科目。该科目借方登记在建工程成本的增加，贷方登记因工程完工交付使用而结转的工程成本，期末借方余额反映事业单位尚未完工的在建工程发生的实际成本。事业单位在建工程增加或减少时，应当相应增加或减少非流动资产基金。

1. 建筑工程

（1）将固定资产转入改建、扩建或修缮等时，借记"在建工程"科目，贷记"非流动资产基金——在建工程"科目；同时，按照固定资产对应的非流动资产基金，借记"非流动资产基金——固定资产"科目，按照已计提折旧，借记"累计折旧"科目，按照固定资产的账面余额，贷记"固定资产"科目。

（2）根据工程价款结算账单与施工企业结算工程价款时，按照实际支付的工程价款，借记本科目，贷记"非流动资产基金——在建工程"科目；同时，借记"事业支出"等科目，贷记"财政补助收入""零余额账户用款额度""银行存款"等科目。

（3）事业单位为建筑工程借入的专门借款的利息，属于建设期间发生的，计入在建工程成本，借记本科目，贷记"非流动资产基金——在建工程"科目；同时，借记"其他支出"科目，贷记"银行存款"科目。

（4）工程完工交付使用时，按照建筑工程所发生的实际成本，借记"固定资产"科目，贷记"非流动资产基金——固定资产"科目；同时，借记"非流动资产基金——在建工程"科目，贷记本科目。

【例4-20】某事业单位发生如下与建筑工程有关的业务，财会部门根据有关凭证，应编制会计分录如下：

用财政专项补助资金，对实验室进行改造和扩建，实验室原值4000000元，累计折旧1200000元。实验室扩建发生费用200000元，采用财政授权支付方式向施工企业支付工程款。

（1）将固定资产转入改建、扩建时：
借：在建工程——实验室改扩建工程　　　　2800000
　　贷：非流动资产基金——在建工程　　　　　　2800000
借：非流动资产基金——固定资产　　　　　2800000

  累计折旧   1200000
   贷：固定资产——房屋及建筑物   4000000
 （2）使用财政补助资金，采用财政授权支付方式向施工企业支付工程款时：
  借：在建工程——实验室改扩建工程   200000
   贷：非流动资产基金——在建工程   200000
  借：事业支出   200000
   贷：零余额账户用款额度   200000
 （3）完工交付使用。
  借：固定资产——房屋及建筑物   3000000
   贷：非流动资产基金——固定资产   3000000
  借：非流动资产基金——在建工程   3000000
   贷：在建工程——实验室改扩建工程   3000000

2. 设备安装

 （1）购入需要安装的设备，按照确定的成本，借记本科目，贷记"非流动资产基金——在建工程"科目；同时，按照实际支付金额，借记"事业支出""经营支出"等科目，贷记"财政补助收入""零余额账户用款额度""银行存款"等科目。

 融资租入需要安装的设备，按照确定的成本，借记本科目，按照租赁协议或者合同确定的租赁价款，贷记"长期应付款"科目，按照其差额，贷记"非流动资产基金——在建工程"科目。同时，按照实际支付的相关税费、运输费、途中保险费等，借记"事业支出""经营支出"等科目，贷记"财政补助收入""零余额账户用款额度""银行存款"等科目。

 （2）发生安装费用，借记本科目，贷记"非流动资产基金——在建工程"科目；同时，借记"事业支出""经营支出"等科目，贷记"财政补助收入""零余额账户用款额度""银行存款"等科目。

 （3）设备安装完工交付使用时，借记"固定资产"科目，贷记"非流动资产基金——固定资产"科目；同时，借记"非流动资产基金——在建工程"科目，贷记本科目。

 【例4-21】 某事业单位发生如下与设备安装有关的业务，财会部门根据有关凭证，应编制会计分录如下：

 8月15日，购入一台需要安装的设备，用于本单位的专业业务活动，设备价款为351000元，运输费为3000元，款项以银行存款支付。安装设备时，支付安装费用6000元。8月底，设备安装完工交付使用。

 支付设备价款和运输费时：
  借：在建工程   354000
   贷：非流动资产基金——在建工程   354000

同时：
借：事业支出　　　　　　　　　　　　354000
　　贷：银行存款　　　　　　　　　　　　　　354000
支付安装费用时：
借：在建工程　　　　　　　　　　　　　6000
　　贷：非流动资产基金——在建工程　　　　　6000
同时：
借：事业支出　　　　　　　　　　　　　6000
　　贷：银行存款　　　　　　　　　　　　　　6000
设备安装完工交付使用时：
借：固定资产　　　　　　　　　　　　360000
　　贷：非流动资产基金——固定资产　　　　360000
同时：
借：非流动资产基金——在建工程　　　360000
　　贷：在建工程　　　　　　　　　　　　　360000

四、无形资产

事业单位的无形资产是指事业单位持有的没有实物形态可辨认的非货币性资产，包括专利权、商标权、著作权、土地使用权、非专利技术等。事业单位购入的不构成相关硬件不可缺少的组成部分的应用软件，应当作为无形资产核算。

为核算无形资产，事业单位应当设置"无形资产"科目。该科目借方登记无形资产的增加，贷方登记因转让、无偿调出、对外捐赠、核销以及对外投资转出而减少的无形资产，期末借方余额反映事业单位无形资产的原价。事业单位无形资产增加或减少时，应当相应增加或减少非流动资产基金。无形资产在计提摊销时，逐期减少无形资产对应的非流动资产基金。本科目应当按照无形资产的类别、项目等进行明细核算。

1. 无形资产的初始计量

无形资产在取得时，应当按照其实际成本入账。

（1）外购的无形资产，其成本包括购买价款、相关税费以及可归属于该项资产达到预定用途所发生的其他支出。购入的无形资产，按照确定的无形资产成本，借记本科目，贷记"非流动资产基金——无形资产"科目；同时，按照实际支付金额，借记"事业支出"等科目，贷记"财政补助收入""零余额账户用款额度""银行存款"等科目。

（2）委托软件公司开发软件视同外购无形资产进行处理。支付软件开发费时，按照实际支付金额，借记"事业支出"等科目，贷记"财政补助收入""零余额账户用款额度"

"银行存款"等科目。软件开发完成交付使用时,按照软件开发费总额,借记本科目,贷记"非流动资产基金——无形资产"科目。

(3) 自行开发并按法律程序申请取得的无形资产,按照依法取得时发生的注册费、聘请律师费等费用,借记本科目,贷记"非流动资产基金——无形资产"科目;同时,借记"事业支出"等科目,贷记"财政补助收入""零余额账户用款额度""银行存款"等科目。

依法取得以前所发生的研究开发支出,应于发生时直接计入当期支出,借记"事业支出"等科目,贷记"银行存款"等科目。

(4) 接受捐赠、无偿调入的无形资产,其成本按照有关凭据注明的金额加上相关税费等确定;没有相关凭据的,其成本比照同类或类似无形资产的市场价格加上相关税费等确定;没有相关凭据、同类或类似无形资产的市场价格也无法可靠取得的,该资产按照名义金额入账。

接受捐赠、无偿调入的无形资产,按照确定的无形资产成本,借记本科目,贷记"非流动资产基金——无形资产"科目;按照发生的相关税费等,借记"其他支出"科目,贷记"银行存款"等科目。

【例4-22】某事业单位发生如下与无形资产购置有关的业务,财会部门根据有关凭证,应编制会计分录如下:

6月,某事业单位使用财政项目补助资金购入一项专利权,价款为600000元,以财政授权支付的方式支付。

购入专利权时:

借:无形资产　　　　　　　　　　　　600000
　　贷:非流动资产基金——无形资产　　　　　600000

同时:

借:事业支出　　　　　　　　　　　　600000
　　贷:零余额账户用款额度　　　　　　　　600000

2. 无形资产的后续计量

(1) 与无形资产有关的后续支出。无形资产确认以后,事业单位可能会发生对其再开发或者维护等后续支出,这些后续支出,应分别按以下情况处理:

为增加无形资产的使用效能而发生的后续支出,如对软件进行升级改造或扩展其功能等所发生的支出,应当计入无形资产的成本,借记本科目,贷记"非流动资产基金——无形资产"科目;同时,借记"事业支出"等科目,贷记"财政补助收入""零余额账户用款额度""银行存款"等科目。

为维护无形资产的正常使用而发生的后续支出,如对软件进行漏洞修补、技术维护等所发生的支出,应当计入当期支出但不计入无形资产成本,借记"事业支出"等科目,贷记"财政补助收入""零余额账户用款额度""银行存款"等科目。

（2）无形资产摊销。事业单位应当按照《事业单位财务规则》或相关财务制度的规定确定是否对无形资产计提摊销。一般来讲，事业单位应对其所有无形资产进行摊销，以名义金额计量的除外。

1）摊销年限。事业单位应该按照如下原则确定无形资产摊销年限：法律规定了有效年限的，按照法律规定的有限年限作为摊销年限；法律没有规定有效年限的，按照相关合同或单位申请书中的收益年限作为摊销年限；法律没有规定有效年限的，相关合同或单位申请书中也没有规定年限的，按照不少于10年的期限摊销。

2）事业单位对无形资产的摊销方法为年限平均法，其入账成本为应摊销金额。

3）事业单位的无形资产应自取得当月，按月对无形资产计提摊销，当月按照实际计提金额，借记"非流动资产基金——无形资产"科目，贷记"累计摊销"科目。

【例4-23】某事业单位发生如下与无形资产摊销有关的业务，财会部门根据有关凭证，应编制会计分录如下：

9月30日，某事业单位计提本月无形资产摊销20000元。

借：非流动资产基金——无形资产　　　20000
　　贷：累计摊销　　　　　　　　　　　　　　　20000

3. 无形资产的处置

无形资产的处置具体包括转让、无偿调出和对外捐赠无形资产。当无形资产预期不能为事业单位带来服务潜能或经济利益时，也应当按规定报经批准后核销。

（1）转让、无偿调出、对外捐赠无形资产，转入待处置资产时，按照待处置无形资产的账面价值，借记"待处置资产损溢"科目，按照已计提摊销，借记"累计摊销"科目，按照无形资产的账面余额，贷记本科目。

实际转让、调出、捐出时，按照处置无形资产对应的非流动资产基金，借记"非流动资产基金——无形资产"科目，贷记"待处置资产损溢"科目。

转让无形资产过程中取得价款、发生相关税费，以及出售价款扣除相关税费后的净收入的账务处理，参见"待处置资产损溢"。

【例4-24】某事业单位发生如下与无形资产处置有关的业务，财会部门根据有关凭证，应编制会计分录如下：

某事业单位拥有某项专利技术的成本为100万元（原值），已摊销金额为50万元。6月1日，某单位将该项专利技术出售给C公司，取得出售收入60万元，应缴纳的营业税等相关税费为3万元。假设取得的净收入应上缴国库。

将无形资产转入待处置资产时：

借：待处置资产损溢——处置资产价值　　　500000

　　　　累计摊销　　　　　　　　　　　　　　500000
　　　　贷：无形资产　　　　　　　　　　　　　　　　1000000
　实际出售时：
　　借：非流动资产基金——无形资产　　　　　500000
　　　　贷：待处置资产损溢——处置资产价值　　　　　500000
　收取转让价款：
　　借：银行存款　　　　　　　　　　　　　　600000
　　　　贷：待处置资产损溢——处置净收入　　　　　　600000
　发生相关税费：
　　借：待处置资产损溢——处置净收入　　　　30000
　　　　贷：应缴税费——应缴营业税　　　　　　　　　30000
　结转净收入：
　　借：待处置资产损溢——处置净收入　　　　570000
　　　　贷：应缴国库款　　　　　　　　　　　　　　　570000

（2）以已入账无形资产对外投资，按照评估价值加上相关税费作为投资成本，借记"长期投资"科目，贷记"非流动资产基金——长期投资"科目，按发生的相关税费，借记"其他支出"科目，贷记"银行存款""应缴税费"等科目；同时，按照投出无形资产对应的非流动资产基金，借记"非流动资产基金——无形资产"科目，按照投出无形资产已计提摊销，借记"累计摊销"科目，按照投出无形资产的账面余额，贷记本科目。

【例4-25】某事业单位发生如下与无形资产对外投资有关的业务，财会部门根据有关凭证，应编制会计分录如下：

事业单位将其所拥有的某项专利对外进行长期投资，该项无形资产原价为60万元，已计提的摊销额为32万元，评估价值为25万元；采用财政授权支付方式支付评估费1万元。

　　借：长期投资——股权投资　　　　　　　　260000
　　　　贷：非流动资产基金——长期投资　　　　　　　260000
　　借：其他支出　　　　　　　　　　　　　　10000
　　　　贷：零余额账户用款额度　　　　　　　　　　　10000
　　借：非流动资产基金——无形资产　　　　　280000
　　　　累计摊销　　　　　　　　　　　　　　320000
　　　　贷：无形资产——专利权　　　　　　　　　　　600000

五、待处置资产损溢

事业单位待处置资产损溢是指事业单位待处置资产的价值及处置损溢。

事业单位资产处置包括资产的出售、出让、转让、对外捐赠、无偿调出、盘亏、报废、毁损以及货币性资产损失核销等。

为核算事业单位待处置资产的价值及处置损溢，事业单位应设置待处置资产损溢科目，本科目应当按照待处置资产项目进行明细核算；对于在处置过程中取得相关收入、发生相关费用的处置项目，还应设置"处置资产价值""处置净收入"明细科目，进行明细核算。

事业单位处置资产一般应当先记入本科目，按规定报经批准后及时进行账务处理。年度终了结账前一般应处理完毕。待处置资产损溢的主要账务处理如下：

1. 按规定报经批准予以核销的应收及预付款项、长期股权投资、无形资产

（1）转入待处置资产时，借记本科目（核销无形资产的，还应借记"累计摊销"科目），贷记"应收账款""预付账款""其他应收款""长期投资""无形资产"等科目。

（2）报经批准予以核销时，借记"其他支出"科目（应收及预付款项核销）或"非流动资产基金——长期投资、无形资产"科目（长期投资、无形资产核销），贷记本科目。

2. 盘亏或者毁损、报废的存货、固定资产

（1）转入待处置资产时，借记本科目（处置资产价值）（处置固定资产的，还应借记"累计折旧"科目），贷记"存货""固定资产"等科目。

（2）报经批准予以处置时，借记"其他支出"科目（处置存货）或"非流动资产基金——固定资产"科目（处置固定资产），贷记本科目（处置资产价值）。

（3）处置毁损、报废存货、固定资产过程中收到残值变价收入、保险理赔和过失人赔偿等，借记"库存现金""银行存款"等科目，贷记本科目（处置净收入）。

（4）处置毁损、报废存货、固定资产过程中发生相关费用，借记本科目（处置净收入），贷记"库存现金""银行存款"等科目。

（5）处置完毕，按照处置收入扣除相关处置费用后的净收入，借记本科目（处置净收入），贷记"应缴国库款"等科目。

3. 对外捐赠、无偿调出存货、固定资产、无形资产

（1）转入待处置资产时，借记本科目（捐赠、调出固定资产、无形资产的，还应借记"累计折旧""累计摊销"科目），贷记"存货""固定资产""无形资产"等科目。

（2）实际捐出、调出时，借记"其他支出"科目（捐出、调出存货）或"非流动资产基金——固定资产、无形资产"科目（捐出、调出固定资产、无形资产），贷记本科目。

4. 转让（出售）长期股权投资、固定资产、无形资产

（1）转入待处置资产时，借记本科目（处置资产价值）（转让固定资产、无形资产的，还应借记"累计折旧""累计摊销"科目），贷记"长期投资""固定资产""无形资产"等科目。

（2）实际转让时，借记"非流动资产基金——长期投资、固定资产、无形资产"科目，贷记本科目（处置资产价值）。

（3）转让过程中取得价款、发生相关税费以及转让价款扣除相关税费后的净收入的账务处理，按照国家有关规定，比照本科目有关毁损、报废存货、固定资产进行处理。

待处置资产的价值及处置损溢期末如为借方余额，反映尚未处置完毕的各种资产价值及净损失；期末如为贷方余额，反映尚未处置完毕的各种资产净溢余。年度终了报经批准处理后，本科目一般应无余额。

【例4-26】某事业单位发生如下与待处理财产损溢有关的业务，财会部门根据有关凭证，应编制会计分录如下：

某单位经批准出售建筑物一栋，固定资产原价为600万元，已计提累计折旧200万元，出售取得价款480万元。甲单位已收取转账支票，存入银行。

出售固定资产转入待处置资产时：

借：待处置资产损溢——处置资产价值　　4000000
　　　累计折旧　　　　　　　　　　　　2000000
　　贷：固定资产　　　　　　　　　　　　　　　6000000

办完过户手续实际转让时：

借：非流动资产基金——固定资产　　　　4000000
　　贷：待处置资产损溢——处置资产价值　　　　4000000

收取出售价款：

借：银行存款　　　　　　　　　　　　　4800000
　　贷：待处置资产损溢——处置净收入　　　　　4800000

如果按规定该款项应上缴国库时，应作会计分录如下：

借：待处置资产损溢——处置净收入　　　4800000
　　贷：应缴国库款　　　　　　　　　　　　　　4800000

复习思考题

1. 什么是事业单位的资产？包括哪些种类？比较事业单位的资产与行政单位资产的种

类有哪些不同？

2. 什么是零余额账户用款额度和财政应返还额度？比较它们的不同。

3. 什么是事业单位的存货？事业单位购入和发出存货应当如何核算？比较其与行政单位核算方法的不同。

4. 什么是事业单位的长期股权投资？什么是事业单位的长期债券投资？其持有期间的投资收益如何核算？

5. 什么是事业单位的固定资产？有哪些种类？事业单位购入固定资产和计提折旧如何核算？

6. 什么是事业单位的无形资产？有哪些特点？其取得如何核算？

7. 盘亏或者毁损、报废的存货及固定资产应当如何进行账务处理？

第五章
事业单位负债核算

【本章学习目标】 本章主要对事业单位各项负债的概念、科目设置及其会计具体核算进行详细介绍。本章的学习目标是了解事业单位各项负债及核算的特征；理解事业单位各项负债的含义及其分类；掌握事业单位各项负债的会计核算。

事业单位的负债是指事业单位所承担的能以货币计量，需要以资产或者劳务偿还的债务。事业单位的负债按照流动性，分为流动负债和非流动负债。流动负债是指预计在1年内（含1年）偿还的负债，主要包括短期借款、应付及预收款项、应付职工薪酬、应缴款项等。非流动负债是指流动负债以外的负债，主要包括长期借款、长期应付款等。

事业单位的负债反映的是事业单位的现实义务，确认时应当按照合同金额或实际发生额进行计量，不需要考虑时间价值因素和市场因素。一旦入账，在负债的存续期间不允许按照市价或者其他公允价值进行调整。

事业单位应当对不同性质的负债进行分类管理，及时清理并按照规定办理结算，保证各项负债在规定期限内归还。应当建立健全财务风险控制机制，规范和加强借入款项管理，严格执行审批程序，不得违反规定举借债务和提供担保。

第一节 流动负债

流动负债是指预计在1年内（含1年）偿还的负债，主要包括短期借款、应付及预收款项、应付职工薪酬、应缴款项等。其中应付及预收款项包括应付票据、应付账款、预收账款、其他应付款；应缴款项包括应缴税费、应缴国库款、应缴财政专户款。

一、短期借款

事业单位的短期借款是指事业单位借入的期限在1年内（含1年）的各种借款。从经济意义上讲，短期借款实质上反映了事业单位与资金供给之间短期资金借贷的关系。

1. 短期借款科目设置

为核算短期借款，事业单位应当设置"短期借款"科目。该科目贷方登记实际借入的短期借款本金，借方登记偿还的借款，期末贷方余额反映事业单位尚未偿还的短期借款本金。短期借款应按贷款单位和贷款种类进行明细核算。

2. 短期借款账务处理

（1）事业单位借入各种短期借款时，借记"银行存款"科目，贷记"短期借款"科目。

（2）银行承兑汇票到期，本单位无力支付票款的，按照银行承兑汇票的票面金额，借记"应付票据"科目，贷记本科目。

（3）支付短期借款利息时，借记"其他支出"科目，贷记"银行存款"科目。

（4）归还短期借款时，借记"短期借款"科目，贷记"银行存款"科目。

【例5-1】某事业单位发生如下与短期借款有关的业务，财会部门根据有关凭证，应编制会计分录如下：

（1）6月1日，甲单位自某银行贷款300000元，存入银行，合同规定9个月归还，年利率5.6%，利息每月支付一次。

借：银行存款　　　　　　　　300000
　　贷：短期借款　　　　　　　　　　300000

（2）本月按规定以银行存款支付贷款利息。

本月贷款利息 = 300000 × 5.6% ÷ 12 = 1400（元）

借：其他支出　　　　　　　　1400
　　贷：银行存款　　　　　　　　　　1400

（3）9个月到期还本付息时。

支付最后一个月利息时：

借：其他支出　　　　　　　　1400
　　贷：银行存款　　　　　　　　　　1400

偿还本金时：

借：短期借款　　　　　　　　300000
　　贷：银行存款　　　　　　　　　　300000

二、应缴税费

事业单位的应缴税费是指事业单位按照税法等规定应缴纳的各种税费，包括营业税、增值税、城市维护建设税、教育费附加、车船税、房产税、城镇土地使用税、企业所得税等，还包括代扣代缴的个人所得税。

1. 科目设置

为核算应缴纳的各种税费，事业单位应当设置"应缴税费"科目，该科目贷方登记事业单位发生纳税义务时应当缴纳的税费，借方登记实际缴纳的金额，期末贷方余额反映事业单位应缴未缴的税费金额。事业单位代扣代缴个人所得税，也通过本科目核算。事业单位应缴纳的印花税不需要预提应缴税费，直接通过支出等有关科目核算，不在本科目核算。

本科目应当按照应缴纳的税费种类进行明细核算。属于增值税一般纳税人的事业单位，其应缴增值税明细账中应设置"进项税额""已缴税金""销项税额""进项税额转出"等专栏。

2. 应缴税费账务处理

事业单位发生纳税义务时，按照应缴纳的税费金额，借记有关科目，贷记"应缴税费"科目；实际缴纳时，借记"应缴税费"科目，贷记"银行存款"等科目。具体如下：

（1）发生营业税、城市维护建设税、教育费附加纳税义务的，按税法规定计算的应缴税费金额，借记"待处置资产损溢——处置净收入"科目（出售不动产应缴的税费）或有关支出科目（如经营支出、其他支出），贷记本科目。实际缴纳时，借记本科目，贷记"银行存款"科目。

（2）属于增值税一般纳税人的事业单位购入非自用材料的，按确定的成本（不含增值税进项税额），借记"存货"科目，按增值税专用发票上注明的增值税税额，借记本科目（应缴增值税——进项税额），按实际支付或应付的金额，贷记"银行存款""应付账款"等科目。

属于增值税一般纳税人的事业单位所购进的非自用材料发生盘亏、毁损、报废、对外捐赠、无偿调出等税法规定不得从增值税销项税额中抵扣进项税额的，将所购进的非自用材料转入待处置资产时，按照材料的账面余额与相关增值税进项税额转出金额的合计金额，借记"待处置资产损溢"科目，按材料的账面余额，贷记"存货"科目，按转出的增值税进项税额，贷记本科目（应缴增值税——进项税额转出）。

属于增值税一般纳税人的事业单位销售应税产品或提供应税服务，按包含增值税的价款总额，借记"银行存款""应收账款""应收票据"等科目，按扣除增值税销项税额后的价款金额，贷记"经营收入"等科目，按增值税专用发票上注明的增值税金额，贷记本科目（应缴增值税——销项税额）。

属于增值税一般纳税人的事业单位实际缴纳增值税时,借记本科目(应缴增值税——已交税金),贷记"银行存款"科目。

属于增值税小规模纳税人的事业单位销售应税产品或提供应税服务,按实际收到或应收的价款,借记"银行存款""应收账款""应收票据"等科目,按实际收到或应收价款扣除增值税税额后的金额,贷记"经营收入"等科目,按应缴增值税金额,贷记本科目(应缴增值税)。实际缴纳增值税时,借记本科目(应缴增值税),贷记"银行存款"科目。

(3)发生房产税、城镇土地使用税、车船税纳税义务的,按税法规定计算的应缴税金数额,借记有关科目(如经营支出),贷记本科目。实际缴纳时,借记本科目,贷记"银行存款"科目。

(4)代扣代缴个人所得税的,按税法规定计算应代扣代缴的个人所得税金额,借记"应付职工薪酬"科目,贷记本科目。实际缴纳时,借记本科目,贷记"银行存款"科目。

(5)发生企业所得税纳税义务的,按税法规定计算的应缴税金数额,借记"非财政补助结余分配"科目(注:所得税未作为支出,而是作为结余分配的组成部分),贷记本科目。实际缴纳时,借记本科目,贷记"银行存款"科目。

(6)发生其他纳税义务的,按照应缴纳的税费金额,借记有关科目(如在建工程、经营支出),贷记本科目。实际缴纳时,借记本科目,贷记"银行存款"等科目。

【例5-2】某事业单位发生如下与应缴税费有关的业务,财会部门根据有关凭证,应编制如下会计分录:

(1)某事业单位取得非独立核算的宾馆经营收入10万元,营业税税率5%,有关应缴营业税业务如下:

计算出本月应缴营业税5000元时:

借:经营支出　　　　　　　　　　　　　5000
　　贷:应缴税费——应缴营业税(10万×5%)　5000

用银行存款缴纳应缴营业税税款5000元时:

借:应缴税金——应缴营业税　　　　　　5000
　　贷:银行存款　　　　　　　　　　　　5000

(2)某事业单位为职工代扣代缴5月份个人所得税56000元。6月初,该单位以银行转账方式将代扣的个人所得税缴纳给税务机关。

代扣个人所得税时:

借:应付职工薪酬　　　　　　　　　　　56000
　　贷:应缴税费　　　　　　　　　　　　56000

上缴代扣的个人所得税时:

借:应缴税费　　　　　　　　　　　　　56000

贷：银行存款　　　　　　　　　　　　　　　　　　56000

三、应缴国库款

　　事业单位的应缴国库款是指事业单位按规定应缴入国库的款项（应缴税费除外）。应缴入国库的款项，主要有纳入预算管理的政府性基金、行政性收费、罚款、没收财物变价款、无主财物变价款、赃款和赃物变价款以及事业单位处置资产应上缴国库的款项等。

　　1. 应缴国库款科目设置

　　为核算应缴国库的各类款项，事业单位应当设置"应缴国库款"科目。该科目贷方登记应缴国库款的增加，借方登记实际缴纳的金额，期末贷方余额反映事业单位应缴入国库但尚未缴纳的款项。按照应缴国库的各款项类别进行明细核算。

　　2. 应缴国库款账务处理

　　事业单位按规定计算确定或实际取得应缴国库的款项时，借记有关科目，贷记"应缴国库款"科目；事业单位处置资产取得的应上缴国库的处置净收入的，按照处置净收入借记"待处置资产损溢（处置净收入）"科目，贷记"应缴国库款"等科目；上缴款项时，借记"应缴国库款"科目，贷记"银行存款"等科目。

　　【例 5-3】某事业单位发生如下与应缴国库款有关的业务，财会部门根据有关凭证，应编制如下会计分录：

　　根据其职能要求，开出"非税收入缴款书"，待售政府性基金收费 10 万元，此款项纳入财政预算管理，需要上缴国库。

　　借：银行存款　　　　　　　　　　　　　100000
　　　　贷：应缴国库款——非税收入（政府性基金）　　100000
　　实际上缴时：
　　借：应缴国库款——非税收入（政府性基金）　　100000
　　　　贷：银行存款　　　　　　　　　　　　　　　100000

四、应缴财政专户款

　　应缴财政专户款，是指事业单位按规定应缴入财政专户的事业单位收入的款项。财政专户实际上是原财政预算外资金专户的简称。

　　按照国务院的有关规定，各事业单位根据国家的法律和具有法律效力的规章而收取、提留和安排使用的未纳入国家预算管理的各种财政性资金，属于预算外资金。主要包括以下资金：根据国家的法律、法规规定收取、提留的各种行政性收费、基金和附加收入；国务院或省级人民政府及其财政、计划（物价）部门审批的行政性收费。主管部门从所属单位集中上缴的资金；用于乡镇政府开支的自筹资金和统筹资金；其他未纳入预算管理的财政性资金。

1. 应缴财政专户款科目设置

为核算应缴财政专户的各类款项，事业单位应当设置"应缴财政专户款"科目。该科目贷方登记应缴财政专户款的增加，借方登记实际缴纳的金额，期末贷方余额反映事业单位应缴入财政专户但尚未缴纳的款项。事业单位应当按照应缴财政专户的各款项类别进行明细核算。

2. 应缴财政专户款账务处理

事业单位取得应缴财政专户的款项时，借记有关科目，贷记"应缴财政专户款"科目；上缴款项时，借记"应缴财政专户款"科目，贷记"银行存款"等科目。

【例5-4】某事业单位发生如下与应缴国库款有关的业务，财会部门根据有关凭证，应编制如下会计分录：

收到一项事业性收费10000元，已存入银行账户。此款项纳入财政专户管理，按规定需要全额上缴财政专户。

借：银行存款　　　　　　　　　　　　　　　　10000
　　贷：应缴财政专户款——非税收入（事业收费）　10000

五、应付职工薪酬

应付职工薪酬，是指事业单位按有关规定应付给职工及为职工支付的各种薪酬。包括基本工资、绩效工资、国家统一规定的津贴补贴、社会保险费、住房公积金等。从经济意义上来看，应付职工薪酬实质上反映事业单位与职工之间提供劳务和支付报酬的关系。

1. 应付职工薪酬科目设置

为核算职工薪酬业务，事业单位应当设置"应付职工薪酬"科目。本科目贷方登记应付职工薪酬的增加，借方登记实际支付或结转的金额，期末贷方余额反映事业单位应付未付的职工薪酬。本科目应当根据国家有关规定按照"工资（离退休费）""地方（部门）津贴补贴""其他个人收入"以及"社会保险费""住房公积金"等进行明细核算。

2. 应付职工薪酬账务处理

应付职工薪酬的主要账务处理如下：

（1）计算当期应付职工薪酬，借记"事业支出""经营支出"等科目，贷记本科目。

（2）向职工支付工资、津贴补贴等薪酬，借记本科目，贷记"财政补助收入""零余额账户用款额度""银行存款"等科目。

（3）按税法规定代扣代缴个人所得税，借记本科目，贷记"应缴税费——应缴个人所得税"科目。

（4）按照国家有关规定缴纳职工社会保险费和住房公积金，借记本科目，贷记"财政补助收入""零余额账户用款额度""银行存款"等科目。

（5）从应付职工薪酬中支付其他款项，借记本科目，贷记"财政补助收入""零余额账户用款额度""银行存款"等科目。

【例5-5】 某事业单位发生如下与应付职工薪酬有关的业务，财会部门根据有关凭证，应编制如下会计分录：

（1）3月末，将应付工资进行分配。应发工资300000元，其中事业活动业务部门工资210000元，行政后勤部门工资60000元，经营人员工资30000元。

借：事业支出　　　　　　　　　　　　　　270000
　　经营支出　　　　　　　　　　　　　　 30000
　　贷：应付职工薪酬——工资　　　　　　　　　300000

（2）4月初，实际发放工资。应发工资300000元，代扣代缴个人水电费8000元，房租5000元，社会保障费15000元，个人所得税6000元，扣借款9000元。

借：应付职工薪酬　　　　　　　　　　　　300000
　　贷：财政补助收入、零余额账户用款额度、银行存款　257000
　　　　其他应付款——代扣水电费　　　　　　　　8000
　　　　其他应付款——代扣房租　　　　　　　　　5000
　　　　其他应付款——应付社会保障费　　　　　 15000
　　　　应缴税费——应缴个人所得税　　　　　　　6000
　　　　其他应收款　　　　　　　　　　　　　　　9000

六、应付及预收款项

事业单位的应付及预收款项是指事业单位在开展业务活动中发生的各项债务，包括应付票据、应付账款、其他应付款等应付款项和预收账款。

1. 应付票据

事业单位的应付票据是指事业单位因购买材料、物资等而开出、承兑的商业汇票，包括银行承兑汇票和商业承兑汇票。

（1）应付票据科目设置。为核算应付票据，事业单位应当设置"应付票据"科目。本科目贷方登记应付票据的增加，借方登记汇票到期时的支付或结转，期末贷方余额反映事业单位开出、承兑的尚未到期的商业汇票票面金额。本科目应当按照债权单位进行明细核算。事业单位应当设置"应付票据备查簿"，详细登记每一应付票据的种类、号数、出票日期、到期日、票面金额、交易合同号、收款人姓名或单位名称，以及付款日期和金额等资料。应付票据到期结清票款后，应当在备查簿内逐笔注销。

（2）应付票据账务处理。应付票据的主要账务处理如下：

1)事业单位开出、承兑商业汇票时,借记"存货"等科目,贷记本科目。以承兑商业汇票抵付应付账款时,借记"应付账款"科目,贷记本科目。

2)支付银行承兑汇票的手续费时,借记"事业支出""经营支出"等科目,贷记"银行存款"等科目。

3)商业汇票到期时,支付票款,收到银行支付到期票据的付款通知时,借记本科目,贷记"银行存款"科目。

4)商业汇票到期,本单位无力支付商业汇票票款时,对于商业承兑汇票,按照汇票票面金额,借记本科目,贷记"应付账款"科目;对于银行承兑汇票,按照汇票票面金额,借记本科目,贷记"短期借款"科目。

【例5-6】某事业单位发生如下与应付职工薪酬有关的业务,财会部门根据有关凭证,应编制如下会计分录:

6月1日,某事业单位购入一批自用物资,取得的增值税专用发票上注明的价款为50000元,增值税税额为8500元。同日该单位开具了一张期限为3个月的不带息商业承兑汇票。9月1日,该单位支付了价款和增值税。

购入专用物资时:

借:存货　　　　　　　　58500

　　贷:应付票据　　　　　　　　58500

票据到期支付票款时:

借:应付票据　　　　　　58500

　　贷:银行存款　　　　　　　　58500

2. 应付账款

事业单位的应付账款是指事业单位因购买材料、物资等而应付的款项。这是买卖双方在购销活动中由于取得物资与支付货款在时间上不一致而产生的负债。

(1)应付账款科目设置。为核算应付账款,事业单位应当设置"应付账款"科目。本科目贷方登记应付账款的增加,借方登记实际偿付的款项,期末贷方余额反映事业单位尚未支付的应付账款。事业单位应当按照债权单位(或个人)对其应付账款进行明细核算。

(2)应付账款账务处理。事业单位应付账款的主要账务处理如下:

1)购入材料、物资等已验收入库但货款尚未支付的,按照应付未付金额,借记"存货"等科目,贷记本科目。

2)偿付应付账款时,按照实际支付的款项金额,借记本科目,贷记"银行存款"等科目。

3)开出、承兑商业汇票抵付应付账款,借记本科目,贷记"应付票据"科目。

4)无法偿付或债权人豁免偿还的应付账款,借记本科目,贷记"其他收入"科目。

【例 5-7】某事业单位发生如下应付账款业务，其财务部门会计处理如下：

（1）向某供应商购买自用材料一批，含增值税价格为 3510 元，材料已经入库，货款未付。

借：存货——自用材料　　　　　3510
　　贷：应付账款　　　　　　　　　　　　3510

（2）一项应付账款账面余额为 2000 元，因债权人消失无法偿付，予以核销。

借：应付账款　　　　　　　　　2000
　　贷：其他收入　　　　　　　　　　　　2000

3. 预收账款

事业单位的预收账款是指事业单位按合同规定预收的款项。它是由于购货方预先支付给供货方货款而发生的一项负债。虽然表现为货币资金的增加，但由于货物未交付，不能作为事业单位的收入，而应作为一种负债。

（1）预收账款科目设置。为核算预收账款，事业单位应当设置"预收账款"科目。本科目贷方登记事业单位从付款方预收的款项，借方登记实际结算的款项，期末贷方余额反映事业单位按合同规定预收但尚未实际结算的款项。本科目应当按照债权单位（或个人）进行明细核算。

（2）预收账款账务处理。事业单位预收账款的主要账务处理如下：

1）从付款方预收款项时，按照实际预收的金额，借记"银行存款"等科目，贷记本科目。

2）确认有关收入时，借记本科目，按照应确认的收入金额，贷记"经营收入"等科目，按照付款方补付或退回付款方的金额，借记或贷记"银行存款"等科目。

3）无法偿付或债权人豁免偿还的预收账款，借记本科目，贷记"其他收入"科目。

【例 5-8】某事业单位为一般纳税人，发生如下预收账款业务，其财务部门会计处理如下：

2 月，A 企业向该事业单位订购甲产品，货款总价 30 万元，增值税 51000 元。按照购货协议，A 企业需要按货款金额的 30%预付定金，交货后付剩余款项。5 月，事业单位向 A 企业交付了甲产品，同时收到了剩余货款。

收到预付款时：

借：银行存款　　　　　　　　　90000
　　贷：预收账款　　　　　　　　　　　　90000

收到全部货款时：

借：银行存款　　　　　　　　　261000
　　预收账款　　　　　　　　　90000

贷：经营收入　　　　　　　　　　　　300000
　　应缴税费——增值税（销项税额）　　51000

4. 其他应付款

事业单位的其他应付款是指事业单位除应缴税费、应缴国库款、应缴财政专户款、应付职工薪酬、应付票据、应付账款、预收账款之外的其他各项偿还期限在1年内（含1年）的应付及暂收款项，如存入保证金等。

（1）其他应付款科目设置。为核算其他应付款，事业单位应当设置"其他应付款"科目。该科目贷方登记其他应付款的增加，借方登记实际支付的款项，期末贷方余额反映事业单位尚未支付的其他应付款。本科目应当按照其他应付款的类别以及债权单位（或个人）进行明细核算。

（2）其他应付款的账务助理。事业单位其他应付款的主要账务处理如下：

1）发生其他各项应付及暂收款项时，借记"银行存款"等科目，贷记本科目。

2）支付其他应付款项时，借记本科目，贷记"银行存款"等科目。

3）无法偿付或债权人豁免偿还的其他应付款项，借记本科目，贷记"其他收入"科目。

【例5-9】某事业单位发生如下与其他应付款有关的业务，其财务部门会计处理如下：

代职工订阅杂志，预先收到职工的付款1000元，杂志还未订，款项存入银行。

借：银行存款　　　　　　　1000
　　贷：其他应付款　　　　　　1000

第二节　非流动负债

非流动负债是指流动负债以外的负债，主要包括长期借款、长期应付款等。

一、长期借款

事业单位的长期借款是指事业单位借入的期限超过1年（不含1年）的各种借款。

1. 长期借款的科目设置

为核算长期借款，事业单位应当设置"长期借款"科目。本科目贷方登记实际借入的长期借款本金，借方登记偿还的借款本金，期末贷方余额反映事业单位尚未偿还的长期借款本金。本科目应当按照贷款单位和贷款种类进行明细核算。对于基建项目借款，还应按具体项目进行明细核算。

2. 长期借款的账务处理

事业单位长期借款的主要账务处理如下:

(1) 借入各项长期借款时,按照实际借入的金额,借记"银行存款"科目,贷记本科目。

(2) 为购建固定资产支付的专门借款利息,分别作以下情况处理:

1) 属于工程项目建设期间支付的,计入工程成本,按照支付的利息,借记"在建工程"科目,贷记"非流动资产基金——在建工程"科目;同时,借记"其他支出"科目,贷记"银行存款"科目。

2) 属于工程项目完工交付使用后支付的,计入当期支出,但不计入工程成本,按照支付的利息,借记"其他支出"科目,贷记"银行存款"科目。

3) 其他长期借款利息,按照支付的利息金额,借记"其他支出"科目,贷记"银行存款"科目。

4) 归还长期借款时,借记本科目,贷记"银行存款"科目。

【例5-10】某事业单位发生如下与长期借款有关的业务,财会部门根据有关凭证,应编制如下会计分录:

为建造一幢实验室,2015年1月1日借入期限为两年的长期专门借款100万元,款项已存入银行。借款利率按市场利率确定为9%,每年付息一次,期满后一次性还清本金。2015年初,以财政直接支付方式支付工程价款共计60万元;2015年末,以财政授权支付方式支付利息9万元。2016年初,以财政直接支付方式支付工程价款40万元;2018年末,以财政直接支付方式支付本金和利息109万元。该实验室于2016年12月底完工交付使用。

(1) 2015年1月1日,取得借款时:

借:银行存款　　　　　　　　　1000000
　　贷:长期借款——本金　　　　　　　　1000000

(2) 2015年初,支付工程款时:

借:在建工程　　　　　　　　　600000
　　贷:非流动资产基金——在建工程　　　600000
借:事业支出　　　　　　　　　600000
　　贷:财政补助收入　　　　　　　　　600000

(3) 2015年12月31日,计算2015年应计入工程成本的利息时:借款利息=1000000×9%=90000(元)

借:在建工程　　　　　　　　　90000
　　贷:非流动资产基金——在建工程　　　90000
借:其他支出　　　　　　　　　90000
　　贷:零余额账户用款额度　　　　　　　90000

(4) 2016 年初支付工程款时：

借：在建工程　　　　　　　　　　　400000
　　贷：非流动资产基金——在建工程　　　　　400000
借：其他支出　　　　　　　　　　　400000
　　贷：财政补助收入　　　　　　　　　　　　400000

(5) 2016 年 12 月底工程完工，该期应计入工程成本的利息 = 1000000 × 9% = 90000（元）

借：在建工程　　　　　　　　　　　90000
　　贷：非流动资产基金——在建工程　　　　　90000
借：其他支出　　　　　　　　　　　90000
　　贷：财政补助收入　　　　　　　　　　　　90000

同时：

借：固定资产　　　　　　　　　　　1180000
　　贷：非流动资产基金——固定资产　　　　　1180000
借：非流动资产基金——在建工程　　1180000
　　贷：在建工程　　　　　　　　　　　　　　1180000
借：长期借款　　　　　　　　　　　1000000
　　贷：财政补助收入　　　　　　　　　　　　1000000

二、长期应付款

事业单位的长期应付款是指事业单位发生的偿还期限超过 1 年（不含 1 年）的应付款项，如以融资租赁租入固定资产的租赁费、跨年度分期付款购入固定资产的价款等。

1. 长期应付款科目设置

为核算长期应付款，事业单位应当设置"长期应付款"科目。本科目贷方登记长期应付款的增加，借方登记实际偿付的款项，期末贷方余额反映事业单位尚未支付的长期应付款。本科目应当按照长期应付款的类别以及债权单位（或个人）进行明细核算。

2. 长期应付款的财务处理

事业单位长期应付款的主要账务处理如下：

（1）发生长期应付款时，借记"固定资产""在建工程"等科目，贷记本科目、"非流动资产基金"等科目。

（2）支付长期应付款时，借记"事业支出""经营支出"等科目，贷记"银行存款"等科目；同时，借记本科目，贷记"非流动资产基金"科目。

（3）无法偿付或债权人豁免偿还的长期应付款，借记本科目，贷记"其他收入"科目。

【例5-11】某事业单位发生如下与长期应付款有关的业务，财会部门根据有关凭证，应编制如下会计分录：

某事业单位以五年期长期应付款的方式购进设备一台（用于事业活动），价款500万元（含增值税），于每年末等额支付100万元；运杂费6万元，安装费5万元，以财政授权支付方式支付。

(1) 购入设备，投入安装时，会计分录如下：

借：在建工程　　　　　　　　　　　5110000
　　贷：长期应付款——××单位　　　　　　　5000000
　　　　非流动资产基金——在建工程　　　　 110000
借：事业支出　　　　　　　　　　　 110000
　　贷：零余额账户用款额度　　　　　　　　　110000

(2) 上述设备安装调试完毕，交付使用。财会部门根据有关凭证，填制记账凭单，作会计分录如下：

借：固定资产——专业设备　　　　　5110000
　　非流动资产基金——在建工程　　 110000
　　贷：在建工程　　　　　　　　　　　　　5110000
　　　　非流动资产基金——固定资产　　　　 110000

(3) 按照协议以财政直接支付方式偿付第一年设备价款100万元。财会部门根据有关凭证，填制记账凭单，作会计分录如下：

借：长期应付款——××单位　　　　1000000
　　贷：非流动资产基金——固定资产　　　　1000000
借：事业支出　　　　　　　　　　　1000000
　　贷：财政补助收入　　　　　　　　　　　1000000

以后各年末支付同上处理。

复习思考题

1. 事业单位负债的含义是什么？包括哪些种类？
2. 事业单位的应缴税费包括哪些内容？如何进行核算？
3. 事业单位应付款项有哪些内容？如何进行核算？
4. 事业单位长期借款的含义是什么？应该如何核算长期借款业务？

第六章
事业单位收入核算

【本章学习目标】 本章从事业单位收入的概念入手，主要介绍事业单位收入的含义、分类以及具体的会计账务处理。本章的学习目标是理解事业单位各项收入的内涵和分类；掌握事业单位各项收入的账务处理。

事业单位的收入是指事业单位开展业务及其他活动依法取得的非偿还性资金。事业单位是公益性社会组织，在向社会提供服务时有一定的收入作为保障，收入的来源可以是财政补助资金，也可以是事业单位的业务收费，还可以是社会捐赠等其他渠道的资金。

事业单位收入在会计核算时分为财政补助收入、事业收入、上级补助收入、附属单位上缴收入、经营收入、其他收入等。事业单位的收入一般应当在收到款项时予以确认，并按照实际收到的金额进行计量。采用权责发生制确认的收入，应当在提供服务或者发出存货，同时收讫价款或者取得索取价款的凭据时予以确认，并按照实际收到的金额或者有关凭据注明的金额进行计量。

事业单位应当加强对收入的管理，这对于提高财政资金的使用效率，保护社会公众的基本权益，促进事业单位规范、健康、可持续发展有重要的意义。事业单位应当加强收入的预算管理，应当自求收支平衡，不得编制赤字预算；保证收入的合法性和合理性；及时足额上缴各项财政资金，隐瞒、滞留、截留、挪用和坐支。

第一节 财政补助收入

事业单位的财政补助收入是指事业单位从同级财政部门取得的各类财政拨款。财政补助收入来源于国家预算资金，是国家按照预算安排给予事业单位的补助，弥补事业经费的不足，促使事业单位更好地开展公益性服务活动。

事业单位应当按照批准的年度部门预算和月度用款计划申请取得财政经费，并按部门预算的管理要求使用经费。实行国库集中收付制度的事业单位，财政经费由国库单一账户统一拨付。

一、财政补助收入的分类

事业单位的财政补助收入按照预算管理要求划分为基本支出补助和项目支出补助。

基本支出补助是事业单位用于维持正常运行和完成工作任务所需要的补助经费，分为人员经费和日常公用经费。

项目支出补助是事业单位在基本经费之外完成特定任务所需的补助经费。

另外，事业单位财政补助收入还应根据《政府收支分类科目》规定，按预算支出功能进行分类。

二、财政补助收入的科目设置

为反映事业单位取得财政补助的情况，事业单位应当设置"财政补助收入"科目。该科目贷方登记事业单位取得的财政补助收入，借方登记期末结转的金额，期末结账后该科目应无余额。该科目下设"基本支出"和"项目支出"两个一级明细科目。"基本支出"明细科目下应设置"人员经费""日常公用经费"两个二级明细科目，再根据《政府收支分类科目》中预算支出功能分类要求，按类、款、项设三级明细科目；"项目支出"科目下应按项目名称设置二级明细科目，再根据《政府收支分类科目》中预算支出功能分类要求，按类、款、项设三级明细科目。

三、财政补助收入的账务处理

事业单位财政补助收入主要账务处理如下：

（1）在财政直接支付方式下，对财政直接支付的支出，事业单位根据财政国库支付执行机构委托代理银行转来的"财政直接支付入账通知书"及原始凭证，按照通知书中的直接支付入账金额，借记有关科目，贷记"财政补助收入"科目。

（2）在财政授权支付方式下，事业单位收到代理银行盖章的"授权支付到账通知书"时，根据通知书所列数额，借记"零余额账户用款额度"科目，贷记"财政补助收入"科目。

（3）在其他方式下，实际收到财政补助收入时，借记"银行存款"等科目，贷记"财政补助收入"科目。

（4）期末，事业单位应当将"财政补助收入"本期发生额结转至财政补助结转，借记

"财政补助收入"科目,贷记"财政补助结转"科目。

【例6-1】 某事业单位发生如下与财政补助收入有关的业务,财会部门根据有关凭证,应编制会计分录如下:

(1) 5月8日,根据经过批准的部门预算和用款计划,向同级财政申请支付第三季度水费50000元。5月18日,财政部门经审核后,以财政直接支付方式向自来水公司支付了该单位的水费50000元。5月23日,该事业单位收到了"财政直接支付入账通知书"。

事业单位应于5月23日收到"财政直接支付入账通知书"时,作如下会计分录:
借:事业支出　　　　　　　　　　50000
　　贷:财政补助收入　　　　　　　　　　50000

(2) 5月10日,根据经过批准的部门预算和用款计划,向财政申请支付事业专用设备款220万元。5月12日,财政部门经审核后,采用财政直接支付方式为其向设备供应商支付了220万元。5月17日,该事业单位收到了代理银行转来的财政直接支付到账通知书。

该事业单位应于5月17日进行账务处理如下:
借:事业支出　　　　　　　　　　2200000
　　贷:财政补助收入　　　　　　　　　　2200000
同时:
借:固定资产　　　　　　　　　　2200000
　　贷:非流动资产基金——固定资产　　　2200000

(3) 5月5日收到代理银行通知书,本月授权制度额度到账50万元。
借:零余额账户用款额度　　　　　500000
　　贷:财政补助收入　　　　　　　　　　500000

第二节　事业收入

事业单位的事业收入是指事业单位开展专业业务活动及其辅助活动取得的收入。事业收入是事业单位的业务收入,包括提供服务取得的收入和销售商品取得的收入。专业业务活动是事业单位的主要业务事项,是事业单位为实现其宗旨所开展的业务活动。每个事业单位的业务活动都有所不同,如学校的专业业务活动是教育活动,卫生事业单位的专业业务活动是医疗服务活动等。辅助活动是与专业活动相关的,为专业业务活动提供支持的活动。如体育运动场馆开展的场馆租赁服务就是其专业业务活动,而附带提供的停车、饮品等服务就是其辅助活动。事业单位的业务活动具有公益属性,在国家政策支持下可以通过事业收费运转的事业单位，提供的公益性服务不以盈利为目的，但需要按照成本补偿的原则制定价格，收取服务费，是一种有偿收入。

一、事业收入的分类

按照管理方式不同，事业收入分为财政专户返还收入和其他事业收入两种。

财政专户返还收入是指采用财政专户返还方式管理的事业收入。承担政府规定的社会公益性服务任务的事业单位，面向社会提供的公益服务时无偿地或者只按政府指导价格收取部分费用，其事业收费需要纳入财政专户管理，需要按照"收支两条线"的方式管理。在这种管理方式下，事业单位收取各项事业收费需要先上缴同级财政部门设立的财政资金专户，支出时需向同级财政部门申请审批，同级财政部门按资金收支计划从财政专户中拨付，这时事业单位才能确认事业收入。

其他事业收入，是指未采用财政专户返还方式管理的事业收入。许多事业单位的业务活动具有公益性，在国家政策支持下可以通过事业收费正常运转，提供的公益性服务不以盈利为目的，但需要按成本补偿的原则制定价格并收取服务费，这种事业收费不需要纳入财政专户管理。这种事业收费在收到时，事业单位就可以确认为事业收入。

二、事业收入的科目设置

为核算事业收入，事业单位应当设置"事业收入"科目。该科目贷方登记事业单位取得的事业收入，借方登记期末结转的金额，期末结账后该科目应无余额。事业收入需要区分专项资金收入和非专项资金收入，对专项资金还应按具体项目进行明细核算。

三、事业收入的账务处理

事业单位的事业收入具体账务处理如下：

（1）对采用财政专户返还方式管理的事业收入，收到应上缴财政专户的事业收入时，借记"银行存款"等科目，贷记"应缴财政专户款"科目。向财政专户上缴款项时，按照实际上缴的款项金额，借记"应缴财政专户款"科目，贷记"银行存款"等科目。收到从财政专户返还的事业收入时，按照实际收到的返还金额，借记"银行存款"等科目，贷记"事业收入"科目。

（2）对其他事业收入，收到款项时，借记"银行存款"等科目，贷记"事业收入"科目。

（3）期末，事业单位应当将"事业收入"本期发生额中的专项资金收入结转至非财政补助结转，借记"事业收入"科目下各专项资金收入明细科目，贷记"非财政补助结转"科目；将"事业收入"本期发生额中的非专项资金收入结转至事业结余，借记"事业收入"科目下各非专项资金收入明细科目,贷记"事业结余"科目。

【例6-2】某事业单位发生如下与事业收入有关的业务,财会部门根据有关凭证,应编制会计分录如下:

(1)某事业单位部分事业收入采用财政专户返还的方式管理。2016年5月5日,该单位收到应上缴财政专户的事业收入5000000元。5月15日,该单位将上述款项上缴财政专户。6月15日,该单位收到从财政专户返还的事业收入5000000元。

5月5日收到应上缴财政专户的事业收入时:

借:银行存款　　　　　　　5000000
　　贷:应缴财政专户款　　　　　　　　5000000

5月15日向财政专户上缴款项时:

借:应缴财政专户款　　　　5000000
　　贷:银行存款　　　　　　　　　　　5000000

6月15日收到从财政专户返还的事业收入时:

借:银行存款　　　　　　　5000000
　　贷:事业收入　　　　　　　　　　　5000000

(2)某事业单位于2016年5月10日收到一项事业性收费收入1000元,存入银行,该项事业性收费不纳入财政专户管理。

借:银行存款　　　　　　　1000
　　贷:事业收入　　　　　　　　　　　1000

第三节　上级补助收入

事业单位的上级补助收入是指事业单位从主管部门和上级单位取得的非财政补助收入。根据事业单位的管理体制,每个事业单位均有主管部门或上级单位,主管部门或上级单位可以利用自身的收入或集中的收入,对所属的事业单位给予补助,以调剂事业单位的资金余缺。上级补助收入不同于财政补助收入,上级补助收入来源于上级主管部门或上级单位,资金性质是非财政资金。上级补助收入是非常规性收入,上级主管部门或上级单位一般根据自身资金情况和事业单位的需要,向事业单位拨付补助资金。

一、上级补助收入的分类

上级补助收入需要按照上级主管部门或上级单位的要求来进行管理,按照固定的用途安排使用。按使用要求不同，事业单位的上级补助收入分为专项资金收入和非专项资金收入。专项资金收入是主管部门或上级单位拨入的用于完成特定任务的款项，专款专用，单独核算。当年未完成的项目，其资金可以结转到下一年继续使用，项目完成后，结余资金按规定需要缴回原拨款单位，或留归事业单位转入事业基金。非专项资金收入是上级主管部门或上级单位拨入用于维持事业单位正常运行和完成日常工作任务的款项。没有用途限定条件，不需缴回，年度结余资金可以转入事业结余并进行分配。

二、上级补助收入的科目设置

为核算上级补助收入，事业单位应当设置"上级补助收入"科目。该科目贷方登记事业单位取得的上级补助收入，借方登记期末结转的金额，期末结账后该科目应无余额。上级补助收入需要区分专项资金收入和非专项资金收入，对专项资金还应按具体项目进行明细核算。

三、上级补助收入的账务处理

上级补助收入主要账务处理如下：

（1）事业单位收到上级补助收入时，借记"银行存款"等科目，贷记"上级补助收入"科目。

（2）期末，事业单位应当将"上级补助收入"本期发生额中的专项资金收入结转至非财政补助结转，借记"上级补助收入"科目下各专项资金收入明细科目，贷记"非财政补助结转"科目；将"上级补助收入"本期发生额中的非专项资金收入结转至事业结余，借记"上级补助收入"科目下各非专项资金收入明细科目，贷记"事业结余"科目。

【例6-3】某事业单位发生如下与上级补助收入有关的业务，财会部门根据有关凭证，应编制会计分录如下：

收到主管部门拨来的补助款20万元，款项已经收到，此款项资助事业单位开展专项课题研究。

借：银行存款　　　　　　　　　　　　　　　200000
　　贷：上级补助收入——主管单位——课题研究　　200000

第四节　附属单位上缴收入

事业单位的附属单位上缴收入是指事业单位附属的独立核算单位按照有关规定上缴的

收入。所谓事业单位一般下设一些独立核算的附属单位,可以是事业单位,也可以是企业。它与事业单位存在一定的体制关系。独立核算的附属单位通常按照规定的标准或比例向事业单位上缴款项,从而形成事业单位的附属单位上缴收入。附属单位上缴收入包括附属的事业单位上缴的收入或附属的企业上缴的利润等。事业单位与附属单位之间的往来款项、事业单位对外投资获得的投资收益不属于附属单位上缴收入。

一、附属单位上缴收入的科目设置

为核算附属单位上缴收入,事业单位应当设置"附属单位上缴收入"科目。该科目贷方登记事业单位取得的附属单位上缴收入,借方登记期末结转的金额,期末结账后该科目应无余额。本科目应当按照附属单位、缴款项目、《政府收支分类科目》中"支出功能分类"相关科目等进行明细核算。附属单位上缴收入还需要区分专项资金收入和非专项资金收入,对专项资金还应按具体项目进行明细核算。

二、附属单位上缴收入的账务处理

附属单位上缴收入的主要账务处理如下:

事业单位收到附属单位缴来款项时,借记"银行存款"等科目,贷记"附属单位上缴收入"科目。

期末,事业单位应当将"附属单位上缴收入"本期发生额中的专项资金收入结转至非财政补助结转,借记"附属单位上缴收入"科目下各专项资金收入明细科目,贷记"非财政补助结转"科目;将"附属单位上缴收入"本期发生额中的非专项资金收入结转至事业结余,借记"附属单位上缴收入"科目下各非专项资金收入明细科目,贷记"事业结余"科目。

【例6-4】某事业单位发生如下与附属单位上缴收入有关的业务,财会部门根据有关凭证,应编制会计分录如下:

(1)收到附属独立核算单位按照规定上缴的一笔款项150000元,该笔款项为事业单位的非专项资金收入,已存入银行。

借:银行存款　　　　　　　　　　　　150000
　　贷:附属单位上缴收入——基本支出　　　　150000

(2)年终,"附属单位上缴收入——基本支出"科目本期发生额为30000元,事业单位将其转入"事业结余"科目,"附属单位上缴收入——项目支出"科目本期发生5000元,事业单位将其转入"非财政补助结转"科目。

借:附属单位上缴收入——基本支出　　30000
　　贷:事业结余　　　　　　　　　　　　30000

同时：

借：附属单位上缴收入——项目支出　　　　5000
　　贷：非财政补助结转　　　　　　　　　　　　　5000

第五节　经营收入

事业单位的经营收入是指事业单位在专业业务活动及其辅助活动之外开展的非独立核算经营活动取得的收入。经营收入是有偿收入，是以提供各种服务或商品为前提，获取收入为目的。

一、经营收入的科目设置

为核算经营收入，事业单位应当设置"经营收入"科目。该科目贷方登记事业单位开展非独立核算经营活动取得的收入，借方登记期末结转的金额，期末结账后该科目应无余额。

二、经营收入的账务处理

事业单位在提供服务或发出存货，同时收讫价款或者取得索取价款的凭据时，按照确定的收入金额，借记"银行存款""应收账款""应收票据"等科目，贷记"经营收入"科目，负有增值税纳税义务的，还应按税法确定的增值税税额，贷记"应缴税费"科目。

期末，事业单位应当将"经营收入"本期发生额转至经营结余，借记"经营收入"科目，贷记"经营结余"科目。

【例6-5】某事业单位发生如下与经营收入有关的业务，财会部门根据有关凭证，应编制会计分录如下：

（1）甲单位取得非独立核算的经营收入（技术咨询收入）收到银行存款10000元。作会计分录如下：

借：银行存款　　　　　10000
　　贷：经营收入　　　　　　　10000

（2）销售小商品取得含税收入1030元（某事业单位为小规模纳税人，征收率为3%），以银行存款收讫。

借：银行存款　　　　　1030
　　贷：经营收入　　　　　　　1000
　　　　应缴税费——应缴增值税　　30

第六节　其他收入

事业单位的其他收入是指事业单位除财政补助收入、事业收入、上级补助收入、附属单位上缴收入、经营收入以外的各项收入，包括投资收益、银行存款利息收入、租金收入、捐赠收入、现金盘盈收入、存货盘盈收入、收回已核销应收及预付款项、无法偿付的应付及预收款项等。

一、其他收入的科目设置

为核算其他收入，事业单位应当设置"其他收入"科目。该科目贷方登记事业单位取得的其他收入，借方登记期末结转的金额，期末结账后该科目应无余额。其他收入需要区分专项资金收入和非专项资金收入，对专项资金还应按具体项目进行明细核算。

二、其他收入的账务处理

事业单位其他收入的主要账务处理如下：

事业单位在收到利息、利润、租金收入、现金捐赠收入、发现现金溢余以及收回已核销的应收及预付款时，借记"银行存款""库存现金"等科目，贷记"其他收入"科目。

事业单位在接受存货捐赠或发生存货盘盈时，借记"存货"科目，贷记"其他收入"科目。

发生无法偿付或债权人豁免偿还应付及预收款项业务时，借记"应付账款"等科目，贷记"其他收入"科目。

期末，事业单位应当将"其他收入"本期发生额中的专项资金收入结转至非财政补助结转，借记"其他收入"科目下各专项资金收入明细科目，贷记"非财政补助结转"科目；将"其他收入"本期发生额中的非专项资金收入结转至事业结余，借记"其他收入"科目下各非专项资金收入明细科目，贷记"事业结余"科目。

【例6-6】某事业单位发生如下与经营收入有关的业务，财会部门根据有关凭证，应编制会计分录如下：

（1）3月12日，某事业单位接受甲公司捐赠的一批实验材料，甲公司所提供的凭据表明其价值为100000元，该事业单位以银行存款支付了运输费1000元。

借：存货　　　　　　　　　　101 000
　　贷：其他收入　　　　　　　　　100 000

　　　　银行存款　　　　　　　　　　　　1000
（2）本月获得国债利息收入 18000 元，已收存银行。
借：银行存款　　　　　　　18000
　　贷：其他收入——投资收益　　　18000

复习思考题

1. 事业单位收入的概念是什么？事业单位收入主要包括哪些内容？
2. 事业单位财政补助收入是什么？其管理要求有哪些？
3. 事业单位的事业收入是指什么？举例说明不同行业事业单位的事业收入包括哪些种类？如何进行账务处理？
4. 什么是附属单位上缴收入？它与事业单位的财政补助收入有何区别？
5. 什么是经营收入？它包括哪些内容？如何核算？

第七章
事业单位支出核算

【本章学习目标】 本章从事业单位支出的概念入手,主要介绍事业单位支出的含义、分类以及具体的会计账务处理。本章的学习目标是理解事业单位各项支出的内涵和分类;掌握事业单位各项支出的账务处理。

事业单位的支出是指事业单位开展业务及其他活动发生的资金耗费和损失。事业单位在专业业务活动及辅助活动、经营业务活动和其他活动中发生的资金耗费以及产生的各种损失,均可确认为事业单位的支出。

事业单位的支出表现为经济利益的流出或者服务潜力的流出,导致本期净资产减少。支出一般在经济利益或者服务潜力能够流出,从而导致事业单位资产减少或者负债增加,并且经济利益或者服务潜力的流出能够可靠计量时才能确认。其预算资金支出采用收付实现制原则,一般应当在实际支付时予以确认,并按照实际支付金额进行计量;其他资金支出采用权责发生制原则,应当在其发生时予以确认,并按照实际发生额进行计量。

事业单位支出的内容包括事业支出、对附属单位补助支出、上缴上级支出、经营支出、其他支出等。事业单位的支出应当分类管理,按类型进行会计核算。

按照支出发生的环节,事业单位的支出分为业务活动支出和其他活动支出。业务活动支出是事业单位开展专业业务活动及其相关辅助活动、经营业务活动的支出,主要包括对事业支出和经营支出。其他活动支出是指事业单位业务活动支出以外的各项支出,主要包括对附属单位补助支出、上缴上级支出和其他支出。

按支出的资金性质,事业单位的支出分为财政补助支出和非财政补助支出。财政补助支出是指用财政补助收入安排的各项支出,主要发生在事业支出中。非财政补助支出是指用财政补助收入以外的收入安排的各项支出,包括事业收入、上级补助收入、附属单位上缴收入、经营收入、其他收入等安排的支出。对附属单位补助支出、上缴上级支出、经营支出、其他支出属于非财政补助支出,而事业支出既有财政补助支出又包括非财政补助支出。

按照支出的资金限定性，事业单位的支出分为限定性支出和非限定性支出。对于财政补助支出，一般区分为基本支出和项目支出；对于非财政补助支出一般区分为专项支出和非专项支出。

事业单位的支出应当按照《事业单位财务规则》和相关行业事业单位财务制度的要求进行管理，要强化支出的预算管理，加强专项资金管理、支出的规范性管理以及支出的绩效管理等。

第一节 事业支出

事业单位的事业支出是指事业单位开展专业业务活动及其辅助活动发生的基本支出和项目支出。基本支出是指为保障事业单位正常运转和完成日常工作任务发生的支出，包括人员经费支出和日常公用经费支出；项目支出是指为完成特定的工作任务和事业发展目标，在基本支出之外发生的支出。事业支出与事业收入相对应，是事业单位支出的核心内容。事业单位活动的领域不同，其事业支出的内容也有所不同，如教育事业支出、科研事业支出、文化事业支出、环境保护事业支出等。

事业单位的事业支出，还需要按照《政府收支分类科目》中"支出经济分类"的款级科目进行分类，核算是分类核算。"支出经济分类"的款级科目有：①工资福利支出，分设7款：基本工资、津贴补贴、奖金、社会保障缴费、伙食费、伙食补助费、其他工资福利支出；②商品和服务支出；③对个人和家庭的补助；④对企事业单位的补贴；⑤转移性支出；⑥赠予；⑦债务利息支出；⑧债务还本支出；⑨基本建设支出，新建的工程项目支出等；⑩其他资本性支出，购置办公设备、专用设备、大型修缮、改建等支出；⑪贷款转贷及产权参股；⑫其他支出。

一、事业支出的科目设置

为核算事业支出，事业单位应当设置"事业支出"科目。该科目借方登记当期实际发生的事业支出，贷方登记期末结转的金额，期末结账后该科目应无余额。

事业支出科目分基本支出和项目支出，财政补助支出、非财政专项资金支出和其他资金支出等进行明细核算，这样才能使各类支出与财政补助收入、非财政专项资金收入和其他资金来源相配比，从而准确计算财政补助结转结余和非财政补助结转结余。还需按照《政府收支分类科目》中"支出功能分类"相关科目进行明细核算。"基本支出"和"项目支出"明细科目下应当按照《政府收支分类科目》中"支出经济分类"的款级科目进行明细核算;同时在"项目支出"明细科目下按照具体项目进行明细核算。

二、事业支出的账务处理

事业单位的事业支出主要账务处理如下:

为从事专业业务活动及其辅助活动人员计提的薪酬等,借记本科目,贷记"应付职工薪酬"等科目。

开展专业业务活动及其辅助活动领用的存货,按领用存货的实际成本,借记本科目,贷记"存货"科目。

开展专业业务活动及其辅助活动中发生的其他各项支出,借记本科目,贷记"库存现金""银行存款""零余额账户用款额度""财政补助收入"等科目。

期末,将"事业支出——财政补助支出"本期发生额结转至"财政补助结转"科目,借记"财政补助结转"科目,贷记"事业支出——财政补助支出"科目;将"事业支出——非财政专项资金支出"本期发生额结转至"非财政补助结转"科目,借记"非财政补助结转"科目,贷记"事业支出——非财政专项资金支出";将"事业支出——其他资金支出"本期发生额结转至"事业结余"科目,借记"事业结余"科目,贷记"事业支出——其他资金支出"科目。

【例7-1】某事业单位发生如下与事业支出有关的业务,财会部门根据有关凭证,应编制会计分录如下:

(1)月末,甲单位将应付工资进行分配。应发工资280000元,其中,事业活动部门工资260000元,经营人员工资20000元。

借:事业支出　　　　　　　　260000
　　经营支出　　　　　　　　 20000
　　贷:应付职工薪酬　　　　　　　　　　280000

(2)业务活动部门领用材料30000元。

借:事业支出　　　　　　　　 30000
　　贷:存货　　　　　　　　　　　　　　30000

(3)业务部门人员李某出差回来报销差旅费5200元,原借款5000元,财务部门补付李某现金200元。

借:事业支出　　　　　　　　 5200
　　贷:其他应收款——李某　　　　　　 5000
　　　　库存现金　　　　　　　　　　　　 200

(4)用财政专项补助购买一台不需安装的设备,设备价款为5000000元,由财政直接支付。该事业单位根据收到的"财政直接支付入账通知书"及有关凭证时进行会计处理。

借：固定资产　　　　　　　　　　　　5000000
　　贷：非流动资产基金——固定资产　　　　　　5000000
同时：
借：事业支出——财政补助支出　　　　5000000
　　贷：财政补助收入　　　　　　　　　　　　　5000000

（5）月末，某事业单位将本月的事业支出结转至相关结转结余科目，事业支出各明细科目本月发生额分别为：财政补助支出 800000 元，非财政专项资金支出 100000 元，其他资金支出 300000 元。

借：财政补助结转　　　　　　　　　　800000
　　非财政补助结转　　　　　　　　　100000
　　事业结余　　　　　　　　　　　　300000
　　贷：事业支出——财政补助支出　　　　　　　800000
　　　　　　　——非财政专项资金支出　　　　　100000
　　　　　　　——其他资金支出　　　　　　　　300000

第二节　上缴上级支出

事业单位的上缴上级支出是指事业单位按照财政部门和主管部门的规定上缴上级单位的支出。事业单位向上级单位上缴的款项属于非财政资金，相应资金通常是事业单位自身取得的事业收入、经营收入和其他收入等。事业单位应当按照财政部门和主管部门的规定等，对于取得的有关业务活动收入和其他收入，按照规定的标准或比例上缴上级单位。事业单位不可以使用其自身的财政补助收入用作上缴上级支出。

一、上缴上级支出的科目设置

为核算上缴上级支出，事业单位应当设置"上缴上级支出"科目。该科目借方登记当期实际上缴上级单位的款项，贷方登记期末结转的金额，期末结账后该科目应无余额。该科目应当按照收缴款项单位、缴款项目、《政府收支分类科目》中"支出功能分类"相关科目等进行明细核算。

二、上缴上级支出的账务处理

上缴上级支出的主要账务处理如下：

事业单位按规定将款项上缴上级单位的，借记"上缴上级支出"科目，贷记"银行存款"等科目。

期末，将"上缴上级支出"本期发生额结转至事业结余，借记"事业结余"科目，贷记"上缴上级支出"科目。

【例7-2】某事业单位发生如下与上缴上级支出有关的业务，财会部门根据有关凭证，应编制会计分录如下：

根据体制安排和本年度事业收入的数额，经过计算，本年应上缴上级款项100000元，通过银行转账支付。

借：上缴上级支出　　　　100000
　　贷：银行存款　　　　　　　　100000

第三节　对附属单位补助支出

事业单位的对附属单位补助支出是指事业单位用财政补助收入之外的收入对附属单位补助发生的支出。事业单位对附属单位补助支出的款项属于非财政资金，相应资金通常是事业单位自身取得的事业收入、经营收入和其他收入，或者是事业单位从其他附属单位取得的上缴收入等。事业单位使用自有资金对附属单位进行补助的目的，是为了支持附属单位事业更好的发展。事业单位不可将自身取得的财政补助收入用作对附属单位补助开支。

一、对附属单位补助支出的科目设置

为核算对附属单位补助支出，事业单位应当设置"对附属单位补助支出"科目。该科目借方登记当期发生的对附属单位的补助支出，贷方登记期末结转的金额，期末结账后该科目应无余额。该科目应当按照接受补助单位、补助项目、《政府收支分类科目》中"支出功能分类"相关科目等进行明细核算。

二、对附属单位补助支出的账务处理

对附属单位补助支出的主要账务处理如下：

事业单位发生对附属单位补助支出的，借记"对附属单位补助支出"科目，贷记"银行存款"等科目。

期末,将"对附属单位补助支出"本期发生额结转至事业结余,借记"事业结余"科目,贷记"对附属单位补助支出"科目。

【例7-3】某事业单位发生如下与对附属单位补助支出有关的业务,财会部门根据有关凭证,应编制会计分录如下:

将自有资金对附属单位补助,通过银行转账100000元。

借:对附属单位补助支出　　　100000
　　贷:银行存款　　　　　　　　　　100000

第四节　经营支出

事业单位的经营支出是指事业单位在专业业务活动及其辅助活动之外开展非独立核算经营活动发生的支出。事业单位开展非独立核算经营活动的,应当正确归集开展经营活动发生的各项费用数;无法直接归集的,应当按照规定的标准或比例合理分摊。经营支出应当与经营收入相配比,其种类和内容相同。事业单位的经营支出同其他支出一样,应当全部纳入单位预算,并建立健全经费支出管理制度。

一、经营支出的科目设置

为核算经营支出,事业单位应当设置"经营支出"科目。该科目借方登记当期发生的经营支出,贷方登记期末结转的金额,期末结账后该科目应无余额。该科目应当按照经营活动类别、项目、《政府收支分类科目》中"支出功能分类"相关科目等进行明细核算。

二、经营支出的账务处理

经营支出的主要账务处理如下:

为在专业业务活动及其辅助活动之外开展非独立核算经营活动人员计提的薪酬等,借记"经营支出"科目,贷记"应付职工薪酬"等科目。

在专业业务活动及其辅助活动之外开展非独立核算经营活动领用、发出的存货,按领用、发出存货的实际成本,借记"经营支出"科目,贷记"存货"科目。

在专业业务活动及其辅助活动之外开展非独立核算经营活动中发生的其他各项支出,借记"经营支出"科目,贷记"库存现金""银行存款""应缴税费"等科目。

期末,将本科目本期发生额转入经营结余,借记"经营结余"科目,贷记"经营支出"科目。

【例 7-4】 某事业单位发生如下与对附属单位补助支出有关的业务,财会部门根据有关凭证,应编制会计分录如下:

(1) 购买经营活动的办公用品 6000 元,直接交由使用部门使用。

借:经营支出　　　　　　　6000
　　贷:银行存款　　　　　　　　6000

(2) 计提开展的非独立核算经营活动的临时工工资薪酬 5000 元。

借:经营支出　　　　　　　5000
　　贷:应付职工薪酬　　　　　　5000

第五节　其他支出

事业单位的其他支出是指事业单位除事业支出、上缴上级支出、对附属单位补助支出、经营支出以外的各项支出,包括利息支出、捐赠支出、现金盘亏损失、资产处置损失、接受捐赠(调入)非流动资产发生的税费支出等。

一、其他支出的科目设置

为核算其他支出,事业单位应当设置"其他支出"科目。该科目借方登记当期发生的其他支出,贷方登记期末结转的金额,期末结账后该科目应无余额。其他支出需要分别对非财政专项资金支出、其他资金支出等进行明细核算,这样才能使各类支出与非财政专项资金收入和其他资金来源相配比,从而准确计算非财政补助结转和事业结余。

二、其他支出的账务处理

其他支出的主要账务处理如下:

1. 利息支出

支付银行借款利息时,借记"其他支出"科目,贷记"银行存款"科目。

2. 捐赠支出

对外捐赠现金资产,借记本科目,贷记"银行存款"等科目;对外捐出存货,借记"其他支出"科目,贷记"待处置资产损溢"科目。

对外捐赠固定资产、无形资产等非流动资产,不通过本科目核算。

3. 现金盘亏损失

每日现金账款核对中如发现现金短缺，属于无法查明原因的部分，报经批准后，借记"其他支出"科目，贷记"库存现金"科目。

4. 资产处置损失

报经批准核销应收及预付款项、处置存货，借记"其他支出"科目，贷记"待处置资产损溢"科目。

5. 接受捐赠（调入）非流动资产发生的税费支出

接受捐赠、无偿调入非流动资产发生的相关税费、运输费等，借记"其他支出"科目，贷记"银行存款"等科目。

以固定资产、无形资产取得长期股权投资，所发生的相关税费记入"其他支出"科目。

6. 期末

将"其他支出"科目本期发生额中的专项资金支出结转入非财政补助结转，借记"非财政补助结转"科目，贷记"其他支出"科目下各专项资金支出明细科目；将"其他支出"科目本期发生额中的非专项资金支出结转入事业结余，借记"事业结余"科目，贷记"其他支出"科目下各非专项资金支出明细科目。

【例7-5】某事业单位发生如下与其他支出有关的业务，财会部门根据有关凭证，应编制会计分录如下：

（1）9月28日，某事业单位盘点库存现金时发现现金短缺80元。经查，原因不明，经批准作其他支出处理。

借：其他支出　　　　　　　　　80
　　贷：库存现金　　　　　　　　　　80

（2）9月30日，某事业单位将本月的其他支出结转至相关结转结余科目，其他支出各明细科目本月发生额：非财政专项资金支出200000元，其他资金支出900000元。

借：非财政补助结转　　　　200000
　　事业结余　　　　　　　900000
　　贷：其他支出——非财政专项资金支出　200000
　　　　　　　　——其他资金支出　　　　900000

复习思考题

1. 事业单位支出的概念是什么？事业单位的支出主要包括哪些？
2. 事业单位的事业支出是什么？其管理要求有哪些？怎么分类？

3. 事业单位的其他支出是指什么？包括哪些内容？
4. 事业单位的经营支出包括哪些内容？经营支出与事业支出有什么区别？
5. 对附属单位补助支出与上缴上级支出各自的含义是什么？有何不同？

第八章
事业单位净资产核算

【本章学习目标】本章阐述事业单位净资产的概念、分类及其具体账务处理。本章的学习目标是理解净资产的概念及分类;分清各项结转和结余的区别;掌握各项净资产的会计核算。

净资产是指事业单位资产扣除负债后的余额。事业单位的净资产包括事业基金、非流动资产基金、专用基金、财政补助结转结余、非财政补助结转结余等。事业单位应当严格区分财政补助结转结余和非财政补助结转结余。财政拨款结转结余不参与事业单位的结余分配、不转入事业基金,单独设置"财政补助结转"和"财政补助结余"科目核算。非财政补助结转结余通过设置"非财政补助结转""事业结余""经营结余""非财政补助结余分配"等科目核算。

第一节 事业基金

事业单位的事业基金是指事业单位拥有的非限定用途的净资产,主要为非财政补助结余扣除结余分配后滚存的金额。事业基金在事业单位资金运动过程中,起着"蓄水池"的作用,用于调节年度间的收支平衡,可以用作事业发展和弥补事业亏损。

一、事业基金的科目设置

为核算事业基金,事业单位应当设置"事业基金"科目,"事业基金"科目期末贷方余额,反映事业单位历年积存的非限定用途净资产的金额。

二、事业基金的账务处理

事业基金的主要账务处理如下：

年末，将"非财政补助结余分配"科目余额结转至事业基金，借记或贷记"非财政补助结余分配"科目，贷记或借记"事业基金"科目。

年末，将留归本单位使用的非财政补助专项（项目已完成）剩余资金结转至事业基金，借记"非财政补助结转"科目，贷记"事业基金"科目。

以货币资金取得长期股权投资、长期债券投资，按照实际支付的全部价款（包括购买价款以及税金、手续费等相关税费）作为投资成本，借记"长期投资"科目，贷记"银行存款"等科目；同时，按照投资成本金额，借记"事业基金"科目，贷记"非流动资产基金——长期投资"科目。

对外转让或到期收回长期债券投资本息，按照实际收到的金额，借记"银行存款"等科目，按照收回长期投资的成本，贷记"长期投资"科目，按照其差额，贷记或借记"其他收入——投资收益"科目；同时，按照收回长期投资对应的非流动资产基金，借记"非流动资产基金——长期投资"科目，贷记"事业基金"科目。

【例8-1】某事业单位发生如下与事业基金有关的业务，财会部门根据有关凭证，应编制会计分录如下：

（1）年末将已完成的留归本单位使用的某非财政补助专项剩余资金23000元，按规定转入事业基金。

借：非财政补助结转——某项目　　　　　23000
　　贷：事业基金　　　　　　　　　　　　　　　23000

（2）年末，将当年"非财政补助结余分配"科目余额48000元转入事业基金（贷方余额）。

借：非财政补助结余分配——转入事业基金　48000
　　贷：事业基金　　　　　　　　　　　　　　　48000

第二节　非流动资产基金

事业单位的非流动资产基金是指事业单位长期投资、固定资产、在建工程、无形资产等非流动资产占用的金额。

一、非流动资产基金的科目设置

事业单位应当设置"非流动资产基金"科目,核算因非流动资产增减变动而引起的非流动资产基金增减变动,该科目期末贷方余额反映事业单位非流动资产占用的金额。该科目下应当设置"长期投资""固定资产""在建工程""无形资产"等明细科目,进行明细核算。

二、非流动资产基金的账务处理

非流动资产基金的主要账务处理如下:

其一,非流动资产基金应当在取得长期投资、固定资产、在建工程、无形资产等非流动资产或发生相关支出时予以确认。取得相关资产或发生相关支出时,借记"长期投资""固定资产""在建工程""无形资产"等科目,贷记"非流动资产基金"等有关科目;同时或待以后发生相关支出时,借记"事业支出"等有关科目,贷记"财政补助收入""零余额账户用款额度""银行存款"等科目。

其二,计提固定资产折旧、无形资产摊销时,应当冲减非流动资产基金。计提固定资产折旧、无形资产摊销时,按照计提的折旧、摊销金额,借记"非流动资产基金"科目(固定资产、无形资产),贷记"累计折旧""累计摊销"科目。

其三,处置长期投资、固定资产、无形资产,以及以固定资产、无形资产对外投资时,应当冲销该资产对应的非流动资产基金。具体做法如下:以固定资产、无形资产对外投资,按照评估价值加上相关税费作为投资成本,借记"长期投资"科目,贷记本科目(长期投资),按发生的相关税费,借记"其他支出"科目,贷记"银行存款"等科目;同时,按照投出固定资产、无形资产对应的非流动资产基金,借记"非流动资产基金"科目(固定资产、无形资产),按照投出资产已提折旧、摊销,借记"累计折旧""累计摊销"科目,按照投出资产的账面余额,贷记"固定资产""无形资产"科目。

出售或以其他方式处置长期投资、固定资产、无形资产,转入待处置资产时,借记"待处置资产损溢""累计折旧"(处置固定资产)或"累计摊销"(处置无形资产)科目,贷记"长期投资""固定资产""无形资产"等科目。实际处置时,借记"非流动资产基金"科目(有关资产明细科目),贷记"待处置资产损溢"科目。

【例8-2】某事业单位发生如下与非流动资产基金有关的业务,财会部门根据有关凭证,应编制会计分录如下:

(1)购入不需安装的新设备,买价20万元,运杂费5000元,有关款项通过财政直接支付,设备已运抵单位。

借:固定资产　　　　　　　　　　　　　　205000

贷：非流动资产基金——固定资产　　　　205000

同时，

借：事业支出　　　　　　　　　　　　　　205000

　　贷：财政补助收入　　　　　　　　　　　　205000

（2）9月30日，某事业单位计提本月无形资产摊销20000元。

借：非流动资产基金——无形资产　　　　　20000

　　贷：累计摊销　　　　　　　　　　　　　　20000

（3）某单位经批准出售建筑物一栋，固定资产原价为600万元，已计提累计折旧200万元，出售取得价款480万元。甲单位已收取转账支票，存入银行。

出售固定资产转入待处置资产时：

借：待处置资产损溢——处置资产价值　　4000000
　　累计折旧　　　　　　　　　　　　　　2000000

　　贷：固定资产　　　　　　　　　　　　　　6000000

办完过户手续实际转让时：

借：非流动资产基金——固定资产　　　　4000000

　　贷：待处置资产损溢——处置资产价值　　4000000

收取出售价款：

借：银行存款　　　　　　　　　　　　　　4800000

　　贷：待处置资产损溢——处置净收入　　　　4800000

如果按规定该款项应上缴国库时，应作会计分录如下：

借：待处置资产损溢——处置净收入　　　4800000

　　贷：应缴国库款　　　　　　　　　　　　　4800000

第三节　专用基金

　　事业单位的专用基金是指事业单位按规定提取或者设置的具有专门用途的净资产，主要包括修购基金、职工福利基金等。按照财政部《关于事业单位提取专用基金比例问题的通知》（财教〔2012〕32号）的规定，事业单位职工福利基金的提取比例，在单位年度非财政拨款结余的40%以内确定。国家另有规定的，从其规定。其中，中央级事业单位职工福利基金的提取比例，由主管部门会同财政部在单位年度非财政拨款结余的40%以内核定。国家另有规定的，从其规定。中央级事业单位修购基金的提取比例，由主管部门根据单位收入状况和核算管理的需要,按照事业收入和经营收入的一定比例核定,报财政部备案。事业收入和经营收入较少的事业单位可以不提取修购基金,实行固定资产折旧的事业单位不提取修购基金。国家另有规定的,从其规定。地方事业单位职工福利基金和修购基金的提取比例,由省级财政部门参照本通知的有关规定,结合本地实际确定。

一、专用基金的科目设置

为核算专用基金,事业单位应当设置"专用基金"科目。该科目贷方登记提取的专用基金,借方登记实际使用的专用基金,期末贷方余额反映事业单位专用基金余额。

二、专用基金的账务处理

专用基金的主要账务处理如下:

其一,事业单位按规定提取专用基金时,借记有关支出科目或"非财政补助结余分配"科目,贷记"专用基金"科目。

其二,按规定使用专用基金时,借记"专用基金"科目,贷记"银行存款"等科目;使用专用基金形成固定资产的,还应同时借记"固定资产"科目,贷记"非流动资产基金——固定资产"科目。

【例8-3】某事业单位发生如下与专用基金有关的业务,财会部门根据有关凭证,应编制会计分录如下:

(1)年终分配,某事业单位非财政补助结余总额为300万元,按非财政补助结余30%提取职工福利基金900000元。

  借:非财政补助结余分配——提取职工福利基金 900000
    贷:专用基金——职工福利基金   900000

(2)经批准,对单位职工食堂补助20000元,银行已付款。

  借:专用基金——职工福利基金 20000
    贷:银行存款   20000

第四节 财政补助结转与结余

一、财政补助结转

财政补助结转资金是指当年支出预算已执行但尚未完成或因故未执行,下年需按原用途继续使用的财政补助资金。财政补助结转包括基本支出结转和项目支出结转。其中基本支出结转资金包括人员经费结转资金和日常公用经费结转资金。

1. 财政补助结转的科目设置

事业单位设置"财政补助结转"科目,核算滚存的财政补助结转资金。该科目应当设置"基本支出结转""项目支出结转"两个明细科目,并在"基本支出结转"明细科目下按照"人员经费""日常公用经费"进行明细核算,在"项目支出结转"明细科目下按照具体项目进行明细核算;本科目还应按照《政府收支分类科目》中"支出功能分类科目"的相关科目进行明细核算。

2. 财政补助结转的账务处理

财政补助结转的主要账务处理如下:

(1)期末,事业单位应当将财政补助收入和对应的财政补助支出结转至"财政补助结转"科目。根据财政补助收入本期发生额,借记"财政补助收入"科目,贷记"财政补助结转"科目;根据财政补助支出本期发生额,借记"财政补助结转"科目,贷记"事业支出——财政补助支出"科目。

(2)年末,完成上述财政补助收支结转后,应当对财政补助各明细项目执行情况进行分析,按照有关规定将符合财政补助结余性质的项目余额转入财政补助结余,借记或贷记"财政补助结转"科目,贷记或借记"财政补助结余"科目。

(3)按规定上缴财政补助结转资金或注销财政补助结转额度的,按照实际上缴资金数额或注销的资金额度数额,借记"财政补助结转"科目,贷记"财政应返还额度""零余额账户用款额度""银行存款"等科目。取得主管部门归集调入财政补助结转资金或额度的,作相反会计分录。

【例8-4】某事业单位发生如下与财政补助结转有关的业务,财会部门根据有关凭证,应编制会计分录如下:

2017年9月,某事业单位收到财政补助收入2500000元,"事业支出"科目下"财政补助支出"明细科目的当期发生额为2400000元。月末,该事业单位将本月财政补助收入和支出结转,应编制如下会计分录:

(1)结转财政补助收入时:

借:财政补助收入　　　　　2500000
　　贷:财政补助结转　　　　　　　2500000

(2)结转财政补助支出时:

借:财政补助结转　　　　　2400000
　　贷:事业支出——财政补助支出　2400000

二、财政补助结余

财政补助结余资金是指支出预算工作目标已完成,或由于受政策变化、计划调整等因素影响工作终止,当年剩余的财政补助资金。财政补助结余是财政补助项目支出的结余资金。

1. 财政补助结余的科目设置

事业单位设置"财政补助结余"科目,核算事业单位滚存的财政补助项目支出结余资金。该科目应当按照《政府收支分类科目》中"支出功能分类科目"的相关科目进行明细核算。该科目期末贷方余额反映事业单位财政补助结余资金数额。

2. 财政补助结余的账务处理

财政补助结余的主要账务处理如下:

(1)年末,事业单位应当对财政补助各明细项目执行情况进行分析,按照有关规定将符合财政补助结余性质的项目余额转入财政补助结余,借记或贷记"财政补助结转"科目,贷记或借记"财政补助结余"科目。

(2)按规定上缴财政补助结余资金或注销财政补助结余额度的,按照实际上缴资金数额或注销的资金额度数额,借记"财政补助结余"科目,贷记"财政应返还额度""零余额账户用款额度""银行存款"等科目。取得主管部门归集调入财政补助结余资金或额度的,作相反会计分录。

【例8-5】某事业单位发生如下与财政补助结余有关的业务,财会部门根据有关凭证,应编制会计分录如下:

2017年末,某事业单位完成财政补助收支结转后,对财政补助各明细项目进行分析,按照有关规定将某项目结余资金65000元转入财政补助结余,将项目结余转入财政补助结余时:

借:财政补助结转　　　　　　65000
　　贷:财政补助结余　　　　　　　　65000

第五节　非财政补助结转

非财政补助结转资金是指事业单位除财政补助收支以外的各专项资金收入与其相关支出相抵后剩余滚存的、须按规定用途使用的结转资金。

一、非财政补助结转的科目设置

为核算非财政补助结转资金,事业单位通过设置"非财政补助结转"科目来核算,以满足专项资金专款专用的管理要求。该科目应当按照非财政专项资金的具体项目进行明细核算。期末贷方余额反映事业单位非财政补助专项结转资金数额。

二、非财政补助结转的账务处理

非财政补助结转的主要账务处理如下:

1. 期末

事业单位应当将除财政补助收支以外的各专项资金收支结转至"非财政补助结转"科目。根据事业收入、上级补助收入、附属单位上缴收入、其他收入本期发生额中的专项资金收入,借记"事业收入""上级补助收入""附属单位上缴收入""其他收入"科目下各专项资金收入明细科目,贷记"非财政补助结转"科目;根据事业支出、其他支出本期发生额中的非财政专项资金支出,借记"非财政补助结转"科目,贷记"事业支出——非财政专项资金支出""其他支出"科目下各专项资金支出明细科目。

2. 年末

完成非财政补助专项资金结转后,应当对非财政补助专项结转资金各项目情况进行分析,将已完成项目的项目剩余资金区分为以下情况处理:缴回原专项资金拨入单位的,借记"非财政补助结转"科目,贷记"银行存款"等科目;留归本单位使用的,借记"非财政补助结转"科目,贷记"事业基金"科目。

【例8-6】某事业单位发生如下与非财政补助结转有关的业务,财会部门根据有关凭证,应编制会计分录如下:

2016年1月,某事业单位启动一项科研项目。当年收到上级主管部门拨付的非财政专项资金6000000元,为该项目发生事业支出5600000元。2016年12月,项目结项,经上级主管部门批准,该项目的结余资金留归事业单位使用。

结转上级补助收入中该科研专项资金收入时:

借:上级补助收入　　　　　　　　　　6000000
　　贷:非财政补助结转　　　　　　　　　　　　　6000000

结转事业支出中该科研专项支出时:

借:非财政补助结转　　　　　　　　　5600000
　　贷:事业支出——非财政专项资金支出　　　　　5600000

经批准确定结余资金留归本单位使用时:

借:非财政补助结转　　　　　　　　　400000
　　贷:事业基金　　　　　　　　　　　　　　　　400000

第六节　非财政补助结余

事业单位的非财政补助结余是指事业单位除财政补助收支以外的各非专项资金收入与其相关支出相抵后的余额，包括事业结余和经营结余两个组成部分。

一、事业结余

事业结余是指事业单位一定期间除财政补助收支、非财政专项资金收支和经营收支以外各项收支相抵后的余额。

为核算事业结余，事业单位应当设置"事业结余"科目。期末，事业单位应当结转本期事业收支。根据事业收入、上级补助收入、附属单位上缴收入、其他收入本期发生额中的非专项资金收入，借记"事业收入""上级补助收入""附属单位上缴收入""其他收入"科目下各非专项资金收入明细科目，贷记"事业结余"科目；根据事业支出、其他支出本期发生额中的非财政、非专项资金支出以及对附属单位补助支出、上缴上级支出的本期发生额，借记"事业结余"科目，贷记"事业支出——其他资金支出""其他支出"科目下各非专项资金支出明细科目"对附属单位补助支出""上缴上级支出"科目。年末，将"事业结余"科目余额结转至"非财政补助结余分配"科目，借记或贷记"事业结余"科目，贷记或借记"非财政补助结余分配"科目。

【例8-7】某事业单位发生如下与事业结余有关的业务，财会部门根据有关凭证，应编制会计分录如下：

（1）12月末，结转本期事业收入中的非专项资金收入352万元、上级补助收入中的非专项资金收入96万元，其他收入中的非专项资金收入10万元结转到事业结余。财会部门根据有关凭证，填制记账凭单，作会计分录如下：

借：事业收入——非专项资金收入　　　　　3520000
　　上级补助收入——非专项资金收入　　　　960000
　　其他收入——非专项资金收入　　　　　　100000
　　贷：事业结余　　　　　　　　　　　　　　　　　　4580000

（2）12月末，结转本期事业支出中的非财政、非专项资金支出328万元、上缴上级支出72万元，上缴其他支出中的非财政、非专项资金支出22万元。作会计分录如下：

借：事业结余　　　　　　　　　　　　　　　4220000
　　贷：事业支出——其他资金支出　　　　　　　　　3280000

上缴上级支出	720000
其他支出——非专项资金支出	220000

(3) 年末,将事业结余(贷方余额)36万元转入结余分配。财会部门根据有关凭证,填制记账凭单,作会计分录如下:

借:事业结余　　　　　　　　　360000
　　贷:非财政补助结余分配　　　　　　　360000

二、经营结余

经营结余是指事业单位一定期间各项经营收支相抵后余额弥补以前年度经营亏损后的余额。

为核算经营结余,事业单位应当设置"经营结余"科目。期末,事业单位应当结转本期经营收支。根据经营收入本期发生额,借记"经营收入"科目,贷记"经营结余"科目;根据经营支出本期发生额,借记"经营结余"科目,贷记"经营支出"科目。年末,如"经营结余"科目为贷方余额,将余额结转至"非财政补助结余分配"科目,借记"经营结余"科目,贷记"非财政补助结余分配"科目;如为借方余额,即为经营亏损,不予结转。

【例8-8】某事业单位发生如下与经营结余有关的业务,财会部门根据有关凭证,应编制会计分录如下:

8月31日,某事业单位对其收支科目进行分析,事业收入和上级补助收入本月发生额中的非专项资金收入分别为1200000元、300000元,事业支出和其他支出本期发生额中的非财政、非专项资金支出分别为900000元、200000元,对附属单位补助支出本月发生额为200000元。经营收入本月发生额为88000元,经营支出本月发生额为64000元。

结转本月非财政、非专项资金收入时:

借:事业收入　　　　　　　1200000
　　上级补助收入　　　　　　300000
　　贷:事业结余　　　　　　　　　　1500000

结转本月非财政、非专项资金支出时:

借:事业结余　　　　　　　1300000
　　贷:事业支出——其他资金支出　　　900000
　　　　其他支出　　　　　　　　　　200000
　　　　对附属单位补助支出　　　　　200000

结转本月经营收入时:

借:经营收入　　　　　　　　88000

　　　　贷：经营结余　　　　　　　　　　88000
　结转本月经营支出时：
　借：经营结余　　　　　　　64000
　　　　贷：经营支出　　　　　　　　　　64000

第七节　非财政补助结余分配

　　非财政补助结余分配是指非财政补助结余分配的情况和结果，事业单位应当设置"非财政补助结余分配"科目进行核算。

　　年末，将"事业结余"科目余额和"经营结余"科目贷方余额结转至"非财政补助结余分配"科目后，要按照规定进行结余分配。有企业所得税缴纳义务的事业单位计算出应缴纳的企业所得税，借记"非财政补助结余分配"科目，贷记"应缴税费"科目。按照有关规定提取职工福利基金的，按提取的金额借记"非财政补助结余分配"科目，贷记"专用基金"科目。然后，将"非财政补助结余分配"科目余额结转至事业基金，借记或贷记"非财政补助结余分配"科目，贷记或借记"事业基金"科目。

　　【例8-9】 某事业单位发生如下与非财政补助结余分配有关的业务，财会部门根据有关凭证，应编制会计分录如下：

　　年终结账时，某事业单位当年事业结余的贷方余额为50000元，经营结余的贷方余额为40000元。该事业单位应当缴纳企业所得税8000元，按照有关规定提取职工福利基金12000元。该事业单位应编制如下会计分录：

　结转事业结余时：
　借：事业结余　　　　　　　50000
　　　　贷：非财政补助结余分配　　　　50000
　结转经营结余时：
　借：经营结余　　　　　　　40000
　　　　贷：非财政补助结余分配　　　　40000
　计算确定应缴企业所得税税额时：
　借：非财政补助结余分配　　8000
　　　　贷：应缴税费——应缴企业所得税　8000
　提取专用基金时：
　借：非财政补助结余分配　　12000

贷：专用基金——职工福利基金　　　12000
将"非财政补助结余分配"的余额结转至事业基金时：
借：非财政补助结余分配　　　70000
　　　贷：事业基金　　　　　　　　　　70000

复习思考题

1. 什么是事业单位的净资产？主要包括哪些种类？
2. 什么是事业单位的事业基金？如何进行核算？
3. 什么是事业单位的非流动资产基金？包括哪些内容？
4. 什么是事业单位的财政补助结转和财政补助结余？有何区别？
5. 什么是事业单位的非财政补助结转？它与事业结余有何区别？
6. 事业结余、经营结余、非财政补助结余分配以及事业基金之间有何内在联系？

第九章
事业单位会计报表

【**本章学习目标**】 本章阐述事业单位会计报表的概念和内容，介绍资产负债表、收入支出表、财政补助收入支出表等的编制要求和方法。本章的学习目标是理解事业单位会计报表的含义和内容；了解事业单位会计报表的编制要求；掌握会计报表的编制方法。

第一节 事业单位会计报表概述

事业单位的财务报告是反映事业单位某一特定日期的财务状况和某一会计期间的事业成果、预算执行等会计信息的文件。事业单位的财务会计报告包括财务报表和其他应当在财务会计报告中披露的相关信息和资料。

财务报表是对事业单位财务状况、事业成果、预算执行情况等的结构性表述。财务报表由会计报表及其附注构成。事业单位的会计报表至少应当包括资产负债表、收入支出表或者收入费用表和财政补助收入支出表。其中，资产负债表是指反映事业单位在某一特定日期的财务状况的报表。收入支出表或者收入费用表是指反映事业单位在某一会计期间的事业成果及其分配情况的报表。财政补助收入支出表是指反映事业单位在某一会计期间财政补助收入、支出、结转及结余情况的报表。附注是指对在会计报表中列示项目的文字描述或明细资料，以及对未能在会计报表中列示项目的说明等。

事业单位应当根据登记完整、核对无误的账簿记录和其他有关资料编制财务报表，做到数字真实、计算准确、内容完整、报送及时。

第二节 资产负债表

事业单位的资产负债表反映事业单位在某一特定日期全部资产、负债和净资产情况。资产负债表应当按照资产、负债和净资产分类列示。资产和负债应当分别列示流动资产和非流动资产、流动负债和非流动负债。事业单位应当编制月度和年度资产负债表。

一、资产负债表的格式

事业单位的资产负债表采用的平衡等式：资产=负债+净资产。资产负债表应当按资产、负债和净资产分类列示。资产和负债应当分别列示流动资产和非流动资产、流动负债和非流动负债。由此事业单位资产负债表的基本格式如表9-1所示。

表9-1 资产负债表

编制单位：　　　　　　　　　　　　　年　月　日　　　　　　　　　　会事业01表
　　　　　　　　　　　　　　　　　　　　　　　　　　　　　　　　　　　单位：元

资产（流动性）	期末余额	年初余额	负债和净资产（偿还性）	期末余额	年初余额
流动资产：			流动负债：		
货币资金			短期借款		
短期投资			应缴税费		
财政应返还额度			应缴国库款		
应收票据			应付职工薪酬		
应收账款			应付票据		
预付账款			应付账款		
其他应收款			预收账款		
存货			其他应付款		
其他流动资产			其他流动负债		
流动资产合计			流动负债合计		
非流动资产：			非流动负债：		
长期投资			长期借款		
固定资产			长期应付款		
固定资产原价			非流动负债合计		
减：累计折旧			负债合计		
在建工程			净资产：		
无形资产原价			事业基金		
减：累计摊销			非流动资产基金		
待处置资产损溢			专用基金		
非流动资产合计			财政补助结转		
			财政补助结余		

续表

资产（流动性）	期末余额	年初余额	负债和净资产（偿还性）	期末余额	年初余额
			非财政补助结转		
			非财政补助结余		
			1. 事业结余		
			2. 经营结余		
			净资产合计		
资产总计			负债和净资产总计		

负责人：　　　　　　　　会计机构负责人：　　　　　　　　制表：

二、资产负债表的列报方法

1. 年初余额栏填列方法

资产负债表"年初余额"栏内各项数字，应当根据上年年末资产负债表"期末余额"栏内数字填列。如果本年度资产负债表规定的各个项目的名称和内容同上年度不相一致，应对上年年末资产负债表各项目的名称和数字按照本年度的规定进行调整，填入本表"年初余额"栏内。

2. 资产负债表"期末余额"栏各项目的内容和填列方法

（1）资产类项目。

1）"货币资金"项目，反映事业单位期末库存现金、银行存款和零余额账户用款额度的合计数。本项目应当根据"库存现金""银行存款""零余额账户用款额度"科目的期末余额合计填列。

2）"短期投资"项目，反映事业单位期末持有的短期投资成本。本项目应当根据"短期投资"科目的期末余额填列。

3）"财政应返还额度"项目，反映事业单位期末财政应返还额度的金额。本项目应当根据"财政应返还额度"科目的期末余额填列。

4）"应收票据"项目，反映事业单位期末持有的应收票据的票面金额。本项目应当根据"应收票据"科目的期末余额填列。

5）"应收账款"项目，反映事业单位期末尚未收回的应收账款余额。本项目应当根据"应收账款"科目的期末余额填列。

6）"预付账款"项目，反映事业单位预付给商品或者劳务供应单位的款项。本项目应当根据"预付账款"科目的期末余额填列。

7）"其他应收款"项目，反映事业单位期末尚未收回的其他应收款余额。本项目应当根据"其他应收款"科目的期末余额填列。

8）"存货"项目，反映事业单位期末为开展业务活动及其他活动耗用而储存的各种材料、燃料、包装物、低值易耗品及达不到固定资产标准的用具、装具、动植物等的实际成本。本项目应当根据"存货"科目的期末余额填列。

9)"其他流动资产"项目，反映事业单位除上述各项之外的其他流动资产，如将在1年内（含1年）到期的长期债券投资。本项目应当根据"长期投资"等科目的期末余额分析填列。

10)"长期投资"项目，反映事业单位持有时间超过1年（不含1年）的股权和债权性质的投资。本项目应当根据"长期投资"科目期末余额减去其中将于1年内（含1年）到期的长期债券投资余额后的金额填列。

11)"固定资产"项目，反映事业单位期末各项固定资产的账面价值。本项目应当根据"固定资产"科目期末余额减去"累计折旧"科目期末余额后的金额填列。

"固定资产原价"项目，反映事业单位期末各项固定资产的原价。本项目应当根据"固定资产"科目的期末余额填列。

"累计折旧"项目，反映事业单位期末各项固定资产的累计折旧。本项目应当根据"累计折旧"科目的期末余额填列。

12)"在建工程"项目，反映事业单位期末尚未完工交付使用的在建工程发生的实际成本。本项目应当根据"在建工程"科目的期末余额填列。

13)"无形资产"项目，反映事业单位期末持有的各项无形资产的账面价值。本项目应当根据"无形资产"科目期末余额减去"累计摊销"科目期末余额后的金额填列。

"无形资产原价"项目，反映事业单位期末持有的各项无形资产的原价。本项目应当根据"无形资产"科目的期末余额填列。

"累计摊销"项目，反映事业单位期末各项无形资产的累计摊销。本项目应当根据"累计摊销"科目的期末余额填列。

14)"待处置资产损溢"项目，反映事业单位期末待处置资产的价值及处置损溢。本项目应当根据"待处置资产损溢"科目的期末借方余额填列；如"待处置资产损溢"科目期末为贷方余额，则以"-"号填列。

15)"非流动资产合计"项目，按照"长期投资""固定资产""在建工程""无形资产""待处置资产损溢"项目金额的合计数填列。

（2）负债类项目。

16)"短期借款"项目，反映事业单位借入的期限在1年内（含1年）的各种借款。本项目应当根据"短期借款"科目的期末余额填列。

17)"应缴税费"项目，反映事业单位应交未交的各种税费。本项目应当根据"应缴税费"科目的期末贷方余额填列；如"应缴税费"科目期末为借方余额，则以"-"号填列。

18)"应缴国库款"项目，反映事业单位按规定应缴入国库的款项（应缴税费除外）。

本项目应当根据"应缴国库款"科目的期末余额填列。

19)"应缴财政专户款"项目,反映事业单位按规定应缴入财政专户的款项。本项目应当根据"应缴财政专户款"科目的期末余额填列。

20)"应付职工薪酬"项目,反映事业单位按有关规定应付给职工及为职工支付的各种薪酬。本项目应当根据"应付职工薪酬"科目的期末余额填列。

21)"应付票据"项目,反映事业单位期末应付票据的金额。本项目应当根据"应付票据"科目的期末余额填列。

22)"应付账款"项目,反映事业单位期末尚未支付的应付账款的金额。本项目应当根据"应付账款"科目的期末余额填列。

23)"预收账款"项目,反映事业单位期末按合同规定预收但尚未实际结算的款项。本项目应当根据"预收账款"科目的期末余额填列。

24)"其他应付款"项目,反映事业单位期末应付未付的其他各项应付及暂收款项。本项目应当根据"其他应付款"科目的期末余额填列。

25)"其他流动负债"项目,反映事业单位除上述各项之外的其他流动负债,如承担的将于1年内(含1年)偿还的长期负债。本项目应当根据"长期借款""长期应付款"等科目的期末余额分析填列。

26)"长期借款"项目,反映事业单位借入的期限超过1年(不含1年)的各项借款本金。本项目应当根据"长期借款"科目的期末余额减去其中将于1年内(含1年)到期的长期借款余额后的金额填列。

27)"长期应付款"项目,反映事业单位发生的偿还期限超过1年(不含1年)的各种应付款项。本项目应当根据"长期应付款"科目的期末余额减去其中将于1年内(含1年)到期的长期应付款余额后的金额填列。

(3)净资产类项目。

28)"事业基金"项目,反映事业单位期末拥有的非限定用途的净资产。本项目应当根据"事业基金"科目的期末余额填列。

29)"非流动资产基金"项目,反映事业单位期末非流动资产占用的金额。本项目应当根据"非流动资产基金"科目的期末余额填列。

30)"专用基金"项目,反映事业单位按规定设置或提取的具有专门用途的净资产。本项目应当根据"专用基金"科目的期末余额填列。

31)"财政补助结转"项目,反映事业单位滚存的财政补助结转资金。本项目应当根据"财政补助结转"科目的期末余额填列。

32)"财政补助结余"项目,反映事业单位滚存的财政补助项目支出结余资金。本项目应当根据"财政补助结余"科目的期末余额填列。

33)"非财政补助结转"项目,反映事业单位滚存的非财政补助专项结转资金。本项目应当根据"非财政补助结转"科目的期末余额填列。

34)"非财政补助结余"项目,反映事业单位自年初至报告期末累计实现的非财政补助结余弥补以前年度经营亏损后的余额。

本项目应当根据"事业结余""经营结余"科目的期末余额合计填列;如"事业结余""经营结余"科目的期末余额合计为亏损数,则以"-"号填列。

在编制年度资产负债表时,本项目金额一般应为"0";若不为"0",本项目金额应为"经营结余"科目的期末借方余额("-"号填列)。

"事业结余"项目①,反映事业单位自年初至报告期末累计实现的事业结余。本项目应当根据"事业结余"科目的期末余额填列;如"事业结余"科目的期末余额为亏损数,则以"-"号填列。在编制年度资产负债表时,本项目金额应为"0"。

"经营结余"项目②,反映事业单位自年初至报告期末累计实现的经营结余弥补以前年度经营亏损后的余额。本项目应当根据"经营结余"科目的期末余额填列;如"经营结余"科目的期末余额为亏损数,则以"-"号填列。在编制年度资产负债表时,本项目金额一般应为"0";若不为"0",本项目金额应为"经营结余"科目的期末借方余额("-"号填列)。

第三节 收入支出表

事业单位的收入支出表反映事业单位在某一会计期间内各项收入、支出和结转结余情况,以及年末非财政补助结余的分配情况。

一、收入支出表格式

收入支出表或者收入费用表应当按照收入、支出或者费用的构成和非财政补助结余分配情况分项列示。事业单位应当编制月度和年度收入支出表。收入支出表的基本格式如表9-2所示。

收入支出表"本月数"栏反映各项目的本月实际发生数。在编制年度收入支出表时,应当将本栏改为"上年数"栏,反映上年度各项目的实际发生数。

---

① 因为年末结账后事业结余已转入非财政补助结余分配,最终转入了事业基金。
② 经营结余贷方余额表示盈利,年终转入了事业基金;如果是借方余额,表示亏损,不结转。

表 9-2 收入支出表

会事业 02 表

编制单位：_____   ___年___月   单位：元

项　目	本月数	本年累计数
一、本期财政补助结转结余		
财政补助收入		
减：事业支出（财政补助支出）		
二、本期事业结转结余		
（一）事业类收入		
1. 事业收入		
2. 上级补助收入		
3. 附属单位上缴收入		
4. 其他收入		
其中：捐赠收入		
减：（二）事业类支出		
1. 事业支出（非财政补助支出）		
2. 上缴上级支出		
3. 对附属单位补助支出		
4. 其他支出		
三、本期经营结余		
经营收入		
减：经营支出		
四、弥补以前年度亏损后的经营结余		
五、本年非财政补助结转结余		
减：非财政补助结转		
六、本年非财政补助结余		
减：应缴企业所得税		
减：提取专用基金		
七、转入事业基金		

二、收入支出表编制方法

1. 收入支出表"本月数"栏反映各项目的本月实际发生数

在编制年度收入支出表时，应当将本栏改为"上年数"栏，反映上年度各项目的实际发生数；如果本年度收入支出表规定的各个项目的名称和内容同上年度不一致，应对上年度收入支出表各项目的名称和数字按照本年度的规定进行调整，填入本年度收入支出表的"上年数"栏。

收入支出表"本年累计数"栏反映各项目自年初起至报告期末止的累计实际发生数。编制年度收入支出表时，应当将本栏改为"本年数"。

2. 收入支出表"本月数"栏各项目的内容和填列方法

（1）本期财政补助结转结余。

1)"本期财政补助结转结余"项目,反映事业单位本期财政补助收入与财政补助支出相抵后的余额。本项目应当按照本表中"财政补助收入"项目金额减去"事业支出(财政补助支出)"①项目金额后的余额填列。

2)"财政补助收入"项目,反映事业单位本期从同级财政部门取得的各类财政拨款。本项目应当根据"财政补助收入"科目的本期发生额填列。

3)"事业支出(财政补助支出)"项目,反映事业单位本期使用财政补助发生的各项事业支出。本项目应当根据"事业支出——财政补助支出"科目的本期发生额填列,或者根据"事业支出——基本支出(财政补助支出)""事业支出——项目支出(财政补助支出)"科目的本期发生额合计填列。

(2)本期事业结转结余。

4)"本期事业结转结余"项目,反映事业单位本期除财政补助收支、经营收支以外的各项收支相抵后的余额。本项目应当按照本表中"事业类收入"项目金额减去"事业类支出"项目金额后的余额填列;如为负数,以"-"号填列。

5)"事业类收入"项目,反映事业单位本期事业收入、上级补助收入、附属单位上缴收入、其他收入的合计数。本项目应当按照本表中"事业收入""上级补助收入""附属单位上缴收入""其他收入"项目金额的合计数填列。

"事业收入"项目,反映事业单位开展专业业务活动及其辅助活动取得的收入。本项目应当根据"事业收入"科目的本期发生额填列。

"上级补助收入"项目,反映事业单位从主管部门和上级单位取得的非财政补助收入。本项目应当根据"上级补助收入"科目的本期发生额填列。

"附属单位上缴收入"项目,反映事业单位附属独立核算单位按照有关规定上缴的收入。本项目应当根据"附属单位上缴收入"科目的本期发生额填列。

"其他收入"项目,反映事业单位除财政补助收入、事业收入、上级补助收入、附属单位上缴收入、经营收入以外的其他收入。本项目应当根据"其他收入"科目的本期发生额填列。

"捐赠收入"项目,反映事业单位接受现金、存货捐赠取得的收入。本项目应当根据"其他收入"科目所属相关明细科目的本期发生额填列。

6)"事业类支出"项目,反映事业单位本期事业支出(非财政补助支出)、上缴上级支出、对附属单位补助支出、其他支出的合计数。本项目应当按照本表中"事业支出(非财政补助支出)""上缴上级支出""对附属单位补助支出""其他支出"项目金额的合计数填列。"事业支出(非财政补助支出)"项目,反映事业单位使用财政补助以外的资金发生的

---

① 收入-支出=结余;结余应该写在最后,倒写很不习惯。

各项事业支出。本项目应当根据"事业支出——非财政专项资金支出""事业支出——其他资金支出"科目的本期发生额合计填列,或者根据"事业支出——基本支出(其他资金支出)""事业支出——项目支出(非财政专项资金支出、其他资金支出)"科目的本期发生额合计填列。

"上缴上级支出"项目,反映事业单位按照财政部门和主管部门的规定上缴上级单位的支出。本项目应当根据"上缴上级支出"科目的本期发生额填列。

"对附属单位补助支出"项目,反映事业单位用财政补助收入之外的收入对附属单位补助发生的支出。本项目应当根据"对附属单位补助支出"科目的本期发生额填列。

"其他支出"项目,反映事业单位除事业支出、上缴上级支出、对附属单位补助支出、经营支出以外的其他支出。本项目应当根据"其他支出"科目的本期发生额填列。

(3)本期经营结余。

7)"本期经营结余"项目,反映事业单位本期经营收支相抵后的余额。本项目应当按照本表中"经营收入"项目金额减去"经营支出"项目金额后的余额填列;如为负数,以"-"号填列。

8)"经营收入"项目,反映事业单位在专业业务活动及其辅助活动之外开展非独立核算经营活动取得的收入。本项目应当根据"经营收入"科目的本期发生额填列。

9)"经营支出"项目,反映事业单位在专业业务活动及其辅助活动之外开展非独立核算经营活动发生的支出。本项目应当根据"经营支出"科目的本期发生额填列。

接下来的项目属于结余分配。

(4)弥补以前年度亏损后的经营结余。

10)"弥补以前年度亏损后的经营结余"项目,反映事业单位本年度实现的经营结余扣除本年初未弥补经营亏损后的余额。本项目应当根据"经营结余"科目年末转入"非财政补助结余分配"科目前的余额填列;如该年末余额为借方余额,以"-"号填列。

(5)本年非财政补助结转结余。

11)"本年非财政补助结转结余"项目,反映事业单位本年除财政补助结转结余之外的结转结余金额。如本表中"弥补以前年度亏损后的经营结余"项目为正数,本项目应当按照本表中"本期事业结转结余""弥补以前年度亏损后的经营结余"项目金额的合计数填列;如为负数,以"-"号填列。如本表中"弥补以前年度亏损后的经营结余"项目为负数,本项目应当按照本表中"本期事业结转结余"项目金额填列;如为负数,以"-"号填列。

12)"非财政补助结转"项目,反映事业单位本年除财政补助收支外的各专项资金收入减去各专项资金支出后的余额。本项目应当根据"非财政补助结转"科目本年贷方发生额中专项资金收入转入金额合计数减去本年借方发生额中专项资金支出转入金额合计数后的余额填列。

（6）本年非财政补助结余。

13）"本年非财政补助结余"项目，反映事业单位本年除财政补助之外的其他结余金额。本项目应当按照本表中"本年非财政补助结转结余"项目金额减去"非财政补助结转"项目金额后的金额填列；如为负数，以"-"号填列。

14）"应缴企业所得税"项目，反映事业单位按照税法规定应缴纳的企业所得税金额。本项目应当根据"非财政补助结余分配"科目的本年发生额分析填列。

15）"提取专用基金"项目，反映事业单位本年按规定提取的专用基金金额。本项目应当根据"非财政补助结余分配"科目的本年发生额分析填列。

（7）转入事业基金。

16）"转入事业基金"项目，反映事业单位本年按规定转入事业基金的非财政补助结余资金。本项目应当按照本表中"本年非财政补助结余"项目金额减去"应缴企业所得税""提取专用基金"项目金额后的余额填列；如为负数，以"-"号填列。

上述10）至16）项目，只有在编制年度收入支出表时才填列；编制月度收入支出表时，可以不设置此7个项目。

第四节　财政补助收入支出表

一、财政补助收入支出表概念与格式

财政补助收入支出表反映事业单位某一会计年度财政补助收入、支出、结转及结余情况。事业单位应当编制年度财政补助收入支出表，详细反映各财政补助资金年度初数额变化为年末数额的有关内容，其中包括年初数额的调整、本年归集调入、本年上缴、本年财政补助收入与支出等内容。财政补助收入支出表的基本格式如表9-3所示。

表9-3　财政补助收入支出表

会事业03表

编制单位：　　　　　　　　　　　年　月　　　　　　　　　单位：元

项目	本年数	上年数
一、年初财政补助结转结余		—
（一）基本支出结转		—
1. 人员经费		—
2. 日常公用经费		—

续表

项　目	本年数	上年数
（二）项目支出结转		—
××项目		—
（三）项目支出结余		—
二、调整年初财政补助结转结余		—
（一）基本支出结转		—
1. 人员经费		—
2. 日常公用经费		—
（二）项目支出结转		—
××项目		—
（三）项目支出结余		—
三、本年归集调入财政补助结转结余		0
（一）基本支出结转		
1. 人员经费		
2. 日常公用经费		
（二）项目支出结转		
××项目		
（三）项目支出结余		
四、本年上缴财政补助结转结余		0
（一）基本支出结转		
1. 人员经费		
2. 日常公用经费		
（二）项目支出		
××项目		
（三）项目支出结余		
五、本年财政补助收入		
（一）基本支出		
1. 人员经费		
2. 日常公用经费		
（二）项目支出		
××项目		
六、本年财政补助支出		
（一）基本支出		
1. 人员经费		
2. 日常公用经费		
（二）项目支出		
××项目		
七、年末财政补助结转结余		—
（一）基本支出结转		—
1. 人员经费		—
2. 日常公用经费		—
（二）项目支出结转		—

续表

项 目	本年数	上年数
××项目		—
（三）项目支出结余		—

二、财政补助收入支出表的编制方法

1. 本年数

财政补助收入支出表"上年数"栏内各项数字，应当根据上年度财政补助收入支出表"本年数"栏内数字填列。

2. 上年数

财政补助收入支出表"本年数"栏各项目的内容和填列方法按下面方法确定。

（1）"年初财政补助结转结余"项目及其所属各明细项目，反映事业单位本年初财政补助结转和结余余额。各项目应当根据上年度财政补助收入支出表中"年末财政补助结转结余"项目及其所属各明细项目"本年数"栏的数字填列。

（2）"调整年初财政补助结转结余"项目及其所属各明细项目，反映事业单位因本年发生需要调整以前年度财政补助结转结余的事项，而对年初财政补助结转结余的调整金额。各项目应当根据"财政补助结转""财政补助结余"科目及其所属明细科目的本年发生额分析填列。如调整减少年初财政补助结转结余，以"-"号填列。

（3）"本年归集调入财政补助结转结余"项目及其所属各明细项目，反映事业单位本年度取得主管部门归集调入的财政补助结转结余资金或额度金额。各项目应当根据"财政补助结转""财政补助结余"科目及其所属明细科目的本年发生额分析填列。

（4）"本年上缴财政补助结转结余"项目及其所属各明细项目，反映事业单位本年度按规定实际上缴的财政补助结转结余资金或额度金额。各项目应当根据"财政补助结转""财政补助结余"科目及其所属明细科目的本年发生额分析填列。

（5）"本年财政补助收入"项目及其所属各明细项目，反映事业单位本年度从同级财政部门取得的各类财政拨款金额。各项目应当根据"财政补助收入"科目及其所属明细科目的本年发生额填列。

（6）"本年财政补助支出"项目及其所属各明细项目，反映事业单位本年度发生的财政补助支出金额。各项目应当根据"事业支出"科目所属明细科目本年发生额中的财政补助支出数填列。

（7）"年末财政补助结转结余"项目及其所属各明细项目，反映事业单位截至本年末的财政补助结转和结余余额。各项目应当根据"财政补助结转""财政补助结余"科目及其所属明细科目的年末余额填列。

第五节 会计报表附注

事业单位的会计报表附注至少应当披露下列内容：

其一，遵循《事业单位会计准则》《事业单位会计制度》的声明。

其二，单位整体财务状况、业务活动情况的说明。

其三，会计报表中列示的重要项目进一步说明，包括其主要构成、增减变动情况等。

其四，重要资产处置情况的说明。

其五，重大投资、借款活动的说明。

其六，以名义金额计量的资产名称、数量等情况，以及以名义金额计量理由的说明。

其七，以前年度结转结余调整情况的说明。

其八，有助于理解和分析会计报表需要说明的其他事项。

复习思考题

1. 什么是事业单位的财务报告？事业单位的财务报告与会计报表有何区别？
2. 事业单位的会计报表如何分类？总体编制要求是什么？
3. 事业单位资产负债表格式有何特点？在编制过程中应注意哪些问题？
4. 事业单位收入支出表格式有何特点？在编制过程中应注意哪些问题？

第三篇　行政单位会计

为了规范行政单位会计核算，保证会计信息质量，根据《中华人民共和国会计法》和其他有关法律、行政法规和部门规章，财政部于 2013 年 12 月 8 日发布了新的《行政单位会计制度》，于 2014 年 1 月 1 日起实施。新的《行政单位会计制度》适用于各级各类国家机关、政党组织（以下统称行政单位）。新的《行政单位会计制度》在预算会计规范的内容方面，与新《预算法》和现行部门预算和决算制度的要求和口径基本保持一致，也与现行行政事业单位财务规则的要求相适应。本制度从财务报告的目标以及信息使用者的需要出发，着力提高会计信息的决策有用性。通过确认折旧费用等提升会计信息的相关性；通过增加公共基础设施、政府储备物资、受托代理资产和负债等核算内容，提升会计信息的真实性和完整性；更有利于在新的形势下，对现行政府会计进行改革，"建立以权责发生制为核算基础的政府综合财务报告体系"。

第十章
行政单位会计概述

【**本章学习目标**】本章介绍行政单位会计的概念及特点、行政单位的会计制度和会计科目。本章的学习目标是了解我国行政会计制度的主要内容；熟悉行政单位会计科目；掌握行政单位会计核算的特点。

第一节 行政单位会计及其特点

一、行政单位会计的概念

行政单位会计（Accounting of Governmental Units）是指各类国家机关、政党组织核算和监督国家预算资金的取得、使用及其结果的一门专业会计，其主体是中华人民共和国各级权力机关、行政机关、审判机关和检查机关以及党派、政协机关，客体是国家预算资金的取得、使用和结果。

为了规范行政单位会计核算，保证会计信息质量，根据《中华人民共和国会计法》和其他有关法律、行政法规和部门规章，财政部于 2013 年 12 月 8 日颁布了新的《行政单位会计制度》，于 2014 年 1 月 1 日起实施。新的制度适用于各级各类国家机关、政党组织（以下统称行政单位）。1998 年 2 月 6 日财政部印发的《行政单位会计制度》（财预字〔1998〕49 号）同时废止。

行政单位会计核算目标是向会计信息使用者提供与行政单位财务状况、预算执行情况等有关的会计信息，反映行政单位受托责任的履行情况，有助于会计信息使用者进行管理、监督和决策。行政单位会计信息使用者包括人民代表大会、政府及其有关部门、行政单位自身和其他会计信息使用者。

行政单位应当划分会计期间,分期结算账目和编制财务报表。会计期间至少分为年度和月度。会计年度、月度等会计期间的起讫日期采用公历日期。行政单位会计核算应当以人民币作为记账本位币。发生外币业务时,应当将有关外币金额折算为人民币金额计量。

行政单位会计应当按照业务或事项的经济特征确定会计要素。会计要素包括资产、负债、净资产、收入和支出。

行政单位会计核算一般采用收付实现制,特殊经济业务和事项应当按照规定采用权责发生制核算。行政单位应当采用借贷记账法记账。

二、行政单位会计的特点

行政单位会计是核算和监督各级各类行政单位预算执行情况及其结果的专业会计,是我国政府会计的主要组成部分。行政单位会计相对于企业会计、财政总预算会计和事业单位会计而言有其特点,具体体现在:

(1) 行政单位会计的目标是为了满足社会公共需要,向社会提供公共产品,具有明显的非市场性,一般不进行成本核算。

(2) 行政单位会计以收付实现制为会计核算基础,事业单位会计根据单位实际情况,分别采用收付实现制和权责发生制。企业会计均以权责发生制为会计核算基础。

(3) 与财政总预算会计相比,行政单位会计有现金和银行存款的收付核算以及存货、固定资产和无形资产的核算。

(4) 行政单位会计要素分为五大类:资产、负债、净资产、收入和支出。企业会计要素分为六大类:资产、负债、所有者权益、收入、费用和利润。即使相同名称的会计要素,其内容在预算会计与企业会计上也存在较大差异。

(5) 行政单位会计的会计等式为:资产=负债+净资产;企业会计的会计等式为:资产=负债+所有者权益。

第二节 行政单位会计科目

行政单位会计科目是对会计要素的进一步分类,是行政单位设置账户,对经济业务进行归集和核算的依据和基础。行政单位的会计科目分为资产、负债、净资产、收入和支出五大类。《行政单位会计制度》对行政单位的会计科目作了统一的规定。具体如表10-1所示。

第十章 行政单位会计概述

表 10-1 行政单位会计科目表

序号	科目编号	会计科目名称	序号	科目编号	会计科目名称
一、资产类					
1	1001	库存现金	19	2101	应缴税费
2	1002	银行存款	20	2201	应付职工薪酬
3	1011	零余额账户用款额度	21	2301	应付账款
4	1021	财政应返还额度	22	2302	应付政府补贴款
	102101	财政直接支付			
	102102	财政授权支付			
5	1212	应收账款	23	2305	其他应付款
6	1213	预付账款	24	2401	长期应付款
7	1215	其他应收款	25	2901	受托代理负债
8	1301	存货	三、净资产类			
9	1501	固定资产	26	3001	财政拨款结转
10	1502	累计折旧	27	3002	财政拨款结余
11	1511	在建工程	28	3101	其他资金结转结余
12	1601	无形资产	29	3501	资产基金
				350101	预付款项
				350111	存货
				350121	固定资产
				350131	在建工程
				350141	无形资产
				350151	政府储备物资
				350152	公共基础设施
13	1602	累计摊销	30	3502	待偿债净资产
14	1701	待处理财产损溢	四、收入类			
15	1801	政府储备物资	31	4001	财政拨款收入
16	1802	公共基础设施	32	4011	其他收入
17	1901	受托代理资产	五、支出类			
二、负债类			33	5001	经费支出
18	2001	应缴财政款	34	5101	拨出经费

根据《行政单位会计制度》的规定，行政单位应当按照下列规定运用会计科目：

（1）行政单位应当对有关法律、法规允许进行的经济活动，按照《行政单位会计制度》（以下统称本制度）的规定使用会计科目进行核算；行政单位不得以本制度规定的会计科目及使用说明作为进行有关法律、法规禁止的经济活动的依据。

（2）行政单位对基本建设投资的会计核算在执行本制度的同时，还应当按照国家有关基本建设会计核算的规定单独建账、单独核算。

（3）行政单位应当按照本制度的规定设置和使用会计科目，因没有相关业务而不需要使用的总账科目可以不设；在不影响会计处理和编报财务报表的前提下，行政单位可以根据实际情况自行增设本制度规定以外的明细科目,或者自行减少、合并本制度规定的明细科目。

(4)按照财政部规定对固定资产和公共基础设施计提折旧的,相关折旧的账务处理应当按照本制度规定执行;按照财政部规定不对固定资产和公共基础设施计提折旧的,不设置本制度规定的"累计折旧"科目,在进行账务处理时不考虑本制度其他科目说明中涉及的"累计折旧"科目。

(5)本制度统一规定会计科目的编号,以便于填制会计凭证、登记账簿、查阅账目、实行会计信息化管理。行政单位不得随意打乱重编本制度规定的会计科目编号。

复习思考题

1. 什么是行政单位会计?
2. 行政单位会计有哪些特点?
3. 行政单位会计核算目标是什么?
4. 行政单位会计科目的运用有哪些规定?

第十一章
行政单位资产核算

【本章学习目标】 本章对行政单位会计的资产按照流动性分项目进行阐述,主要介绍资产各项目的含义、科目设置及其相关会计处理。本章学习目标是了解行政单位各项资产及核算特征;理解行政单位各资产项目的内涵及其分类;掌握行政单位各项资产的核算方法。

第一节 流动资产

行政单位的资产,即行政单位占有或者使用的能以货币计量的经济资源。行政单位的资产包括流动资产和非流动资产。其中,流动资产包括库存现金、银行存款、财政应返还额度、应收账款、预付账款、其他应收款、存货等;非流动资产包括固定资产、在建工程、无形资产、待处理财产损溢、政府储备物资、公共基础设施、受托代理资产等。

一、库存现金

行政单位的库存现金是指存放于行政单位内部的货币资金。行政单位应当严格按照国家有关现金管理的规定收支现金,并按照《行政单位会计制度》规定核算现金的各项收支业务。

按照《行政单位会计制度》的规定,行政单位应设置"库存现金"总账科目来对现金业务进行核算,本科目是资产类科目。本科目期末借方余额反映行政单位实际持有的库存现金。"库存现金"的主要账务处理如下:

1. 现金收支的核算

(1) 从银行等金融机构提取现金,按照实际提取的金额,借记"库存现金"科目,贷记"银行存款""零余额账户用款额度"等科目；将现金存入银行等金融机构，借记"银行存款"科目，贷记"库存现金"科目；将现金退回单位零余额账户，借记"零余额账户用款额度"科目，贷记"库存现金"科目。

（2）因支付内部职工出差等原因所借的现金，借记"其他应收款"科目，贷记"库存现金"科目；出差人员报销差旅费时，按照应报销的金额，借记有关科目，按照实际借出的现金金额，贷记"其他应收款"科目，按照其差额，借记或贷记"库存现金"科目。

（3）因开展业务或其他事项收到现金，借记"库存现金"科目，贷记有关科目；因购买服务、商品或者其他事项支出现金，借记有关科目，贷记"库存现金"科目。

（4）收到受托代理的现金时，借记"库存现金"科目，贷记"受托代理负债"科目；支付受托代理的现金时，借记"受托代理负债"科目，贷记"库存现金"科目。

2. 现金溢缺的核算

行政单位应当设置"现金日记账"，由出纳人员根据收付款凭证，按照业务发生顺序逐笔登记。每日终了，应当计算当日的现金收入合计数、现金支出合计数和结余数，并将结余数与实际库存数核对，做到账款相符。

每日终了结算现金收支，核对库存现金时发现有待查明原因的现金短缺或溢余，应通过"待处理财产损溢"科目核算。属于现金短缺，应当按照实际短缺的金额，借记"待处理财产损溢"科目，贷记"库存现金"科目；属于现金溢余，应当按照实际溢余的金额，借记"库存现金"科目，贷记"待处理财产损溢"科目。待查明原因后作如下处理：

（1）如为现金短缺，属于应由责任人赔偿或向有关人员追回的部分，借记"其他应收款"科目，贷记"待处理财产损溢"科目。

（2）如为现金溢余，属于应支付给有关人员或单位的，借记"待处理财产损溢"科目，贷记"其他应付款"科目。

3. 外币现金的核算

行政单位有外币现金的，应当分别按照人民币、外币种类设置"现金日记账"进行明细核算。有关外币现金业务的账务处理参见"银行存款"科目的相关规定。

【例11-1】某行政单位实行国库单一账户制度。某日从零余额账户中提取现金1500元，以备日常使用。应编制会计分录：

借：库存现金　　　　　　　　　1500
　　贷：零余额账户用款额度　　　　　　1500

【例11-2】单位职工张某出差预借现金800元。应编制会计分录：

借：其他应收款　　　　　　　　800
　　贷：库存现金　　　　　　　　　　　800

【例 11-3】 单位职工张某出差回来，交回余款 100 元。应编制会计分录：

借：库存现金　　　　　　　　100
　　经费支出　　　　　　　　700
　　贷：其他应收款　　　　　　　　　　800

二、银行存款

银行存款是指行政单位存入银行或者其他金融机构的各种存款。行政单位应当严格按照国家有关支付结算办法的规定办理银行存款收支业务，并按照《行政单位会计制度》的规定核算银行存款的各项收支业务。

1. 银行存款的核算

按照《行政单位会计制度》的规定，行政单位应设置"银行存款"总账科目，本科目属于资产类科目。本科目期末借方余额，反映行政单位实际存放在银行或其他金融机构的款项。"银行存款"的主要账务处理如下：

（1）银行存款收支的核算。

1）将款项存入银行或者其他金融机构，借记"银行存款"科目，贷记"库存现金""其他收入"等有关科目。

2）提取和支出存款时，借记有关科目，贷记"银行存款"科目。

3）收到银行存款利息时，借记"银行存款"科目，贷记"其他收入"等科目；支付银行手续费或银行扣收罚金等时，借记"经费支出"科目，贷记"银行存款"科目。

4）收到受托代理的银行存款时，借记"银行存款"科目，贷记"受托代理负债"科目；支付受托代理的存款时，借记"受托代理负债"科目，贷记"银行存款"科目。

（2）外币银行存款的核算。单位发生外币业务的，应当按照业务发生当日或当期期初的即期汇率，将外币金额折算为人民币金额记账，并登记外币金额和汇率。期末，各种外币账户的期末余额，应当按照期末的即期汇率折算为人民币，作为外币账户期末人民币余额。调整后的各种外币账户人民币余额与原账面余额的差额，作为汇兑损溢计入当期支出。

1）以外币购买物资、劳务等，按照购入当日或当期期初的即期汇率将支付的外币或应支付的外币折算为人民币金额，借记有关科目，贷记"银行存款""应付账款"等科目的外币账户。

2）以外币收取相关款项等，按照收入确认当日或当期期初的即期汇率将收取的外币或应收取的外币折算为人民币金额，借记"银行存款""应收账款"等科目的外币账户，贷记有关科目。

3）期末，根据各外币账户按期末汇率调整后的人民币余额与原账面人民币余额的差额，作为汇兑损溢，借记或贷记"银行存款""应收账款""应付账款"等科目，贷记或借记"经费支出"等科目。

2. 银行存款的清查

行政单位应当按开户银行或其他金融机构、存款种类及币种等，分别设置"银行存款日记账"，由出纳人员根据收付款凭证，按照业务的发生顺序逐笔登记，每日终了应结出余额。"银行存款日记账"应定期与"银行对账单"核对，至少每月核对一次。月度终了，行政单位账面余额与银行对账单余额之间如有差额，必须逐笔查明原因并进行处理，按月编制"银行存款余额调节表"，调节相符。

【例 11-4】某行政单位没有执行国库单一账户制度。开出普通转账支票 2000 元，购买办公用品。应编制会计分录：

借：经费支出　　　　　　　　2000
　　贷：银行存款　　　　　　　　　　2000

【例 11-5】某行政单位将现金 1800 元存入银行。应编制会计分录：

借：银行存款　　　　　　　　1800
　　贷：库存现金　　　　　　　　　　1800

三、零余额账户用款额度

零余额账户用款额度是实行国库集中支付制度的行政单位，采用财政授权支付方式下，行政事业单位根据财政部门批复的用款计划收到和支付的用款额度。

财政授权支付是根据部门预算和用款计划确定的资金用途和用款进度，由预算单位自行开出支付令，由商业银行代理将资金支付到商品、劳务供应者或用款单位。商业银行代理支付的财政资金，每日与财政部门开设在中国人民银行的国库单一账户进行清算。

1. 零余额账户用款额度科目设置

为了核算零余额账户用款额度相关业务，行政单位应设置"零余额账户用款额度"总账科目，本科目属于资产类科目。本科目期末借方余额反映行政单位尚未支用的零余额账户用款额度。年度终了注销单位零余额账户用款额度后，本科目应无余额。

2. 零余额账户用款额度的核算

零余额账户用款额度的主要账务处理如下：

（1）收到代理银行转来的"财政授权支付额度到账通知书"时，根据通知书所列数额，借记"零余额账户用款额度"科目，贷记"财政拨款收入"科目。

（2）按规定支用额度时，借记"经费支出"等科目，贷记"零余额账户用款额度"科目。

（3）从零余额账户提取现金时，借记"库存现金"科目，贷记"零余额账户用款额度"科目。

(4) 年末，根据代理银行提供的对账单作银行注销额度的相关账务处理，借记"财政应返还额度——财政授权支付"科目，贷记"零余额账户用款额度"科目。如单位本年度财政授权支付预算指标数大于财政授权支付额度下达数，根据两者间的差额，借记"财政应返还额度——财政授权支付"科目，贷记"财政拨款收入"科目。

下年度年初，行政单位根据代理银行提供的额度恢复到账通知书作恢复额度的相关账务处理，借记"零余额账户用款额度"科目，贷记"财政应返还额度——财政授权支付"科目。行政单位收到财政部门批复的上年末下达零余额账户用款额度时，借记"零余额账户用款额度"科目，贷记"财政应返还额度——财政授权支付"科目。

【例 11-6】某行政单位实行国库单一账户制度下的财政授权支付方式。收到代理银行转来的"财政授权支付额度到账通知书"，通知书所列数额为 50 万元。应编制会计分录：

借：零余额账户用款额度　　　　500000
　　贷：财政拨款收入　　　　　　　　　　500000

【例 11-7】某行政单位开出授权支付凭证，通知代理银行支付办公经费 15000 元。应编制会计分录：

借：经费支出　　　　　　　　15000
　　贷：零余额账户用款额度　　　　　　15000

四、财政应返还额度

1. 财政应返还额度的概念及科目设置

财政应返还额度是指实行国库集中支付制度的行政单位应收财政返还的资金额度。为了核算财政应返还额度业务，行政单位应设置"财政应返还额度"总账科目，本科目属于资产类科目。还应根据行政单位是采用国库集中支付制度下的财政直接支付或财政间接支付的不同方式，设置"财政直接支付""财政授权支付"两个明细科目进行明细核算。本科目期末借方余额反映行政单位应收财政返还的资金额度。

2. 财政应返还额度的核算

财政应返还额度的主要账务处理如下：

(1) 根据年末国库集中支付尚未使用资金额度的账务处理。

1) 财政直接支付。年末，行政单位根据本年度财政直接支付预算指标数与财政直接支付实际支出数的差额，借记"财政应返还额度——财政直接支付"科目，贷记"财政拨款收入"科目。

2) 财政授权支付。年末，财政授权支付尚未使用资金额度的账务处理，参见"零余额账户用款额度"科目。

(2) 下年初恢复以前年度财政资金额度的账务处理，参见"零余额账户用款额度"

科目。

（3）行政单位使用以前年度财政资金额度的账务处理。

1）财政直接支付。行政单位使用以前年度财政直接支付额度发生支出时，借记"经费支出"科目，贷记"财政应返还额度——财政直接支付"科目。

2）财政授权支付。行政单位使用以前年度财政授权支付额度发生支出时的账务处理，参见"零余额账户用款额度"科目。

【例 11-8】某行政单位本年度财政直接支付预算指标数为 80 万元，当年财政直接支付实际支出数为 75 万元。应编制会计分录：

  借：财政应返还额度——财政直接支付 50000
    贷：财政拨款收入   50000

【例 11-9】年终，某行政单位本年度财政授权支付预算指标数为 100 万元，本年已下达财政授权支付用款额度为 95 万元，行政单位授权支付实际数为 92 万元。应编制会计分录：

  借：财政应返还额度——财政授权支付 50000
    贷：财政拨款收入   50000
  借：财政应返还额度——财政授权支付 30000
    贷：零余额账户用款额度   30000

【例 11-10】接[例 11-8]，次年初，财政部门恢复该行政单位财政直接支付额度 5 万元。行政单位经批准支付水电费 4000 元。应编制会计分录：

  借：经费支出   4000
    贷：财政应返还额度——财政直接支付 4000

【例 11-11】接[例 11-9]，次年初，财政部门恢复该行政单位财政授权支付额度 5 万元。应编制会计分录：

  借：零余额账户用款额度   50000
    贷：财政应返还额度——财政授权支付 50000

五、应收账款

应收账款是行政单位出租资产、出售物资以及收到的商业汇票等应当收取的款项。为了核算这类业务，行政单位应设置"应收账款"总账科目。本科目应当按照购货、接受服务单位（个人）或开出、承兑商业汇票的单位等进行明细核算。应当在资产已出租或物资已出售，且尚未收到款项时确认。本科目期末借方余额，反映行政单位尚未收回的应收账款。

1. 应收账款日常业务的账务处理

（1）出租资产发生的应收账款。

1）出租资产尚未收到款项时，按照应收未收金额，借记"应收账款"科目，贷记"其他应付款"科目。

2）收回应收账款时，借记"银行存款"等科目，贷记"应收账款"科目；同时，借记"其他应付款"科目，按照应缴的税费，贷记"应缴税费"科目；按照扣除应缴税费后的净额，贷记"应缴财政款"科目。

【例11-12】某行政单位于年初将闲置办公楼出租，根据合同规定，年租金20万元，款项未收。应编制会计分录：

借：应收账款　　　　　　　200000
　　贷：其他应付款　　　　　　　　200000

【例11-13】接［例11-16］，该行政单位于当年12月31日根据合同规定，收到年租金20万元，应缴纳营业税5000元。应编制会计分录：

借：银行存款　　　　　　　200000
　　贷：应收账款　　　　　　　　　200000

同时，

借：其他应付　　　　　　　200000
　　贷：应税税费　　　　　　　　　5000
　　　　应缴财政款　　　　　　　195000

（2）出售物资发生的应收账款。

1）物资已发出并到达约定状态且尚未收到款项时，按照应收未收金额，借记"应收账款"科目，贷记"待处理财产损溢"科目。

2）收回应收账款时，借记"银行存款"等科目，贷记"应收账款"科目。

（3）收到商业汇票。

1）出租资产收到商业汇票，按照商业汇票的票面金额，借记"应收账款"科目，贷记"其他应付款"科目。

出售物资收到商业汇票，按照商业汇票的票面金额，借记"应收账款"科目，贷记"待处理财产损溢"科目。

2）商业汇票到期收回款项时，借记"银行存款"等科目，贷记"应收账款"科目。其中，出租资产收回款项的，还应当同时借记"其他应付款"科目，按照应缴的税费，贷记"应缴税费"科目，按照扣除应缴税费后的净额，贷记"应缴财政款"科目。

单位应当设置"商业汇票备查簿"，逐笔登记每一笔应收商业汇票的种类、号数、出票日期、到期日、票面金额、交易合同号等相关信息资料。商业汇票到期结清票款或退票后,应当在备查簿内逐笔注销。

2. 应收账款核销的账务处理

逾期 3 年或以上、有确凿证据表明确实无法收回的应收账款,按规定报经批准后予以核销。核销的应收账款应在备查簿中保留登记。

(1) 转入待处理财产损溢时,按照待核销的应收账款金额,借记"待处理财产损溢"科目,贷记"应收账款"科目。

(2) 已核销的应收账款在以后期间收回的,借记"银行存款"科目,贷记"应缴财政款"等科目。

【例 11-14】某行政单位经确定,一笔 3 年前的应收款项 2 万元无法收回,按规定报经批准后予以核销。应编制会计分录:

借:待处理财产损溢　　　　　　20000
　　贷:应收账款　　　　　　　　　　　　20000

【例 11-15】接[例 11-14],债务单位财务状况好转,原已核销应收账款得以收回。应编制会计分录:

借:银行存款　　　　　　　　　20000
　　贷:应缴财政款　　　　　　　　　　　20000

六、预付账款

预付账款是行政单位按照购货、服务合同规定预付给供应单位(个人)以及依据合同规定支付的定金的款项。为了核算这类业务,行政单位应设置"预付账款"总账科目,本科目应当按照供应单位(个人)进行明细核算。预付账款应当在已支付款项且尚未收到物资或服务时确认。注意,行政单位支付可以收回的定金,不通过本科目核算,应当通过"其他应收款"科目核算。本科目期末借方余额,反映行政单位实际预付但尚未结算的款项。

1. 预付账款日常业务的账务处理

(1) 发生预付账款时,借记"预付账款"科目,贷记"资产基金——预付款项"科目;同时,借记"经费支出"科目,贷记"财政拨款收入""零余额账户用款额度""银行存款"等科目。

(2) 收到所购物资或服务时,按照相应预付账款金额,借记"资产基金——预付款项"科目,贷记"预付账款"科目;发生补付款项的,按照实际补付的款项,借记"经费支出"科目,贷记"财政拨款收入""零余额账户用款额度""银行存款"等科目。收到物资的,同时按照收到所购物资的成本,借记有关资产科目,贷记"资产基金"及相关明细科目。

(3)发生当年预付账款退回的,借记"资产基金——预付款项"科目,贷记"预付账款"科目;同时,借记"财政拨款收入""零余额账户用款额度""银行存款"等科目,贷记"经费支出"科目。

发生以前年度预付账款退回的,借记"资产基金——预付款项"科目,贷记"预付账款"科目;同时,借记"财政应返还额度""零余额账户用款额度""银行存款"等科目,贷记"财政拨款结转""财政拨款结余""其他资金结转结余"等科目。

【例 11-16】某行政单位于 3 月 5 日向盛达公司购入材料,通过财政直接支付方式预付 3 万元的材料款。当日收到"财政直接支付入账通知书"及相关原始凭证。应编制会计分录:

借:预付账款　　　　　　　　　　30000
　　贷:资产基金——预付款项　　　　　　30000
同时,
借:经费支出　　　　　　　　　　30000
　　贷:财政拨款收入　　　　　　　　　　30000

【例 11-17】接[例 11-16],3 月 25 日,收到材料,验收入库,材料总价款为 8 万元,通过财政直接支付剩余款项。应编制会计分录:

借:资产基金——预付款项　　　　30000
　　贷:预付账款　　　　　　　　　　　　30000
同时,
借:经费支出　　　　　　　　　　50000
　　贷:财政拨款收入　　　　　　　　　　50000
借:存货　　　　　　　　　　　　80000
　　贷:资产基金——存货　　　　　　　　80000

2. 预付账款核销的账务处理

逾期 3 年或以上、有确凿证据表明确实无法收到所购物资和服务,且无法收回的预付账款,按照规定报经批准后予以核销。核销的预付账款应在备查簿中保留登记。

(1)转入待处理财产损溢时,按照待核销的预付账款金额,借记"待处理财产损溢"科目,贷记"预付账款"科目。

(2)已核销的预付账款在以后期间又收回的,借记"零余额账户用款额度""银行存款"等科目,贷记"财政拨款结转""财政拨款结余""其他资金结转结余"等科目。

七、其他应收款

其他应收款是行政单位除应收账款、预付账款以外的其他各项应收及暂付款项,如职工预借的差旅费、拨付给内部有关部门的备用金、应向职工收取的各种垫付款项等。为了核算这类业务，行政单位应设置"其他应收款"总账科目。本科目应当按照其他应收款的类别以及债务单位（或个人）进行明细核算。本科目期末借方余额，反映行政单位尚未收回的其他应收款。

1. 其他应收款日常业务的账务处理

（1）发生其他应收及暂付款项时，借记"其他应收款"科目，贷记"零余额账户用款额度""银行存款"等科目。

（2）收回或转销上述款项时，借记"银行存款""零余额账户用款额度"或有关支出等科目，贷记"其他应收款"科目。

（3）行政单位内部实行备用金制度的，有关部门使用备用金以后应当及时到财务部门报销并补足备用金。财务部门核定并发放备用金时，借记"其他应收款"科目，贷记"库存现金"等科目。根据报销数用现金补足备用金定额时，借记"经费支出"科目，贷记"库存现金"等科目，报销数和拨补数都不再通过本科目核算。

【例11-18】某行政单位职员徐涵外出培训，通过财政授权支付代理银行支付培训费28000元，另预借现金5000元。应编制会计分录：

借：其他应收款——徐涵　　　　33000
　　贷：零余额账户用款额度　　　　　28000
　　　　库存现金　　　　　　　　　　 5000

【例11-19】徐涵培训结束，归来报销差旅费35000元。应编制会计分录：

借：经费支出　　　　　　　　　35000
　　贷：其他应收款——徐涵　　　　　33000
　　　　库存现金　　　　　　　　　　 2000

2. 其他应收款核销的账务处理

逾期3年或以上、有确凿证据表明确实无法收回的其他应收款，按规定报经批准后予以核销。核销的其他应收款应在备查簿中保留登记。

（1）转入待处理财产损溢时，按照待核销的其他应收款金额，借记"待处理财产损溢"科目，贷记"其他应收款"科目。

（2）已核销的其他应收款在以后期间又收回的，如属于在核销年度内收回的，借记"银行存款"等科目，贷记"经费支出"科目；如属于在核销年度以后收回的，借记"银行存款"等科目，贷记"财政拨款结转""财政拨款结余""其他资金结转结余"等科目。

八、存货

1. 存货的概念及科目设置

存货是行政单位在开展业务活动及其他活动中为耗用而储存的各种物资，包括材料、燃料、包装物和低值易耗品及未达到固定资产标准的家具、用具、装具等。

为了核算存货的相关业务，行政单位应设置"存货"总账科目，本科目属于资产类的科目，应当按照存货的种类、规格和保管地点等进行明细核算。有委托加工存货业务的行政单位，应当在本科目下设置"委托加工存货成本"科目。出租、出借的存货，应当设置备查簿进行登记。注意，行政单位接受委托人指定受赠人的转赠物资，应当通过"受托代理资产"科目核算，不通过本科目核算。存货应当在其到达存放地点并验收时确认。本科目期末借方余额，反映行政单位存货的实际成本。

2. 存货的核算

（1）存货取得的账务处理。存货在取得时，应当按照其实际成本入账。

1）购入的存货，其成本包括购买价款、相关税费、运输费、装卸费、保险费以及其他使存货达到目前场所和状态所发生的支出。购入的存货验收入库，按照确定的成本，借记"存货"科目，贷记"资产基金——存货"科目；同时，按照实际支付的金额，借记"经费支出"科目，贷记"财政拨款收入""零余额账户用款额度""银行存款"等科目；对于尚未付款的，应当按照应付未付的金额，借记"待偿债净资产"科目，贷记"应付账款"科目。

2）置换换入的存货，其成本按照换出资产的评估价值，加上支付的补价或减去收到的补价，加上为换入存货支付的其他费用（运输费等）确定。换入的存货验收入库，按照确定的成本，借记"存货"科目，贷记"资产基金——存货"科目；同时，按实际支付的补价、运输费等金额，借记"经费支出"科目，贷记"财政拨款收入""零余额账户用款额度""银行存款"等科目。

3）接受捐赠、无偿调入的存货，其成本按照有关凭据注明的金额加上相关税费、运输费等确定；没有相关凭据可供取得，但依法经过资产评估的，其成本应当按照评估价值加上相关税费、运输费等确定；没有相关凭据可供取得、也未经评估的，其成本比照同类或类似存货的市场价格加上相关税费、运输费等确定；没有相关凭据也未经评估，其同类或类似存货的市场价格无法可靠取得，该存货按照名义金额入账。接受捐赠、无偿调入的存货验收入库，按照确定的成本，借记"存货"科目，贷记"资产基金——存货"科目；同时，按实际支付的相关税费、运输费等金额，借记"经费支出"科目，贷记"财政拨款收入""零余额账户用款额度""银行存款"等科目。

4）委托加工的存货，其成本按照未加工存货的成本加上加工费用和往返运输费等确定。委托加工的存货出库，借记本科目下的"委托加工存货成本"明细科目，贷记"存货"科目下的相关明细科目。支付加工费用和相关运输费等时，借记"经费支出"科目，贷记"财政拨款收入""零余额账户用款额度""银行存款"等科目；同时，按照相同的金额，借记"存货"科目下的"委托加工存货成本"明细科目，贷记"资产基金——存货"科目。委托加工完成的存货验收入库时，按照委托加工存货的成本，借记"存货"科目下的相关明细科目，贷记"存货"科目下的"委托加工存货成本"明细科目。

【例 11-20】某行政单位购入材料一批，价值 3000 元，材料验收入库，货款尚未支付。应编制会计分录：

借：存货　　　　　　　　　　　3000
　　贷：资产基金——存货　　　　　　　3000

同时，

借：待偿债净资产　　　　　　　3000
　　贷：应付账款　　　　　　　　　　　3000

【例 11-21】某行政单位购入办公用品 8500 元，款项通过单位零余额账户支付，另通过现金支付装卸费 100 元。办公用品已入库。应编制会计分录：

借：存货　　　　　　　　　　　8600
　　贷：资产基金——存货　　　　　　　8600

同时，

借：经费支出　　　　　　　　　8600
　　贷：零余额账户用款额度　　　　　　8500
　　　　库存现金　　　　　　　　　　　100

【例 11-22】某行政单位委托 A 公司加工一批材料甲，其成本为 10000 元。加工费和相关运输费 3000 元，通过财政直接支付。应编制会计分录：

存货出库时：

借：存货——委托加工存货成本　10000
　　贷：存货——甲材料　　　　　　　 10000

支付加工费和相关运输费时：

借：经费支出　　　　　　　　　3000
　　贷：财政拨款收入　　　　　　　　　3000

同时，

借：存货——委托加工存货成本　3000
　　贷：资产基金——存货　　　　　　　3000

【例 11-23】接［例 11-22］，委托加工的存货完工收回并验收入库，应编制会计分录：

借：存货　　　　　　　　　　　　13000
　　贷：存货——委托加工存货成本　　　13000

（2）存货发出的账务处理。存货发出时，应当根据实际情况采用先进先出法、加权平均法或者个别计价法确定发出存货的实际成本。计价方法一经确定，不得随意变更。

1）开展业务活动等领用、发出存货，按照领用、发出存货的实际成本，借记"资产基金——存货"科目，贷记"存货"科目。

2）经批准对外捐赠、无偿调出存货时，按照对外捐赠、无偿调出存货的实际成本，借记"资产基金——存货"科目，贷记"存货"科目。对外捐赠、无偿调出存货时发生由行政单位承担的运输费等支出，借记"经费支出"科目，贷记"财政拨款收入""零余额账户用款额度""银行存款"等科目。

3）经批准对外出售、置换换出的存货，应当转入待处理财产损溢，按照相关存货的实际成本，借记"待处理财产损溢"科目，贷记"存货"科目。

【例11-24】某行政单位领用办公用品乙，其成本为2000元，应编制会计分录：
借：资产基金——存货　　　　　　2000
　　贷：存货　　　　　　　　　　　　2000

【例11-25】某行政单位对外捐赠一批图书，成本为25000元，并用现金支付运输费800元。应编制会计分录：
借：资产基金——存货　　　　　　25000
　　贷：存货——图书　　　　　　　　25000
借：经费支出　　　　　　　　　　800
　　贷：库存现金　　　　　　　　　　800

（3）存货报废、毁损的账务处理。报废、毁损的存货，应当转入待处理财产损溢，按照相关存货的账面余额，借记"待处理财产损溢"科目，贷记"存货"科目。

（4）存货清查盘点的账务处理。行政单位的存货应当定期进行清查盘点，每年至少盘点一次。对于发生的存货盘盈、盘亏，应当及时查明原因，按规定报经批准后进行账务处理。

1）盘盈的存货，按照取得同类或类似存货的实际成本确定入账价值；没有同类或类似存货的实际成本，按照同类或类似存货的市场价格确定入账价值；同类或类似存货的实际成本或市场价格无法可靠取得，按照名义金额入账。盘盈的存货，按照确定的入账价值，借记"存货"科目贷记"待处理财产损溢"科目。

2）盘亏的存货，转入待处理财产损溢时，按照其账面余额，借记"待处理财产损溢"科目，贷记"存货"科目。

【例11-26】某行政单位年终盘点存货，发现丙材料缺失5件，其成本为1000元。应编制会计分录：

  借：待处理财产损溢　　　　　　　1000
    贷：存货——丙材料　　　　　　1000

第二节　非流动资产

一、固定资产

固定资产是指使用期限超过 1 年（不含 1 年）、单位价值在规定标准以上，并在使用过程中基本保持原有物质形态的资产。单位价值虽未达到规定标准，但是耐用时间超过 1 年（不含 1 年）的大批同类物资，应当作为固定资产核算。行政单位固定资产一般分为六类：房屋及构筑物，通用设备、专用设备，文物和陈列品，图书、档案，家具、用具、装具及动植物。

1. 固定资产科目设置

为了核算行政单位固定资产相关业务，行政单位应设置"固定资产"总账科目，本科目属于资产类的科目。行政单位应当按照固定资产的不同分类进行明细核算。具体地应当根据有关主管部门对固定资产的统一分类，结合本单位的具体情况，制定适合本单位的固定资产目录、具体分类方法，作为进行固定资产明细核算的依据。

行政单位应当设置"固定资产登记簿"和"固定资产卡片"，按照固定资产类别、项目和使用部门等进行明细核算。出租、出借的固定资产，应当设置备查簿进行登记。

2. 固定资产核算的有关说明

（1）固定资产的各组成部分具有不同的使用寿命、适用不同折旧率的，应当分别将各组成部分确认为单项固定资产。

（2）购入需要安装的固定资产，应当先通过"在建工程"科目核算，安装完毕交付使用时再转入"固定资产"科目核算。

（3）行政单位的软件，如果其构成相关硬件不可缺少的组成部分，应当将该软件的价值包括在所属的硬件价值中，一并作为固定资产，通过"固定资产"科目进行核算；如果其不构成相关硬件不可缺少的组成部分，应当将该软件作为无形资产，通过"无形资产"科目核算。

（4）行政单位购建房屋及构筑物不能够分清支付价款中的房屋及构筑物与土地使用权部分的，应当全部作为固定资产，通过"固定资产"科目核算；能够分清支付价款中的房屋及构筑物与土地使用权部分的，应当将其中的房屋及构筑物部分作为固定资产，通过"固定资产"科目核算，将其中的土地使用权部分作为无形资产，通过"无形资产"科目核算；境外行政单位购买具有所有权的土地，作为固定资产，通过"固定资产"科目核算。

（5）行政单位借入、以经营租赁方式租入的固定资产，不通过"固定资产"科目核算，应当设置备查簿进行登记。

3. 固定资产的条件确认

（1）购入、换入、无偿调入、接受捐赠不需安装的固定资产，在固定资产验收合格时确认。

（2）购入、换入、无偿调入、接受捐赠需要安装的固定资产，在固定资产安装完成交付使用时确认。

（3）自行建造、改建、扩建的固定资产，在建造完成交付使用时确认。

4. 固定资产的核算

（1）固定资产取得的账务处理。取得固定资产时，应当按照其成本入账。

1）购入的固定资产，其成本包括实际支付的购买价款、相关税费、使固定资产交付使用前所发生的可归属于该项资产的运输费、装卸费、安装费和专业人员服务费等。

以一笔款项购入多项没有单独标价的固定资产，按照各项固定资产同类或类似固定资产市场价格的比例对总成本进行分配，分别确定各项固定资产的入账价值。

购入不需安装的固定资产，按照确定的固定资产成本，借记"固定资产"科目，贷记"资产基金——固定资产"科目；同时，按照实际支付的金额，借记"经费支出"科目，贷记"财政拨款收入""零余额账户用款额度""银行存款"等科目。

【例11-27】某行政单位购入办公用电脑20台，每台单价4000元，通过单位零余额账户支付，电脑到达单位确认验收。应编制会计分录：

借：固定资产　　　　　　　　　80000
　　贷：资产基金——固定资产　　　　80000
同时，
借：经费支出　　　　　　　　　80000
　　贷：零余额账户用款额度　　　　　80000

购入需要安装的固定资产，先通过"在建工程"科目核算。安装完工交付使用时，借记"固定资产"科目，贷记"资产基金——固定资产"科目；同时，借记"资产基金——在建工程"科目，贷记"在建工程"科目。

购入固定资产分期付款或扣留质量保证金的，在取得固定资产时，按照确定的固定资产成本，借记"固定资产"科目（不需安装）或"在建工程"科目（需要安装），贷记"资产基金——固定资产、在建工程"科目；同时，按照已实际支付的价款，借记"经费支出"科目，贷记"财政拨款收入""零余额账户用款额度""银行存款"等科目；按照应付未付的款项或扣留的质量保证金等金额，借记"待偿债净资产"科目，贷记"应付账款"或"长期应付款"科目。

例题参见"在建工程"核算。

2）自行建造的固定资产，其成本包括建造该项资产至交付使用前所发生的全部必要支出。固定资产的各组成部分需要分别核算的，按照各组成部分固定资产造价确定其成本；没有各组成部分固定资产造价的，按照各组成部分固定资产同类或类似固定资产市场造价的比例对总造价进行分配，确定各组成部分固定资产的成本。工程完工交付使用时，按照自行建造过程中发生的实际支出，借记"固定资产"科目，贷记"资产基金——固定资产"科目；同时，借记"资产基金——在建工程"科目，贷记"在建工程"科目；已交付使用但尚未办理竣工决算手续的固定资产，按照估计价值入账，待确定实际成本后再进行调整。

例题参见"在建工程"核算。

3）自行繁育的动植物，其成本包括在达到可使用状态前所发生的全部必要支出。购入需要繁育的动植物，按照购入的成本，借记"固定资产"科目（未成熟动植物），贷记"资产基金——固定资产"科目；同时，按照实际支付的金额，借记"经费支出"科目，贷记"财政拨款收入""零余额账户用款额度""银行存款"等科目。

发生繁育费用，按照实际支付的金额，借记"固定资产"科目（未成熟动植物），贷记"资产基金——固定资产"科目；同时，借记"经费支出"科目，贷记"财政拨款收入""零余额账户用款额度""银行存款"等科目。

动植物达到可使用状态时，借记"固定资产"科目（成熟动植物），贷记"固定资产"科目（未成熟动植物）。

【例11-28】市农委为推广某经济作物，购入一批幼苗进行培育，价格为20万元，款项通过财政直接支付方式支付。应编制会计分录：

借：固定资产——未成熟动植物　　　　200000
　　贷：资产基金——固定资产　　　　　　　　　200000
同时，
借：经费支出　　　　　　　　　　　　200000
　　贷：财政拨款收入　　　　　　　　　　　　　200000

【例11-29】接［例11-28］，购入化肥、农药等用于该经济作物的培育，通过财政直接支付方式支付3万元。应编制会计分录：

借：固定资产——未成熟动植物　　　　30000
　　贷：资产基金——固定资产　　　　　　　　　30000

同时，

借：经费支出　　　　　　　　　　30000

　　贷：财政拨款收入　　　　　　　　　　30000

【例 11-30】 接［例 11-29］，一年后，该作物培育成熟，可以进行推广种植。应编制会计分录：

借：固定资产——成熟动植物　　　200000

　　贷：固定资产——未成熟动植物　　　　200000

4) 在原有固定资产基础上进行改建、扩建、修缮的固定资产，其成本按照原固定资产的账面价值（"固定资产"科目账面余额减去"累计折旧"科目账面余额后的净值）加上改建、扩建、修缮发生的支出，再扣除固定资产拆除部分账面价值后的金额确定。

将固定资产转入改建、扩建、修缮时，按照固定资产的账面价值，借记"在建工程"科目，贷记"资产基金——在建工程"科目；同时，按照固定资产的账面价值，借记"资产基金——固定资产"科目，按照固定资产已计提折旧，借记"累计折旧"科目，按照固定资产的账面余额，贷记"固定资产"科目。

工程完工交付使用时，按照确定的固定资产成本，借记"固定资产"科目，贷记"资产基金——固定资产"科目；同时，借记"资产基金——在建工程"科目，贷记"在建工程"科目。

例题参见"在建工程"核算。

5) 置换取得的固定资产，其成本按照换出资产的评估价值加上支付的补价或减去收到的补价，加上为换入固定资产支付的其他费用（运输费等）确定，借记"固定资产"科目（不需安装）或"在建工程"科目（需安装），贷记"资产基金——固定资产""在建工程"科目；按照实际支付的补价、相关税费、运输费等，借记"经费支出"科目，贷记"财政拨款收入""零余额账户用款额度""银行存款"等科目。

6) 接受捐赠、无偿调入的固定资产，其成本按照有关凭据注明的金额加上相关税费、运输费等确定；没有相关凭据可供取得，但依法经过资产评估的，其成本应当按照评估价值加上相关税费、运输费等确定；没有相关凭据可供取得、也未经评估的，其成本比照同类或类似固定资产的市场价格加上相关税费、运输费等确定；没有相关凭据也未经评估，其同类或类似固定资产的市场价格无法可靠取得，所取得的固定资产应当按照名义金额入账。

接受捐赠、无偿调入的固定资产，按照确定的成本，借记"固定资产"科目（不需安装）或"在建工程"科目（需要安装），贷记"资产基金——固定资产""在建工程"科目；按照实际支付的相关税费、运输费等，借记"经费支出"科目，贷记"财政拨款收入""零余额账户用款额度""银行存款"等科目。

【例11-31】某行政单位接受友好单位捐赠轿车3辆,价值50万元,接受捐赠过程中通过单位零余额账户支付运输费等相关费用3000元。应编制会计分录:

借:固定资产——轿车　　　　　　503000
　　贷:资产基金——固定资产　　　　　　　503000

同时,

借:经费支出　　　　　　　　　　3000
　　贷:零余额账户用款额度　　　　　　　　3000

(2) 计提折旧的账务处理。按月计提固定资产折旧时,按照实际计提的金额,借记"资产基金——固定资产"科目,贷记"累计折旧"科目。

(3) 后续支出的账务处理。

1) 为增加固定资产使用效能或延长其使用寿命而发生的改建、扩建或修缮等后续支出,应当计入固定资产成本,通过"在建工程"科目核算,完工交付使用时转入本科目。有关账务处理参见"在建工程"科目。

2) 为维护固定资产正常使用而发生的日常修理等后续支出,应当计入当期支出但不计入固定资产成本,借记"经费支出"科目,贷记"财政拨款收入""零余额账户用款额度""银行存款"等科目。

【例11-32】某行政单位对公务用车进行日常修理,支付修理费用5000元,款项通过财政直接支付方式支付。应编制会计分录:

借:经费支出　　　　　　　　　　5000
　　贷:财政拨款收入　　　　　　　　　　　5000

(4) 出售、置换换出固定资产的账务处理。经批准出售、置换换出的固定资产转入待处理财产损溢时,按照固定资产的账面价值,借记"待处理财产损溢"科目,按照已计提折旧,借记"累计折旧"科目,按照固定资产的账面余额,贷记"固定资产"科目。

【例11-33】某行政单位经批准将闲置的设备对外出售,取得价款20000元,存入银行。该设备账面原价为50000元,已计提折旧24000元。另以银行存款支付运输费500元。应编制会计分录:

转入处理时:

借:待处理财产损溢　　　　　　　26000
　　累计折旧　　　　　　　　　　24000
　　贷:固定资产　　　　　　　　　　　　 50000

支付运输费时:

借:经费支出　　　　　　　　　　500
　　贷:银行存款　　　　　　　　　　　　　500

(5) 无偿调出、对外捐赠固定资产的账务处理。经批准无偿调出、对外捐赠固定资产时，按照固定资产的账面价值，借记"资产基金——固定资产"科目，按照已计提折旧，借记"累计折旧"科目，按照固定资产的账面余额，贷记"固定资产"科目。

无偿调出、对外捐赠固定资产发生由行政单位承担的拆除费用、运输费等，按照实际支付的金额，借记"经费支出"科目，贷记"财政拨款收入""零余额账户用款额度""银行存款"等科目。

(6) 报废、毁损固定资产的账务处理。报废、毁损的固定资产转入待处理财产损溢时，按照固定资产的账面价值，借记"待处理财产损溢"科目，按照已计提折旧，借记"累计折旧"科目，按照固定资产的账面余额，贷记"固定资产"科目。

【例11-34】某行政单位经批准将一批办公用设备报废，设备账面原价50000元，已计提折旧48000元。应编制会计分录：

借：待处理财产损溢　　　　　2000
　　累计折旧　　　　　　　　48000
　　贷：固定资产　　　　　　　　　50000

(7) 盘盈、盘亏固定资产的账务处理。行政单位的固定资产应当定期进行清查盘点，每年至少盘点一次。对于固定资产发生盘盈、盘亏的，应当及时查明原因，按照规定报经批准后进行账务处理。

1) 盘盈的固定资产，按照取得同类或类似固定资产的实际成本确定入账价值；没有同类或类似固定资产的实际成本，按照同类或类似固定资产的市场价格确定入账价值；同类或类似固定资产的实际成本或市场价格无法可靠取得，按照名义金额入账。

盘盈的固定资产，按照确定的入账价值，借记"固定资产"科目，贷记"待处理财产损溢"科目。

2) 盘亏的固定资产，按照盘亏固定资产的账面价值，借记"待处理财产损溢"科目，按照已计提折旧，借记"累计折旧"科目，按照固定资产账面余额，贷记"固定资产"科目。

【例11-35】某行政单位年终盘点固定资产。盘盈甲设备一台，其重置完全价值为5000元；盘亏乙设备一台，其原价为10000元，已计提折旧7000元。报经批准后，分别予以入账和核销。应编制会计分录：

盘盈甲设备：
盘盈时：
借：固定资产——甲设备　　　5000
　　贷：待处理财产损溢　　　　　　5000
经批准入账时：

借：待处理财产损溢　　　　　　5000
　　贷：资产基金——固定资产　　　　5000
盘亏乙设备：
盘亏时：
借：待处理财产损溢　　　　　　3000
　　累计折旧　　　　　　　　　　7000
　　贷：固定资产　　　　　　　　　10000
经批准核销时：
借：资产基金——固定资产　　　3000
　　贷：待处理财产损溢　　　　　　3000

二、累计折旧

累计折旧是行政单位固定资产、公共基础设施在预计使用寿命内，按照确定的方法对应折旧金额进行系统分摊。

1. 累计折旧科目设置及相关内容

为了核算行政单位累计折旧业务，应该设置"累计折旧"总账科目。本科目应当按照固定资产、公共基础设施的类别、项目等进行明细核算。占有公共基础设施的行政单位，应当在本科目下设置"固定资产累计折旧"和"公共基础设施累计折旧"两个一级明细科目，分别核算对固定资产和公共基础设施计提的折旧。本科目期末贷方余额，反映行政单位计提的固定资产、公共基础设施折旧累计数。

（1）行政单位对下列固定资产不计提折旧：①文物及陈列品；②图书、档案；③动植物；④以名义金额入账的固定资产；⑤境外行政单位持有的能够与房屋及构筑物区分、拥有所有权的土地。

（2）累计折旧的有关说明。

1）行政单位应当根据固定资产、公共基础设施的性质和实际使用情况，合理确定其折旧年限。省级以上财政部门、主管部门对行政单位固定资产、公共基础设施折旧年限作出规定的，从其规定。

2）行政单位一般应当采用年限平均法或工作量法计提固定资产、公共基础设施折旧。

3）行政单位固定资产、公共基础设施的应折旧金额为其成本，计提固定资产、公共基础设施折旧不考虑预计净残值。

4）行政单位一般应当按月计提固定资产、公共基础设施折旧。当月增加的固定资产、公共基础设施，当月不提折旧，从下月起计提折旧；当月减少的固定资产、公共基础设施，当月照提折旧，从下月起不提折旧。

5）固定资产、公共基础设施提足折旧后，无论能否继续使用，均不再计提折旧；提前报废的固定资产、公共基础设施，也不再补提折旧；已提足折旧的固定资产、公共基础设施，可以继续使用的，应当继续使用，规范管理。

6）固定资产、公共基础设施因改建、扩建或修缮等原因而提高使用效能或延长使用年限的，应当按照重新确定的固定资产、公共基础设施成本以及重新确定的折旧年限，重新计算折旧额。

2. 累计折旧的核算

（1）按月计提固定资产、公共基础设施折旧时，按照应计提折旧金额，借记"资产基金——固定资产""公共基础设施"科目，贷记"累计折旧"科目。

【例11-36】某行政单位本月应计提固定资产折旧金额5000元。应编制会计分录：

借：资产基金——固定资产　　　　　5000
　　贷：累计折旧　　　　　　　　　　　　　5000

（2）固定资产、公共基础设施处置时，按照所处置固定资产、公共基础设施的账面价值，借记"待处理财产损溢"科目（出售、置换换出、报废、毁损、盘亏）或"资产基金——固定资产""公共基础设施"科目（无偿调出、对外捐赠），按照固定资产、公共基础设施已计提折旧，借记"累计折旧"科目，按照固定资产、公共基础设施的账面余额，贷记"固定资产""公共基础设施"科目。

例题见本章相关内容账务处理。

三、在建工程

在建工程是行政单位已经发生必要支出，但尚未完工交付使用的各种建筑（包括新建、改建、扩建、修缮等）、设备安装工程和信息系统建设工程。

1. 在建工程的科目设置

为了核算在建工程的相关业务，行政单位应设置"在建工程"总账科目，本科目属于资产类的科目。本科目应当按照具体工程项目等进行明细核算；需要分摊计入不同工程项目的间接工程成本，应当通过本科目下设置的"待摊投资"明细科目核算。行政单位应当在本科目下设置"基建工程"明细科目，核算由基建账套并入的在建工程成本。有关基建并账的具体账务处理另行规定。注意：不能够增加固定资产、公共基础设施使用效能或延长其使用寿命的修缮、维护等，不通过本科目核算。本科目期末借方余额，反映行政单位尚未完工的在建工程的实际成本。在建工程应当在属于在建工程的成本发生时确认。

2. 在建工程的核算

（1）建筑工程。

1）将固定资产转入改建、扩建或修缮等时，按照固定资产的账面价值，借记"在建工程"科目，贷记"资产基金——在建工程"科目；同时，按照固定资产的账面价值，借记"资产基金——固定资产"科目，按照固定资产已计提折旧，借记"累计折旧"科目，按照固定资产的账面余额，贷记"固定资产"科目。

2）将改建、扩建或修缮的建筑部分拆除时，按照拆除部分的账面价值（没有固定资产拆除部分的账面价值的，比照同类或类似固定资产的实际成本或市场价格及其拆除部分占全部固定资产价值的比例确定），借记"资产基金——在建工程"科目，贷记"在建工程"科目。

改建、扩建或修缮的建筑部分拆除获得残值收入时，借记"银行存款"等科目，贷记"经费支出"科目；同时，借记"资产基金——在建工程"科目，贷记"在建工程"科目。

3）根据工程进度支付工程款时，按照实际支付的金额，借记"经费支出"科目，贷记"财政拨款收入""零余额账户用款额度""银行存款"等科目；同时按照相同的金额，借记"在建工程"科目，贷记"资产基金——在建工程"科目。

根据工程价款结算账单与施工企业结算工程价款时，按照工程价款结算账单上列明的金额（扣除已支付的金额），借记"在建工程"科目，贷记"资产基金——在建工程"科目；同时，按照实际支付的金额，借记"经费支出"科目，贷记"财政拨款收入""零余额账户用款额度""银行存款"等科目，按照应付未付的金额，借记"待偿债净资产"科目，贷记"应付账款"科目。

4）支付工程价款结算账单以外的款项时，借记"在建工程"科目，贷记"资产基金——在建工程"科目；同时，借记"经费支出"科目，贷记"财政拨款收入""零余额账户用款额度""银行存款"等科目。

5）用设备资产。工程项目结束，需要分摊间接工程成本的，按照应当分摊到该项目的间接工程成本，借记"在建工程"科目（××项目），贷记"在建工程"科目（待摊投资）。

6）建筑工程项目完工交付使用时，按照交付使用工程的实际成本，借记"资产基金——在建工程"科目，贷记"在建工程"科目；同时，借记"固定资产""无形资产"科目（交付使用的工程项目中有能够单独区分成本的无形资产），贷记"资产基金——固定资产""资产基金——无形资产"科目。

7）建筑工程项目完工交付使用时扣留质量保证金的，按照扣留的质量保证金金额，借记"待偿债净资产"科目，贷记"长期应付款"等科目。

8）为工程项目配套而建成的、产权不归属本单位的专用设施，将专用设施产权移交其他单位时，按照应当交付专用设施的实际成本，借记"资产基金——在建工程"科目，贷记"在建工程"科目。

9）工程完工但不能形成资产的项目，应当按照规定报经批准后予以核销。转入待处理财产损溢时，按照不能形成资产的工程项目的实际成本，借记"待处理财产损溢"科目，贷记"在建工程"科目。

【例 11-37】 某行政单位对办公楼进行更新改造，有关情况如下：

（1）该厂房原价为 10000000 元，已计提折旧 6000000 元，将办公楼转入更新改造。应编制会计分录：

借：资产基金——固定资产　　　4000000
　　累计折旧　　　　　　　　　6000000
　　　贷：固定资产——办公楼　　　　　　10000000

同时，

借：在建工程——办公楼　　　　4000000
　　　贷：资产基金——在建工程　　　　　4000000

（2）拆除部分办公楼设备，该部分价值为 500000 元。应编制会计分录：

借：资产基金——在建工程　　　500000
　　　贷：在建工程——办公楼　　　　　　500000

（3）拆除部分办公楼设备残值收入 100000 元，款项存入银行。应编制会计分录：

借：银行存款　　　　　　　　　100000
　　　贷：经费支出　　　　　　　　　　　100000

借：资产基金——在建工程　　　100000
　　　贷：在建工程——办公楼　　　　　　100000

（4）通过财政直接支付方式支付办公楼更新改造工程款 1200000 元。应编制会计分录：

借：在建工程——办公楼　　　　1200000
　　　贷：资产基金——在建工程　　　　　1200000

同时，

借：经费支出　　　　　　　　　1200000
　　　贷：财政拨款收入　　　　　　　　　1200000

（5）更新改造结束，将办公楼转入固定资产。应编制会计分录：

借：固定资产——办公楼　　　　4600000
　　　贷：资产基金——固定资产　　　　　4600000

同时，

借：资产基金——在建工程　　　4600000
　　　贷：在建工程——办公楼　　　　　　4600000

（2）设备安装。

1）购入需要安装的设备，按照购入的成本，借记"在建工程"科目，贷记"资产基金——在建工程"科目；同时，按照实际支付的金额，借记"经费支出"科目，贷记"财政拨款收入""零余额账户用款额度""银行存款"等科目。

2）发生安装费用时，按照实际支付的金额，借记"在建工程"科目，贷记"资产基金——在建工程"科目；同时，借记"经费支出"科目，贷记"财政拨款收入""零余额账户用款额度""银行存款"等科目。

3）设备安装完工交付使用时，按照交付使用设备的实际成本，借记"资产基金——在建工程"科目，贷记"在建工程"科目；同时，借记"固定资产""无形资产"科目（交付使用的设备中有能够单独区分成本的无形资产），贷记"资产基金——固定资产、无形资产"科目。

【例11-38】某行政单位为新建办公楼购入需要安装电梯一部，有关情况如下：

（1）电梯购入价款为3000000元，运输费等相关费用为200000元，通过单位零余额账户支付。应编制会计分录：

借：在建工程——电梯　　　　　　3200000
　　贷：资产基金——在建工程　　　　　　3200000

同时，

借：经费支出　　　　　　　　　　3200000
　　贷：零余额账户用款额度　　　　　　　3200000

（2）安装过程中，通过财政直接支付方式支付安装费用100000元。应编制会计分录：

借：在建工程——电梯　　　　　　100000
　　贷：资产基金——在建工程　　　　　　100000

同时，

借：经费支出　　　　　　　　　　100000
　　贷：财政拨款收入　　　　　　　　　　100000

（3）电梯安装完工，检验合格交付使用。应编制会计分录：

借：固定资产——电梯　　　　　　3300000
　　贷：资产基金——固定资产　　　　　　3300000

同时，

借：资产基金——在建工程　　　　3300000
　　贷：在建工程——电梯　　　　　　　　3300000

（3）信息系统建设。

1）发生各项建设支出时，按照实际支付的金额，借记"在建工程"科目，贷记"资产基金——在建工程"科目；同时，借记"经费支出"科目，贷记"财政拨款收入""零余额账户用款额度""银行存款"等科目。

2）信息系统建设完成交付使用时，按照交付使用信息系统的实际成本，借记"资产基金——在建工程"科目，贷记"在建工程"科目；同时，借记"固定资产""无形资产"科目，贷记"资产基金——固定资产、无形资产"科目。

（4）在建工程的毁损。毁损的在建工程成本，应当转入"待处理财产损溢"科目进行处理。转入待处理财产损溢时，借记"待处理财产损溢"科目，贷记"在建工程"科目。

四、无形资产

无形资产是指不具有实物形态而能为行政单位提供某种权利的非货币性资产，包括著作权、土地使用权、专利权、非专利技术等。行政单位购入的不构成相关硬件不可缺少组成部分的软件，应当作为无形资产核算。

1. 无形资产的概念及科目设置

为了核算无形资产相关业务，行政单位应设置"无形资产"总账科目，本科目属于资产类的科目。本科目应当按照无形资产的类别、项目等进行明细核算。无形资产应当在完成对其权属的规定登记或其他证明单位取得无形资产时确认。本科目期末借方余额，反映行政单位无形资产的原价。

2. 无形资产的核算

（1）取得无形资产时，应当按照其实际成本入账。

1）外购的无形资产，其成本包括实际支付的购买价款、相关税费以及可归属于该项资产达到预定用途所发生的其他支出。

购入的无形资产，按照确定的成本，借记"无形资产"科目，贷记"资产基金——无形资产"科目；同时，按照实际支付的金额，借记"经费支出"科目，贷记"财政拨款收入""零余额账户用款额度""银行存款"等科目。

购入无形资产尚未付款的，取得无形资产时，按照确定的成本，借记"无形资产"科目，贷记"资产基金——无形资产"科目；同时，按照应付未付的款项金额，借记"待偿债净资产"科目，贷记"应付账款"科目。

【例11-39】某行政单位本月购入一项专利技术，价款20万元，款项通过财政授权支付方式支付。应编制会计分录：

借：无形资产——专利　　　　　　200000
　　贷：资产基金——无形资产　　　　　　200000
同时，
借：经费支出　　　　　　　　　　200000
　　贷：零余额账户用款额度　　　　　　　200000

2）委托软件公司开发软件，视同外购无形资产进行处理。软件开发前按照合同约定预付开发费用时，借记"预付账款"科目，贷记"资产基金——预付款项"科目；同时，借记"经费支出"科目，贷记"财政拨款收入""零余额账户用款额度""银行存款"等科目。

软件开发完成交付使用，并支付剩余或全部软件开发费用时，按照软件开发费用总额，借记"无形资产"科目，贷记"资产基金——无形资产"科目；按照实际支付的金额，借记"经费支出"科目，贷记"财政拨款收入""零余额账户用款额度""银行存款"等科目；按照冲销的预付开发费用，借记"资产基金——预付款项"科目，贷记"预付账款"科目。

【例 11-40】 某行政单位与软件开发公司签订合同，委托该公司开发一套系统软件，合同规定开发费用共计 50 万元，并通过财政直接支付方式预付软件公司开发费用 20 万元。应编制会计分录：

借：预付账款　　　　　　　　　　200000
　　贷：资产基金——预付账款　　　　　　　　200000
同时，
借：经费支出　　　　　　　　　　200000
　　贷：财政拨款收入　　　　　　　　　　　　200000

【例 11-41】 接［例 11-39］，软件开发完成交付行政单位使用，同时剩余款项通过单位零余额账户支付。应编制会计分录：

借：无形资产　　　　　　　　　　500000
　　贷：资产基金——无形资产　　　　　　　　500000
同时，
借：经费支出　　　　　　　　　　300000
　　贷：零余额账户用款额度　　　　　　　　　300000
借：资产基金——预付账款　　　　200000
　　贷：预付账款　　　　　　　　　　　　　　200000

3）自行开发并按法律程序申请取得的无形资产，按照依法取得时发生的注册费、聘请律师费等费用确定成本。取得无形资产时，按照确定的成本，借记"无形资产"科目，贷记"资产基金——无形资产"科目；同时，按照实际支付的金额，借记"经费支出"科目，贷记"财政拨款收入""零余额账户用款额度""银行存款"等科目。依法取得前所发生的研究开发支出，应当于发生时直接计入当期支出，但不计入无形资产的成本。借记"经费支出"科目，贷记"财政拨款收入""零余额账户用款额度""财政应返还额度""银行存款"等科目。

【例 11-42】 某行政单位自行研发成功一套自用软件系统，并成功申请取得专利，发生注册费 20 万元，聘请律师费 3 万元，均以单位零余额账户支付。取得专利前发生研发费用2万元。以财政直接支付方式支付。应编制会计分录：

取得专利时：

借：无形资产　　　　　　　　230000

　　贷：资产基金——无形资产　　　　230000

同时，

借：经费支出　　　　　　　　230000

　　贷：零余额账户用款额度　　　　　230000

前期支付研发费用时：

借：经费支出　　　　　　　　20000

　　贷：财政拨款收入　　　　　　　　20000

4）置换取得的无形资产，其成本按照换出资产的评估价值加上支付的补价或减去收到的补价，加上为换入无形资产支付的其他费用（登记费等）确定。

置换取得的无形资产，按照确定的成本，借记"无形资产"科目，贷记"资产基金——无形资产"科目；按照实际支付的补价、相关税费等，借记"经费支出"科目，贷记"财政拨款收入""零余额账户用款额度""银行存款"等科目。

5）接受捐赠、无偿调入的无形资产，其成本按照有关凭据注明的金额加上相关税费确定；没有相关凭据可供取得，但依法经过资产评估的，其成本应当按照评估价值加上相关税费确定；没有相关凭据可供取得，也未经评估的，其成本比照同类或类似资产的市场价格加上相关税费确定；没有相关凭据也未经评估，其同类或类似无形资产的市场价格无法可靠取得的，所取得的无形资产应当按照名义金额入账。

接受捐赠、无偿调入无形资产时，按照确定的无形资产成本，借记"无形资产"科目，贷记"资产基金——无形资产"科目；按照发生的相关税费，借记"经费支出"科目，贷记"零余额账户用款额度""银行存款"等科目。

（2）按月计提无形资产摊销时，按照应计提的金额，借记"资产基金——无形资产"科目，贷记"累计摊销"科目。

（3）与无形资产有关的后续支出，分以下情况处理：

1）为增加无形资产使用效能而发生的后续支出，如对软件进行升级改造或扩展其功能等所发生的支出，应当计入无形资产的成本，借记"无形资产"科目，贷记"资产基金——无形资产"科目；同时，借记"经费支出"科目，贷记"财政拨款收入""零余额账户用款额度""银行存款"等科目。

2）为维护无形资产的正常使用而发生的后续支出，如对软件进行的漏洞修补、技术维护等所发生的支出，应当计入当期支出但不计入无形资产的成本，借记"经费支出"科目，贷记"财政拨款收入""零余额账户用款额度""银行存款"等科目。

3）报经批准出售、置换换出无形资产转入待处理财产损溢时，按照待出售、置换换出无形资产的账面价值，借记"待处理财产损溢"科目，按照已计提摊销，借记"累计摊销"科目，按照无形资产的账面余额，贷记"无形资产"科目。

4）报经批准无偿调出、对外捐赠无形资产，按照无偿调出、对外捐赠无形资产的账面价值，借记"资产基金——无形资产"科目，按照已计提摊销，借记"累计摊销"科目，按照无形资产的账面余额，贷记"无形资产"科目。无偿调出、对外捐赠无形资产发生由行政单位承担的相关费用支出等，按照实际支付的金额，借记"经费支出"科目，贷记"财政拨款收入""零余额账户用款额度""银行存款"等科目。

5）无形资产预期不能为行政单位带来服务潜力或经济利益的，应当按规定报经批准后将无形资产的账面价值予以核销。

待核销的无形资产转入待处理财产损溢时，按照待核销无形资产的账面价值，借记"待处理财产损溢"科目，按照已计提摊销，借记"累计摊销"科目，按照无形资产的账面余额，贷记"无形资产"科目。

五、累计摊销

累计摊销是指在无形资产使用寿命内，按照确定的方法对应摊销金额进行系统分摊。

1. 累计摊销的科目设置及相关内容

为了核算行政单位累计摊销业务，应该设置"累计摊销"总账科目。本科目核算行政单位无形资产计提的累计摊销。本科目应当按照无形资产的类别、项目等进行明细核算。本科目期末贷方余额，反映行政单位计提的无形资产摊销累计数。

行政单位应当对无形资产进行摊销，以名义金额计量的无形资产除外。行政单位累计摊销的有关说明：

（1）行政单位应当按照以下原则确定无形资产的摊销年限：①法律规定了有效年限的，按照法律规定的有效年限作为摊销年限；②法律没有规定有效年限的，按照相关合同或单位申请书中的受益年限作为摊销年限；③法律没有规定有效年限、相关合同或单位申请书也没有规定受益年限的，按照不少于10年的期限摊销；④非大批量购入、单价小于1000元的无形资产，可以于购买的当期，一次性成本全部摊销。

（2）行政单位应当采用年限平均法计提无形资产摊销。

（3）行政单位无形资产的应摊销金额为其成本。

（4）行政单位应当自无形资产取得当月起，按月计提摊销；无形资产减少的当月，不再计提摊销。

（5）无形资产提足摊销后，无论能否继续带来服务潜力或经济利益，均不再计提摊销；核销的无形资产，如果未提足摊销，也不再补提摊销。

（6）因发生后续支出而增加无形资产成本的，应当按照重新确定的无形资产成本，重新计算摊销额。

2. 累计摊销的核算

（1）按月计提无形资产摊销时，按照应计提摊销金额，借记"资产基金——无形资产"科目，贷记"累计摊销"科目。

【例11-43】某行政单位本月应计提无形资产摊销金额3000元。应编制会计分录：

借：资产基金——无形资产　　　　　　3000
　　贷：累计摊销　　　　　　　　　　　　　　3000

（2）无形资产处置时，按照所处置无形资产的账面价值，借记"待处理财产损溢"科目（出售、置换换出、核销）或"资产基金——无形资产"科目（无偿调出、对外捐赠），按照已计提摊销，借记"累计摊销"科目，按照无形资产的账面余额，贷记"无形资产"科目。

六、待处理财产损溢

待处理财产损溢是行政单位待处理财产的价值及财产处理损溢。行政单位财产的处理包括资产的出售、报废、毁损、盘盈、盘亏，以及货币性资产损失核销等。

1. 待处理财产损溢科目设置

为了核算这类业务，行政单位应设置"待处理财产损溢"总账科目，本科目应当按照待处理财产项目进行明细核算；对于在财产处理过程中取得收入或发生相关费用的项目，还应当设置"待处理财产价值""处理净收入"明细科目，进行明细核算。行政单位财产的处理，一般应当先记入"待处理财产损溢"科目，按照规定报经批准后及时进行相应的账务处理。本科目期末如为借方余额，反映尚未处理完毕的各种财产的价值及净损失；期末如为贷方余额，反映尚未处理完毕的各种财产净溢余。年度终了，报经批准处理后，本科目一般应无余额，年终结账前一般应处理完毕。

2. 待处理财产损溢的主要账务处理

（1）按照规定报经批准处理无法查明原因的现金短缺或溢余。

1）属于无法查明原因的现金短缺，报经批准核销的，借记"经费支出"科目，贷记"待处理财产损溢"科目。

2）属于无法查明原因的现金溢余，报经批准后，借记"待处理财产损溢"科目，贷记"其他收入"科目。

（2）按照规定报经批准核销无法收回的应收账款、其他应收款。

1）转入待处理财产损溢时，借记"待处理财产损溢"科目，贷记"应收账款""其他应收款"科目。

2）报经批准对无法收回的其他应收款予以核销时，借记"经费支出"科目，贷记"待处理财产损溢"科目；对无法收回的应收账款予以核销时，借记"其他应付款"等科目，贷记"待处理财产损溢"本科目。

（3）按照规定报经批准核销预付账款、无形资产。

1）转入待处理财产损溢时，借记"待处理财产损溢"科目（核销无形资产的，还应借记"累计摊销"科目），贷记"预付账款""无形资产"科目。

2）报经批准予以核销时，借记"资产基金——预付款项、无形资产"科目，贷记"待处理财产损溢"科目。

（4）出售、置换换出存货、固定资产、无形资产、政府储备物资等。

1）转入待处理财产损溢时，借记"待处理财产损溢"科目（待处理财产价值）（出售、置换换出固定资产的，还应当借记"累计折旧"科目；出售、置换换出无形资产的，还应当借记"累计摊销"科目），贷记"存货""固定资产""无形资产""政府储备物资"等科目。

2）实现出售、置换换出时，借记"资产基金"及相关明细科目，贷记"待处理财产损溢"科目（待处理财产价值）。

3）出售、置换换出资产过程中收到价款、补价等收入，借记"库存现金""银行存款"等科目，贷记"待处理财产损溢"科目（处理净收入）。

4）出售、置换换出资产过程中发生相关费用，借记"待处理财产损溢"科目（处理净收入），贷记"库存现金""银行存款""应缴税费"等科目。

5）出售、置换换出完毕并收回相关的应收账款后，按照处置收入扣除相关税费后的净收入，借记"待处理财产损溢"科目（处理净收入），贷记"应缴财政款"。如果处置收入小于相关税费的，按照相关税费减去处置收入后的净支出，借记"经费支出"科目，贷记"待处理财产损溢"科目（处理净收入）。

（5）盘亏、毁损、报废各种实物资产。

1）转入待处理财产损溢时，借记"待处理财产损溢"科目（待处理财产价值）（处置固定资产、公共基础设施的，还应当借记"累计折旧"科目），贷记"存货""固定资产""在建工程""政府储备物资""公共基础设施"等科目。

2）报经批准予以核销时，借记"资产基金"及相关明细科目，贷记"待处理财产损溢"科目（待处理财产价值）。

3）毁损、报废各种实物资产过程中取得的残值变价收入、发生相关费用，以及取得的残值变价收入扣除相关费用后的净收入或净支出的账务处理，比照本科目"4（4）"有关出售资产进行处理。

（6）核销不能形成资产的在建工程成本。转入待处理财产损溢时，借记"待处理财产损溢"科目，贷记"在建工程"科目。报经批准予以核销时，借记"资产基金——在建工程"科目,贷记"待处理财产损溢"科目。

(7)盘盈存货、固定资产、政府储备物资等实物资产。转入待处理财产损溢时,借记"存货""固定资产""政府储备物资"等科目,贷记"待处理财产损溢"科目。报经批准予以处理时,借记"待处理财产损溢"科目,贷记"资产基金"及相关明细科目。

七、政府储备物资

政府储备物资是行政单位直接储存管理的各项政府应急或救灾储备物资等。

1. 政府储备物资的科目设置

为了核算这类业务,行政单位应设置"政府储备物资"总账科目,本科目是资产类科目。本科目应当按照政府储备物资的种类、品种、存放地点等进行明细核算。负责采购并拥有储备物资调拨权力的行政单位(简称"采购单位")将政府储备物资交由其他行政单位(简称"代储单位")代为储存的,由采购单位通过本科目核算政府储备物资,代储单位将受托代储的政府储备物资作为受托代理资产核算。本科目期末借方余额,反映行政单位管理的政府储备物资的实际成本。

政府储备物资应当在其到达存放地点并验收时确认。

2. 政府储备物资的核算

(1)取得政府储备物资的账务处理。

1)购入的政府储备物资,其成本包括购买价款、相关税费、运输费、装卸费、保险费以及其他使政府储备物资达到目前场所和状态所发生的支出;单位支付的政府储备物资保管费、仓库租赁费等日常储备费用,不计入政府储备物资的成本。

购入的政府储备物资验收入库,按照确定的成本,借记"政府储备物资"科目,贷记"资产基金——政府储备物资"科目;同时,按实际支付的金额,借记"经费支出"科目,贷记"财政拨款收入""零余额账户用款额度""银行存款"等科目。

2)接受捐赠、无偿调入的政府储备物资,其成本按照有关凭据注明的金额加上相关税费、运输费等确定;没有相关凭据可供取得,但依法经过资产评估的,其成本应当按照评估价值加上相关税费、运输费等确定;没有相关凭据可供取得、也未经评估的,其成本比照同类或类似政府储备物资的市场价格加上相关税费、运输费等确定。

接受捐赠、无偿调入的政府储备物资验收入库,按照确定的成本,借记"政府储备物资"科目,贷记"资产基金——政府储备物资"科目,由行政单位承担运输费用等的,按实际支付的相关税费、运输费等金额,借记"经费支出"科目,贷记"财政拨款收入""零余额账户用款额度""银行存款"等科目。

【例11-44】某行政单位接收无偿调入救灾储备物资一批,价值为80万元,物资验收入库。发生相关税费、运输费2万元,由行政单位承担,款项通过单位零余额账户支付。

应编制会计分录：

借：政府储备物资　　　　　　　　　820000
　　贷：资产基金——政府储备物资　　　　　　820000
同时，
借：经费支出　　　　　　　　　　　820000
　　贷：零余额账户用款额度　　　　　　　　　820000

（2）政府储备物资发出的账务处理。政府储备物资发出时，应当根据实际情况采用先进先出法、加权平均法或者个别计价法确定发出政府储备物资的实际成本。计价方法一经确定，不得随意变更。

1) 经批准对外捐赠、无偿调出政府储备物资时，按照对外捐赠、无偿调出政府储备物资的实际成本，借记"资产基金——政府储备物资"科目，贷记"政府储备物资"科目。

对外捐赠、无偿调出政府储备物资发生由行政单位承担的运输费等支出时，借记"经费支出"科目，贷记"财政拨款收入""零余额账户用款额度""银行存款"等科目。

【例11-45】某行政单位无偿调出救灾储备物资一批，该批物资成本为20万元。发生运输费1万元，由行政单位承担，款项通过财政直接支付方式支付。应编制会计分录：

借：资产基金——政府储备物资　　　200000
　　贷：政府储备物资　　　　　　　　　　　　200000
同时，
借：经费支出　　　　　　　　　　　10000
　　贷：财政拨款收入　　　　　　　　　　　　10000

2) 行政单位报经批准将不需储备的物资出售时，应当转入待处理财产损溢，按照相关储备物资的账面余额，借记"待处理财产损溢"科目，贷记"政府储备物资"科目。

（3）盘盈、盘亏或报废、毁损政府储备物资的账务处理。行政单位管理的政府储备物资应当定期进行清查盘点，每年至少盘点一次。对于发生的政府储备物资盘盈、盘亏或者报废、毁损，应当及时查明原因，按规定报经批准后进行账务处理。

1) 盘盈的政府储备物资，按照取得同类或类似政府储备物资的实际成本确定入账价值；没有同类或类似政府储备物资的实际成本，按照同类或类似政府储备物资的市场价格确定入账价值。

盘盈的政府储备物资，按照确定的入账价值，借记"政府储备物资"科目，贷记"待处理财产损溢"科目。

2) 盘亏或者报废、毁损的政府储备物资，转入待处理财产损溢时，按照其账面余额，借记"待处理财产损溢"科目，贷记"政府储备物资"科目。

【例11-46】某行政单位在财产清查中发现，短缺政府储备物资，价值为1500元。应编制会计分录：

借：待处理财产损溢　　　　　1500
　　贷：政府储备物资　　　　　　　　1500

八、公共基础设施

公共基础设施是由行政单位占有并直接负责维护管理、供社会公众使用的工程性公共基础设施资产，包括城市交通设施、公共照明设施、环保设施、防灾设施、健身设施、广场及公共构筑物等其他公共设施。

1. 公共基础设施的科目设置

行政单位应设置"公共基础设施"总账科目，本科目是资产类科目。本科目应当按照公共基础设施的类别和项目进行明细核算。

与公共基础设施配套使用的修理设备、工具器具、车辆等动产，作为管理公共基础设施的行政单位的固定资产核算，不通过本科目核算。

与公共基础设施配套、供行政单位在公共基础设施管理中自行使用的房屋构筑物等，能够与公共基础设施分开核算的，作为行政单位的固定资产核算，不通过本科目核算。本科目期末借方余额，反映行政单位管理的公共基础设施的实际成本。

行政单位应当结合本单位的具体情况，制定适合于本单位管理的公共基础设施目录、分类方法，作为进行公共基础设施核算的依据。

公共基础设施应当在对其取得占有权利时确认。

2. 公共基础设施的核算

（1）公共基础设施在取得时，应当按照其成本入账。

1) 行政单位自行建设的公共基础设施，其成本包括建造该公共基础设施至交付使用前所发生的全部必要支出。

公共基础设施的各组成部分需要分别核算的，按照各组成部分公共基础设施造价确定其成本；没有各组成部分公共基础设施造价的，按照各组成部分公共基础设施同类或类似市场造价的比例对总造价进行分配，确定各组成部分公共基础设施的成本。

公共基础设施建设完工交付使用时，按照确定的成本，借记"公共基础设施"科目，贷记"资产基金——公共基础设施"科目；同时，借记"资产基金——在建工程"科目，贷记"在建工程"科目。已交付使用但尚未办理竣工决算手续的公共基础设施，按照估计价值入账，待确定实际成本后再进行调整。

2) 接受其他单位移交的公共基础设施，其成本按照公共基础设施的原账面价值确认，借记"公共基础设施"科目，贷记"资产基金——公共基础设施"科目。

【例 11-47】某行政单位在市政规划中建造一处群众休闲广场雕塑。交付使用前所发生的全部必要支出10万元。应编制会计分录：

借：公共基础设施　　　　　　　　　100000
　　贷：资产基金——公共基础设施　　　　　100000

同时，

借：资产基金——在建工程　　　　　100000
　　贷：在建工程　　　　　　　　　　　　　100000

（2）公共基础设施的后续支出。与公共基础设施有关的后续支出，分以下情况处理：

1）为增加公共基础设施使用效能或延长其使用寿命而发生的改建、扩建或大型修缮等后续支出，应当计入公共基础设施成本，通过"在建工程"科目核算，完工交付使用时转入本科目。

2）为维护公共基础设施的正常使用而发生的日常修理等后续支出，应当计入当期支出，借记有关支出科目，贷记"财政拨款收入""零余额账户用款额度""银行存款"等科目。

（3）公共基础设施的处置。行政单位管理的公共基础设施向其他单位移交、毁损、报废时，应当按照规定报经批准后进行账务处理。

1）经批准向其他单位移交公共基础设施时，按照移交公共基础设施的账面价值，借记"资产基金——公共基础设施"科目，按照已计提折旧，借记"累计折旧"科目，按照公共基础设施的账面余额，贷记本科目。

2）报废、毁损的公共基础设施，转入待处理财产损溢时，按照待处理公共基础设施的账面价值，借记"待处理财产损溢"科目，按照已计提折旧，借记"累计折旧"科目，按照公共基础设施的账面余额，贷记"公共基础设施"科目。

九、受托代理资产

受托代理资产是行政单位接受委托方委托管理的各项资产，包括受托指定转赠的物资、受托储存管理的物资等。

1. 受托代理资产科目设置

为了核算这类业务，行政单位应设置"受托代理资产"总账科目，本科目属于资产类科目。本科目应当按照资产的种类和委托人进行明细核算；属于转赠资产的，还应当按照受赠人进行明细核算。行政单位收到受托代理资产为现金和银行存款的，不通过本科目核算，应当通过"库存现金""银行存款"科目进行核算。本科目期末借方余额，反映单位受托代理资产中实物资产的价值。受托代理资产应当在行政单位收到受托代理的资产时确认。

2. 受托代理资产的核算

（1）受托转赠物资。

1）接受委托人委托需要转赠给受赠人的物资，其成本按照有关凭据注明的金额确定；没有相关凭据可供取得的，其成本比照同类或类似物资的市场价格确定。接受委托转赠的物资验收入库，按照确定的成本，借记"受托代理资产"科目，贷记"受托代理负债"科目；受托协议约定由行政单位承担相关税费、运输费等的，还应当按照实际支付的相关税费、运输费等金额，借记"经费支出"科目，贷记"银行存款"等科目。

2）将受托转赠物资交付受赠人时，按照转赠物资的成本，借记"受托代理负债"科目，贷记"受托代理资产"科目。

3）转赠物资的委托人取消了对捐赠物资的转赠要求，且不再收回捐赠物资的，应当将转赠物资转为存货或固定资产，按照转赠物资的成本，借记"受托代理负债"科目，贷记"受托代理资产"科目；同时，借记"存货""固定资产"科目，贷记"资产基金——存货、固定资产"科目。

（2）受托储存管理物资。

1）接受委托人委托储存管理的物资，其成本按照有关凭据注明的金额确定。接受委托储存的物资验收入库，按照确定的成本，借记"受托代理资产"科目，贷记"受托代理负债"科目。

2）支付由受托单位承担的与受托储存管理的物资相关的运输费、保管费等费用时，按照实际支付的金额，借记"经费支出"科目，贷记"银行存款"等科目。

3）根据委托人要求交付受托储存管理的物资时，按照储存管理物资的成本，借记"受托代理负债"科目，贷记"受托代理资产"科目。

【例 11-48】某行政单位接受委托转赠一批定向捐赠物资，其价值为 50 万元。应编制会计分录：

借：受托代理资产　　　　　　500000
　　贷：受托代理负债　　　　　　500000

【例 11-49】接［例 11-48］，按照委托方要求，将其捐赠给某贫困区。应编制会计分录：

借：受托代理负债　　　　　　500000
　　贷：受托代理资产　　　　　　500000

 **复习思考题**

1. 行政单位资产的概念是什么？行政单位资产包括哪些种类？各项资产如何进行计量？

2. 对于已纳入财政国库单一账户制度改革的行政单位，进行相关会计处理时，主要涉及哪些会计科目？

3. 行政单位在进行了国库单一账户制度改革以后是否仍然需要设立银行存款账户？

4. 零余额账户用款额度主要用于核算行政单位的什么支付方式？主要账务处理如何进行？

5. 什么是行政单位的政府储备物资和公共基础设施？其主要账务处理如何进行？

第十二章
行政单位负债核算

【本章学习目标】本章主要阐述行政单位各项负债的概念、科目设置及其会计核算。本章的学习目标是了解行政单位各项负债及核算的特征；理解行政单位各项负债的含义及其分类；掌握行政单位各项负债的会计核算。

行政单位的负债是指行政单位所承担的能以货币计量，需要以资产偿还的债务。行政单位的负债包括流动负债和非流动负债。其中，流动负债包括应缴财政款、应缴税费、应付职工薪酬、应付账款、应付政府补贴款、其他应付款、一年内到期的非流动负债；非流动负债包括长期应付款、受托代理负债等。

第一节 流动负债

一、应缴财政款

应缴财政款是行政单位取得的按规定应当上缴财政的款项，包括罚没收入、行政事业性收费、政府性基金、国有资产处置和出租收入等。为了核算应缴财政款业务，行政单位应该设置"应缴财政款"总账科目，本科目属于负债类科目。本科目应当按照应缴财政款项的类别进行明细核算。

1. 应缴财政款科目设置

行政单位按照国家税法等有关规定应当缴纳的各种税费，通过"应缴税费"科目核算，不在本科目核算。本科目贷方余额，反映行政单位应当上缴财政但尚未缴纳的款项。年终清缴后，本科目一般应无余额。

应缴财政款应当在收到应缴财政的款项时确认。

2. 应缴财政款的核算

（1）取得按照规定应当上缴财政的款项时，借记"银行存款"等科目，贷记"应缴财政款"科目。

（2）处置资产取得应当上缴财政的处置净收入的账务处理，参见"待处理财产损溢"科目。

（3）上缴应缴财政的款项时，按照实际上缴的金额，借记"应缴财政款"科目，贷记"银行存款"科目。

【例12-1】某行政单位收到所属单位交来的企业登记注册费共计20万元，款项存入银行，按规定应上缴国库。应编制会计分录：

借：银行存款　　　　　　　　　　　　　　200000
　　贷：应缴财政款——行政事业性收费收入　　　200000

【例12-2】接［例12-1］，将上述款项缴入国库。应编制如下会计分录：

借：应缴财政款——行政事业性收费收入　　200000
　　贷：银行存款　　　　　　　　　　　　　　200000

【例12-3】某行政单位收到高速路收费共计50万元，款项存入银行，按规定应上缴国库。应编制会计分录：

借：银行存款　　　　　　　　　　　　　　500000
　　贷：应缴财政款——政府性基金——车辆通行费　500000

【例12-4】接［例12-3］，该行政单位对某单位进行行政处罚，罚款5万元，款项存入银行，按规定应上缴国库。应编制会计分录：

借：银行存款　　　　　　　　　　　　　　50000
　　贷：应缴财政款——罚没收入　　　　　　　50000

【例12-5】接［例12-3］、［例12-4］，该行政单位将上述款项缴入国库。应编制如下会计分录：

借：应缴财政款——政府性基金——车辆通行费　500000
　　　　　　——罚没收入　　　　　　　　　50000
　　贷：银行存款　　　　　　　　　　　　　　550000

二、应缴税费

应缴税费是行政单位按照税法等规定应当缴纳的各种税费，包括营业税、城市维护建设税、教育费附加、房产税、车船税、城镇土地使用税等。

1. 应缴税费的科目设置

为了核算应缴税费相关业务，行政单位应设置"应缴税费"总账科目，本科目属于负债类科目。本科目应当按照应缴纳的税费种类进行明细核算。行政单位代扣代缴的个人所得税，也通过本科目核算。本科目期末贷方余额，反映行政单位应缴未缴的税费金额。

应缴税费应当在产生缴纳税费义务时确认。

2. 应缴税费的核算

（1）因资产处置等发生营业税、城市维护建设税、教育费附加等缴纳义务的，按照税法等规定计算的应缴税费金额，借记"待处理财产损溢"科目，贷记"应缴税费"科目；实际缴纳时，借记"应缴税费"科目，贷记"银行存款"等科目。

（2）因出租资产等发生营业税、城市维护建设税、教育费附加等缴纳义务的，按照税法等规定计算的应缴税费金额，借记"应缴财政款"等科目，贷记"应缴税费"科目；实际缴纳时，借记"应缴税费"科目，贷记"银行存款"等科目。

（3）代扣代缴个人所得税，按照税法等规定计算的应代扣代缴的个人所得税金额，借记"应付职工薪酬"科目（从职工工资中代扣个人所得税）或"经费支出"科目（从劳务费中代扣个人所得税），贷记"应缴税费"科目。实际缴纳时，借记"应缴税费"科目，贷记"财政拨款收入""零余额账户用款额度""银行存款"等科目。

【例12-6】 某行政单位出租办公楼，取得租金收入5万元，按规定增值税率5%，城市维护建设税率7%，教育费附加为应税基础的3%。应编制如下会计分录：

（1）收取租金时：

借：银行存款　　　　　　　　　　　　50000
　　贷：应缴财政款——国有资产出租收入　　　50000

（2）计算应缴税费时：

增值税 = 50000 × 5% = 2500（元）

城市维护建设税 = 50000 × 7% = 3500（元）

教育费附加 = 2500 × 3% = 75（元）

借：应缴财政款——国有资产出租收入　　6075
　　贷：应缴税费——应缴增值税　　　　　　2500
　　　　　　　——应缴城市维护建设税　　　3500
　　　　　　　——应缴教育费附加　　　　　　75

（3）实际缴纳税费时：

借：应缴税费——应缴增值税　　　　　　2500
　　　　　　——应缴城市维护建设税　　　3500
　　　　　　——应缴教育费附加　　　　　　75

贷：银行存款　　　　　　　　　　　　　　　6075
（4）将租金净收入上缴国库时：
　　借：应缴财政款——国有资产出租收入　　43925
　　　　贷：银行存款　　　　　　　　　　　　　43925

三、应付职工薪酬

应付职工薪酬是行政单位按照有关规定应付给职工及为职工支付的各种薪酬，包括基本工资、奖金、国家统一规定的津贴补贴、社会保险费、住房公积金等。

1. 应付职工薪酬科目设置

为了核算应付职工薪酬相关业务，行政单位应设置"应付职工薪酬"总账科目，本科目属于负债类科目。本科目应当根据国家有关规定按照"工资（离退休费）""地方（部门）津贴补贴""其他个人收入"以及"社会保险费""住房公积金"等进行明细核算。本科目期末贷方余额，反映行政单位应付未付的职工薪酬。

应付职工薪酬应当在规定支付职工薪酬的时间内确认。

2. 应付职工薪酬的核算

（1）发生应付职工薪酬时，按照计算出的应付职工薪酬金额，借记"经费支出"科目，贷记"应付职工薪酬"科目。

（2）向职工支付工资、津贴补贴等薪酬时，按照实际支付的金额，借记"应付职工薪酬"科目，贷记"财政拨款收入""零余额账户用款额度""银行存款"等科目。

从应付职工薪酬中代扣为职工垫付的水电费、房租等费用时，按照实际扣除的金额，借记"应付职工薪酬"科目（工资），贷记"其他应收款"等科目。

从应付职工薪酬中代扣代缴个人所得税，按照代扣代缴的金额，借记"应付职工薪酬"科目（工资），贷记"应缴税费"科目。

从应付职工薪酬中代扣代缴社会保险费和住房公积金，按照代扣代缴的金额，借记"应付职工薪酬"科目（工资），贷记"其他应付款"科目。

（3）缴纳单位为职工承担的社会保险费和住房公积金时，借记"应付职工薪酬"科目（社会保险费、住房公积金），贷记"财政拨款收入""零余额账户用款额度""银行存款"等科目。

【例12-7】某行政单位月度终了，计算出本月职工工资金额为300万元。应编制会计分录：

　　借：经费支出　　　　　　　　　　　3000000
　　　　贷：应付职工薪酬——工资　　　　　3000000

【例12-8】接［例12-7］，通过财政直接支付方式向职工支付本月工资。应编制会计分录：

借：应付职工薪酬——工资　　　　　　3000000
　　贷：财政拨款收入　　　　　　　　　　　　　3000000

【例 12-9】某行政单位月度终了，从应付职工工资中代扣代缴个人所得税共计 20 万元，应编制会计分录：

借：应付职工薪酬——工资　　　　　　200000
　　贷：应缴税费——个人所得税　　　　　　　　200000

【例 12-10】某行政单位月度终了，从应付职工工资中代扣代缴社会保险费共计 20 万元，住房公积金共计 15 万元。应编制会计分录：

借：应付职工薪酬——工资　　　　　　350000
　　贷：其他应付款——应付社会保险费　　　　　200000
　　　　　　　　——应付住房公积金　　　　　　150000

四、应付账款

应付账款是行政单位因购买物资或服务、工程建设等而应付的偿还期限在 1 年以内（含 1 年）的款项。

1. 应付账款科目设置

为了核算应付账款相关业务，行政单位应设置"应付账款"总账科目，本科目属于负债类科目。本科目应当按照债权单位（或个人）进行明细核算。本科目期末贷方余额，反映行政单位尚未支付的应付账款。

应付账款应当在收到所购物资或服务、完成工程时确认。

2. 应付账款的核算

（1）收到所购物资或服务、完成工程但尚未付款时，按照应付未付款项的金额，借记"待偿债净资产"科目，贷记"应付账款"科目。

（2）偿付应付账款时，借记"应付账款"科目，贷记"待偿债净资产"科目；同时，借记"经费支出"科目，贷记"财政拨款收入""零余额账户用款额度""银行存款"等科目。

（3）无法偿付或债权人豁免偿还的应付账款，应当按照规定报经批准后进行账务处理。经批准核销时，借记"应付账款"科目，贷记"待偿债净资产"科目。核销的应付账款应在备查簿中保留登记。

【例 12-11】某行政单位一项建造工程完工，尚有 40 万元的余款未付清。应编制会计分录：

借：待偿债净资产　　　　　　　　　　400000
　　贷：应付账款——应付工程款　　　　　　　　400000

【例12-12】接［例12-11］，通过财政直接支付方式支付余款。应编制如下会计分录：

借：应付账款——应付工程款　　　　　　400000
　　贷：待偿债净资产　　　　　　　　　　　　400000

同时，

借：经费支出　　　　　　　　　　　　　400000
　　贷：财政拨款收入　　　　　　　　　　　　400000

五、应付政府补贴款

应付政府补贴款是负责发放政府补贴的行政单位，按照规定应当支付给政府补贴接受者的各种政府补贴款。

1. 应付政府补贴款的科目设置

为了核算应付政府补贴款相关业务，行政单位应设置"应付政府补贴款"总账科目，本科目属于负债类科目。本科目应当按照应支付的政府补贴种类进行明细核算。行政单位还应当按照补贴接受者建立备查簿，进行相应明细核算。本科目期末贷方余额，反映行政单位应付未付的政府补贴金额。

应付政府补贴款应当在规定发放政府补贴的时间内确认。

2. 应付政府补贴款的核算

（1）发生应付政府补贴时，按照规定计算出的应付政府补贴金额，借记"经费支出"科目，贷记"应付政府补贴款"科目。

（2）支付应付的政府补贴款时，借记"应付政府补贴款"科目，贷记"零余额账户用款额度""银行存款"等科目。

【例12-13】某行政单位按规定应支付儿童福利院补贴款35万元。应编制如下会计分录：

借：经费支出　　　　　　　　　　　　　350000
　　贷：应付政府补贴款——儿童福利院　　　　350000

【例12-14】接［例12-13］，该行政单位通过单位零余额账户支付上述补贴款。应编制会计分录：

借：应付政府补贴款——儿童福利院　　　350000
　　贷：零余额账户用款额度　　　　　　　　　350000

六、其他应付款

其他应付款是行政单位除应缴财政款、应缴税费、应付职工薪酬、应付政府补贴款、应付账款以外的其他各项偿还期在1年以内（含1年）的应付及暂存款项，如收取的押金、保证金、未纳入行政单位预算管理的转拨资金、代扣代缴职工社会保险费和住房公积金等。

1. 其他应付款的科目设置

为了核算其他应付款相关业务，行政单位应设置"其他应付款"总账科目，本科目属于负债类科目。本科目应当按照其他应付款的类别以及债权单位（或个人）进行明细核算。本科目期末贷方余额，反映行政单位尚未支付的其他应付款。

2. 其他应付款的核算

（1）发生其他各项应付及暂存款项时，借记"银行存款"等科目，贷记"其他应付款"科目。

（2）支付其他各项应付及暂存款项时，借记"其他应付款"科目，贷记"银行存款"等科目。

（3）因故无法偿付或债权人豁免偿还的其他应付款项，应当按规定报经批准后进行账务处理。经批准核销时，借记"其他应付款"科目，贷记"其他收入"科目。核销的其他应付款应在备查簿中保留登记。

【例12-15】某行政单位出租办公楼给甲公司，收取押金5万元，款项存入银行。应编制会计分录：

借：银行存款　　　　　　　　　　50000
　　贷：其他应付款——甲公司　　　　　　50000

【例12-16】接［例12-15］，甲公司法人死亡，公司倒闭，无法偿付债务，按规定予以核销。应编制会计分录：

借：其他应付款——甲公司　　　　50000
　　贷：其他收入　　　　　　　　　　　50000

第二节　非流动负债

一、长期应付款

长期应付款是行政单位发生的偿还期限超过1年（不含1年）的应付款项，如跨年度分期付款购入固定资产的价款等。

1. 长期应付款的科目设置

为了核算长期应付款相关业务，行政单位应设置"长期应付款"总账科目，本科目属于负债类科目。本科目应当按照长期应付款的类别以及债权单位（或个人）进行明细核算。本科目期末贷方余额，反映行政单位尚未支付的长期应付款。

长期应付款应当按照以下条件确认：

（1）因购买物资、服务等发生的长期应付款，应当在收到所购物资或服务时确认。

（2）因其他原因发生的长期应付款，应当在承担付款义务时确认。

2. 长期应付款的核算

（1）发生长期应付款时，按照应付未付的金额，借记"待偿债净资产"科目，贷记"长期应付款"科目。

（2）偿付长期应付款时，借记"经费支出"科目，贷记"财政拨款收入""零余额账户用款额度""银行存款"等科目；同时，借记"长期应付款"科目，贷记"待偿债净资产"科目。

（3）无法偿付或债权人豁免偿还的长期应付款，应当按照规定报经批准后进行账务处理。经批准核销时，借记"长期应付款"科目，贷记"待偿债净资产"科目。核销的长期应付款应在备查簿中保留登记。

【例12-17】某行政单位向甲公司以分期付款方式购入一台设备。本期应付未付设备款为5万元。应编制会计分录：

借：待偿债净资产　　　　　　50000
　　贷：长期应付款——甲公司　　　50000

【例12-18】接［例12-17］，该行政单位通过单位零余额账户支付上诉设备款。应编制会计分录：

借：经费支出　　　　　　　　50000
　　贷：零余额账户用款额度　　　　50000
同时，
借：长期应付款——甲公司　　50000
　　贷：待偿债净资产　　　　　　　50000

二、受托代理负债

受托代理负债是行政单位接受委托，取得受托管理资产时形成的负债。

1. 受托代理负债的概念及科目设置

为了核算长期应付款相关业务，行政单位应设置"受托代理负债"总账科目，本科目属于负债类科目。本科目应当按照委托人等进行明细核算；属于指定转赠物资和资金的，还应当按照指定受赠人进行明细核算。本科目期末贷方余额，反映行政单位尚未清偿的受托代理负债。

受托代理负债应当在行政单位收到受托代理资产并产生受托代理义务时确认。

2. 受托代理负债的核算

本科目的账务处理参见"受托代理资产""库存现金""银行存款"等科目。

复习思考题

1. 什么是行政单位的负债？包括哪些内容？
2. 什么是行政单位的应付财政款？包括哪些内容？如何进行核算？
3. 什么是行政单位的应付政府补贴款？包括哪些内容？如何进行核算？
4. 什么是行政单位的待偿债净资产？如何进行核算？
5. 什么是行政单位的受托代理负债？如何进行核算？

第十三章
行政单位收入核算

【本章学习目标】本章从行政单位收入的概念入手,主要阐述行政单位收入的含义、分类以及具体的会计账务处理。本章的学习目标是理解行政单位各项收入的内涵和分类;掌握行政单位各项收入的账务处理。

行政单位的收入是指行政单位依法取得的非偿还性资金。行政单位的收入包括财政拨款收入和其他收入。

第一节 财政拨款收入

财政拨款收入是行政单位从同级财政部门取得的财政预算资金。

一、财政拨款收入的科目设置

为了核算财政拨款收入的相关业务,行政单位应设置"财政拨款收入"总账科目,本科目属于收入类科目。本科目应当设置"基本支出拨款"和"项目支出拨款"两个明细科目,分别核算行政单位取得用于基本支出和项目支出的财政拨款资金;同时,按照《政府收支分类科目》中"支出功能分类科目"的项级科目进行明细核算;在"基本支出拨款"明细科目下按照"人员经费"和"日常公用经费"进行明细核算,在"项目支出拨款"明细科目下按照具体项目进行明细核算。年终结账后,本科目应无余额。

有公共财政预算拨款、政府性基金预算拨款等两种或两种以上财政拨款的行政单位,还应当按照财政拨款的种类分别进行明细核算。

二、财政拨款收入的核算

1. 财政直接支付方式下取得财政拨款收入

行政单位根据收到的"财政直接支付入账通知书"及相关原始凭证,借记"经费支出"科目,贷记"财政拨款收入"科目。

年末,行政单位根据本年度财政直接支付预算指标数与财政直接支付实际支出数的差额,借记"财政应返还额度——财政直接支付"科目,贷记"财政拨款收入"科目。

【例13-1】某行政单位收到国库支付执行机构转来的"财政直接支付入账通知书",财政部门为该行政单位支付了一笔行政经费,具体为"基本支出拨款——日常公用经费"36500元。应编制会计分录:

借:经费支出　　　　　　　　　　　　　　　　36500
　　贷:财政拨款收入——基本支出拨款——日常公用经费　　36500

【例13-2】某行政单位本年度财政直接支付预算指标数为80万元,实际支付74万元,年末,应编制会计分录:

借:财政应返还额度——财政直接支付　　　　　　60000
　　贷:财政拨款收入　　　　　　　　　　　　　　　　60000

2. 财政授权支付方式下取得财政拨款收入

行政单位根据收到的"财政授权支付额度到账通知书",借记"零余额账户用款额度"等科目,贷记"财政拨款收入"科目。

年末,如行政单位本年度财政授权支付预算指标数大于财政授权支付额度下达数,根据两者间的差额,借记"财政应返还额度——财政授权支付"科目,贷记"财政拨款收入"科目。

【例13-3】某行政单位收到代理银行转来的"授权支付到账通知书",列明本月授权支付内容为人员经费支出,额度为25万元。应编制会计分录:

借:零余额账户用款额度　　　　　　　　　　　　250000
　　贷:财政拨款收入——基本支出拨款——人员经费　　250000

3. 其他方式下取得财政拨款收入

实际收到财政拨款收入时,借记"银行存款"等科目,贷记"财政拨款收入"科目。

【例13-4】某行政单位已纳入国库集中支付制度改革。收到开户银行转来的收款通知,收到财政部门拨入的预算经费58000元。其中:"基本支出拨款——日常公用经费"35000元,"基本支出拨款——人员经费"23000元。应编制会计分录:

借:银行存款　　　　　　　　　　　　　　　　58000
　　贷:财政拨款收入——基本支出拨款——日常公用经费　　35000

　　　　　——基本支出拨款——人员经费　　　　　　　23000

4. 收回本年度财政直接支付资金

本年度财政直接支付的资金收回时，借记"财政拨款收入"科目，贷记"经费支出"等科目。

【例 13-5】 某行政单位由于财政部门的拨款出现失误，多收到 50 万元的预算经费拨款，现予以退回。应编制会计分录：

借：财政拨款收入　　　　　　　　　　500000
　　贷：经费支出　　　　　　　　　　　　　500000

5. 年末结转财政拨款收入

年末，将本科目本年发生额转入财政拨款结转时，借记"财政拨款收入"科目，贷记"财政拨款结转"科目。

【例 13-6】 某行政单位本年度"财政拨款收入"科目发生额为 936800 元，年末，结转至"财政拨款结转"。应编制会计分录：

借：财政拨款收入　　　　　　　　　　936800
　　贷：财政拨款结转　　　　　　　　　　　936800

第二节　其他收入

其他收入是行政单位取得的除财政拨款收入以外的其他各项收入，如从非同级财政部门、上级主管部门等取得的用于完成项目或专项任务的资金、库存现金溢余等。

一、其他收入的科目设置

为了核算其他收入的相关业务，行政单位应设置"其他收入"总账科目，本科目属于收入类科目。本科目应当按照其他收入的类别、来源单位、项目资金和非项目资金进行明细核算。对于项目资金收入，还应当按照具体项目进行明细核算。年终结账后，本科目应无余额。

行政单位从非同级财政部门、上级主管部门等取得指定转给其他单位，且未纳入本单位预算管理的资金，不通过本科目核算，应当通过"其他应付款"科目核算。

二、其他收入的核算

收到属于其他收入的各种款项时，按照实际收到的金额，借记"银行存款""库存现金"等科目,贷记"其他收入"科目。

年末,将本科目本年发生额转入其他资金结转结余时,借记"其他收入"科目,贷记"其他资金结转结余"科目。

【例 13-7】某市级行政单位收到上级主管部门拨付的一笔经费 20 万元,是用于 A 项目的专项资金。应编制会计分录:

借:银行存款　　　　　　　　200000
　　贷:其他收入　　　　　　　　　　　200000

【例 13-8】某行政单位本年度"其他收入"科目发生额为 87000 元,年终,转入"其他资金结转结余"。应编制会计分录:

借:其他收入　　　　　　　　87000
　　贷:其他资金结转结余　　　　　　　87000

 复习思考题

1. 行政单位的收入包括哪些内容?
2. 什么是行政单位的财政拨款收入?
3. 财政拨款收入有哪些取得方式?
4. 财政拨款收入在财政直接支付和财政间接支付方式下,如何分别进行核算?
5. 什么是行政单位的其他收入?包括哪些内容?如何进行核算?

第十四章
行政单位支出核算

【本章学习目标】本章从行政单位支出的概念入手,主要阐述行政单位支出的含义、分类以及账务处理。本章的学习目标是理解行政单位各项支出的内涵和分类;掌握行政单位各项支出的账务处理。

行政单位的支出是指行政单位为保障机构正常运转和完成工作任务所发生的资金耗费和损失。行政单位的支出包括经费支出和拨出经费。

第一节 经费支出

经费支出是核算行政单位在开展业务活动中发生的各项支出。

一、经费支出的科目设置

为了核算经费支出的相关业务,行政单位应设置"经费支出"总账科目,本科目属于支出类科目。本科目应当分别按照"财政拨款支出"和"其他资金支出""基本支出"和"项目支出"等分类进行明细核算;并按照《政府收支分类科目》中"支出功能分类科目"的项级科目进行明细核算;"基本支出"和"项目支出"明细科目下应当按照《政府收支分类科目》中"支出经济分类科目"的款级科目进行明细核算。同时在"项目支出"明细科目下按照具体项目进行明细核算。年终结账后,本科目应无余额。

有公共财政预算拨款、政府性基金预算拨款等两种或两种以上财政拨款的行政单位,还应当按照财政拨款的种类分别进行明细核算。

二、经费支出的核算

（1）计提单位职工薪酬时，按照计算出的金额，借记"经费支出"科目，贷记"应付职工薪酬"科目。

（2）支付外部人员劳务费，按照应当支付的金额，借记"经费支出"科目，按照代扣代缴个人所得税的金额，贷记"应缴税费"科目，按照扣税后实际支付的金额，贷记"财政拨款收入""零余额账户用款额度""银行存款"等科目。

（3）支付购买存货、固定资产、无形资产、政府储备物资和工程结算的款项，按照实际支付的金额，借记"经费支出"科目，贷记"财政拨款收入""零余额账户用款额度""银行存款"等科目；同时，按照采购或工程结算成本，借记"存货""固定资产""无形资产""在建工程""政府储备物资"等科目，贷记"资产基金"及其明细科目。

（4）发生预付账款的，按照实际预付的金额，借记"经费支出"科目，贷记"财政拨款收入""零余额账户用款额度""银行存款"等科目；同时，借记"预付账款"科目，贷记"资产基金——预付款项"科目。

（5）偿还应付款项时，按照实际偿付的金额，借记"经费支出"科目，贷记"财政拨款收入""零余额账户用款额度""银行存款"等科目；同时，借记"应付账款""长期应付款"科目，贷记"待偿债净资产"科目。

（6）发生其他各项支出时，按照实际支付的金额，借记"经费支出"科目，贷记"财政拨款收入""零余额账户用款额度""银行存款"等科目。

（7）行政单位因退货等原因发生支出收回的，属于当年支出收回的，借记"财政拨款收入""零余额账户用款额度""银行存款"等科目，贷记"经费支出"科目；属于以前年度支出收回的，借记"财政应返还额度""零余额账户用款额度""银行存款"等科目，贷记"财政拨款结转""财政拨款结余""其他资金结转结余"等科目。

（8）年末，将本科目本年发生额分别转入财政拨款结转和其他资金结转结余时，借记"财政拨款结转""其他资金结转结余"科目，贷记"经费支出"科目。

【例14-1】某市政府所属行政单位雇用外部劳务人员，通过财政授权支付劳务费，项目和金额为"基本支出——日常公用支出——商品和服务——劳务费"25000元，代扣代缴个人所得税5000元。应编制会计分录：

借：经费支出——基本支出——日常公用支出——商品和服务——劳务费25000
　　贷：零余额账户用款额度　　　　　　　　　　　　　　　　　　20000
　　　　应缴税费——个人所得税　　　　　　　　　　　　　　　　 5000

【例14-2】某省政府所属行政单位收到国库支付执行机构转来的"财政直接支付入账通知书"，财政部门为该行政单位支付了一笔政府储备物资采购款，共计55万元。应编制会计分录：

借：经费支出——基本支出　　　　　　　　550000
　　贷：财政拨款收入　　　　　　　　　　　　　　　550000

同时，

借：政府储备物资　　　　　　　　　　　550000
　　贷：资产基金——政府储备物资　　　　　　　　550000

【例14-3】某行政单位通过财政授权支付方式支付办公楼更新改造工程款900000元。应编制会计分录：

借：经费支出　　　　　　　　　　　　　900000
　　贷：零余额账户用款额度　　　　　　　　　　　900000

同时，

借：在建工程——办公楼　　　　　　　　900000
　　贷：资产基金——在建工程　　　　　　　　　　900000

【例14-4】某行政单位购入办公用品6000元，款项通过单位零余额账户支付，另通过现金支付装卸费100元。办公用品已入库。应编制会计分录：

借：经费支出——基本支出——日常公用支出　6100
　　贷：零余额账户用款额度　　　　　　　　　　　6000
　　　　库存现金　　　　　　　　　　　　　　　　100

同时，

借：存货　　　　　　　　　　　　　　　6100
　　贷：资产基金——存货　　　　　　　　　　　　6100

【例14-5】接［例14-4］，购入办公用品因质量问题，于本年内退货。应编制会计分录：

借：零余额账户用款额度　　　　　　　　6000
　　库存现金　　　　　　　　　　　　　100
　　贷：经费支出——基本支出——日常公用支出　　6100

同时，

借：资产基金——存货　　　　　　　　　6100
　　贷：存货　　　　　　　　　　　　　　　　　　6100

【例14-6】某行政单位通过其他资金收入支付一笔办公经费2000元。应编制会计分录：

借：经费支出——其他资金支出——基本支出——日常公用支出——商品和服务支出——办公费　　　　　　　　　　　　　　　2000
　　贷：银行存款　　　　　　　　　　　　　　　　2000

【例14-7】某行政单位本年度"经费支出"科目发生额为：公共财政预算拨款支出70

万元，其他资金收入安排支出 9 万元。分别结转到财政拨款结转和其他资金结转结余。应编制会计分录：

  借：财政拨款结转   700000
    其他资金结转结余   90000
    贷：经费支出   790000

第二节 拨出经费

拨出经费是行政单位向所属单位拨出的纳入单位预算管理的非同级财政拨款资金，如拨给所属单位的专项经费和补助经费等。

一、拨出经费的科目设置

为了核算拨出经费的相关业务，行政单位应设置"拨出经费"总账科目，本科目属于支出类科目。本科目应当分别按照"基本支出"和"项目支出"进行明细核算；还应当按照接受拨出经费的具体单位和款项类别等分别进行明细核算。年终结账后，本科目应无余额。

二、拨出经费的核算

向所属单位拨付非同级财政拨款资金等款项时，借记"拨出经费"科目，贷记"银行存款"等科目。

收回拨出经费时，借记"银行存款"等科目，贷记"拨出经费"科目。

年末，将本科目本年发生额转入其他资金结转结余时，借记"其他资金结转结余"科目，贷记"拨出经费"科目。

【例 14-8】某市级行政单位向所属单位拨付财政资金 30 万元，款项通过银行存款支付。应编制会计分录：

  借：拨出经费   300000
    贷：银行存款   300000

【例 14-9】接［例 14-8］，该市级行政单位收回多拨付给所属单位的经费 5 万元。应编制会计分录：

  借：银行存款   50000
    贷：拨出经费   50000

【例 14-10】年终,某行政单位"拨出经费"本年度发生额为 25 万元,转入其他资金结转结余。应编制会计分录:

借:其他资金结转结余　　　　250000
　　贷:拨出经费　　　　　　　　　　250000

 复习思考题

1. 什么是行政单位的支出?行政单位的支出包括哪些内容?
2. 什么是行政单位的经费支出?如何进行核算?
3. 行政单位的经费支出如何进行分类?
4. 什么是行政单位的拨出经费?如何进行核算?

第十五章
行政单位净资产核算

【本章学习目标】本章阐述行政单位净资产的概念、分类及其账务处理。本章的学习目标是理解净资产的概念及分类;分清各项结转和结余的区别;掌握各项净资产的会计核算。

行政单位的净资产,即行政单位资产扣除负债后的余额。行政单位的净资产包括财政拨款结转、财政拨款结余、其他资金结转结余、资产资金、待偿债净资产等。本章的主要学习目标是了解和掌握行政单位各类净资产的概念及会计核算。

第一节　财政拨款结转

财政拨款结转是行政单位滚存的财政拨款结转资金。

财政拨款结转资金(以下简称结转资金)是指当年支出预算已执行但尚未完成,或因故未执行,下年需按原用途继续使用的财政拨款资金。包括基本支出结转、项目支出结转。

一、财政拨款结转的科目设置

为了核算行政单位的结转资金,行政单位要设置"财政拨款结转"总账科目,本科目属于净资产类的科目。本科目应当设置"基本支出结转""项目支出结转"两个明细科目;在"基本支出结转"明细科目下按照"人员经费"和"日常公用经费"进行明细核算,在"项目支出结转"明细科目下按照具体项目进行明细核算;本科目还应当按照《政府收支分类科目》中"支出功能分类科目"的项级科目进行明细核算。

有公共财政预算拨款、政府性基金预算拨款等两种或两种以上财政拨款的行政单位,还应当按照财政拨款种类分别进行明细核算。

本科目还可以根据管理需要按照财政拨款结转变动原因，设置"收支转账""结余转账""年初余额调整""归集上缴""归集调入""单位内部调剂""剩余结转"等明细科目，进行明细核算。

本科目期末贷方余额，反映行政单位滚存的财政拨款结转资金数额。

二、财政拨款结转的核算

1. 调整以前年度财政拨款结转

因发生差错更正，以前年度支出收回等原因，需要调整财政拨款结转的，按照实际调增财政拨款结转的金额，借记有关科目，贷记"财政拨款结转"科目（年初余额调整）；按照实际调减财政拨款结转的金额，借记"财政拨款结转"科目（年初余额调整），贷记有关科目。

2. 从其他单位调入财政拨款结余资金

按照规定从其他单位调入财政拨款结余资金时，按照实际调增的额度数额或调入的资金数额，借记"零余额账户用款额度""银行存款"等科目，贷记"财政拨款结转"科目（归集调入）及其明细。

3. 上缴财政拨款结转

按照规定上缴财政拨款结转资金时，按照实际核销的额度数额或上缴的资金数额，借记"财政拨款结转"科目（归集上缴）及其明细，贷记"财政应返还额度""零余额账户用款额度""银行存款"等科目。

4. 单位内部调剂结余资金

经财政部门批准对财政拨款结余资金改变用途，调整用于其他未完成项目等，按照调整的金额，借记"财政拨款结余"科目（单位内部调剂）及其明细，贷记"财政拨款结转"科目（单位内部调剂）及其明细。

5. 结转本年财政拨款收入和支出

（1）年末，将财政拨款收入本年发生额转入本科目，借记"财政拨款收入——基本支出拨款、项目支出拨款"科目及其明细，贷记"财政拨款结转"科目（收支转账——基本支出结转、项目支出结转）及其明细。

（2）年末，将财政拨款支出本年发生额转入本科目，借记"财政拨款结转"科目（收支转账——基本支出结转、项目支出结转）及其明细，贷记"经费支出——财政拨款支出——基本支出、项目支出"科目及其明细。

6. 将完成项目的结转资金转入财政拨款结余

年末完成上述财政拨款收支转账后，对各项目执行情况进行分析，按照有关规定将符合财政拨款结余性质的项目余额转入财政拨款结余，借记"财政拨款结转"科目（结余转账——项目支出结转）及其明细，贷记"财政拨款结余"（结余转账——项目支出结余）科目及其明细。

7. 年末冲销有关明细科目余额

年末收支转账后，将本科目所属"收支转账""结余转账""年初余额调整""归集上缴""归集调入""单位内部调剂"等明细科目余额转入"剩余结转"明细科目；转账后，本科目除"剩余结转"明细科目外，其他明细科目应无余额。

【例15-1】年初，上年度年底财政部门支付给某行政单位的单位零余额账户的用款额度发生差错，多拨付款项20万元，现予以调整。该行政单位应编制会计分录：

借：财政拨款结转——年初余额调整　　　　200000
　　贷：零余额账户用款额度　　　　　　　　　　　　200000

【例15-2】某行政单位收到其他单位调入的28万元，款项已存入银行。应编制会计分录：

借：银行存款　　　　　　　　　　　　　280000
　　贷：财政拨款结转——归集调入　　　　　　　　　280000

【例15-3】某行政单位按规定，通过单位零余额账户上缴财政拨款结转资金75000元。应编制会计分录：

借：财政拨款结转——归集上缴　　　　　75000
　　贷：零余额账户用款额度　　　　　　　　　　　　75000

【例15-4】某行政单位经财政部门批准，将完工A项目结余资金15万元改变用途，用于未完工的B项目。应编制会计分录：

借：财政拨款结余——单位内部调剂（A项目）　150000
　　贷：财政拨款结转——单位内部调剂（B项目）　　　150000

【例15-5】年终，某行政单位将财政拨款的基本支出25万元、项目支出10万元转入财政拨款结转。应编制会计分录：

借：财政拨款结转——收支转账——基本支出结转　250000
　　　　　　　　　　　　　　——项目支出结转　100000
　　贷：经费支出——财政拨款支出——基本支出　　　250000
　　　　　　　　　　　　　　　　——项目支出　　　100000

【例15-6】年终，完成上述财政拨款收支转账后，对各项目执行情况进行分析，并按照有关规定将符合财政拨款结余性质的项目余额1500000元转入财政拨款结余。应编制会计分录：

借：财政拨款结转——结余转账——项目支出结转　1500000
　　贷：财政拨款结余——结余转账——项目支出结余　　1500000

第二节 财政拨款结余

财政拨款结余是行政单位滚存的财政拨款项目支出结余资金。财政拨款结余资金（以下简称结余资金）是指支出预算工作目标已完成，或由于受政策变化、计划调整等因素影响工作终止，当年剩余的财政拨款资金。为了核算行政单位的结余资金，行政单位要设置"财政拨款结余"总账科目，本科目属于净资产类的科目。本科目应当按照具体项目、《政府收支分类科目》中"支出功能分类科目"的项级科目等进行明细核算。

一、财政拨款结余的科目设置

有公共财政预算拨款、政府性基金预算拨款等两种或两种以上财政拨款的行政单位，还应当按照财政拨款的种类分别进行明细核算。

本科目还可以根据管理需要按照财政拨款结余变动原因，设置"结余转账""年初余额调整""归集上缴""单位内部调剂""剩余结余"等明细科目，进行明细核算。

本科目期末贷方余额，反映行政单位滚存的财政拨款结余资金数额。

二、财政拨款结余的核算

1. 调整以前年度财政拨款结余

因发生差错更正、以前年度支出收回等原因，需要调整财政拨款结余的，按照实际调增财政拨款结余的金额，借记有关科目，贷记"财政拨款结余"科目（年初余额调整）；按照实际调减财政拨款结余的金额，借记"财政拨款结余"科目（年初余额调整），贷记有关科目。

2. 上缴财政拨款结余

分类科目按照规定上缴财政拨款结余时，按照实际核销的额度数额或上缴的资金数额，借记"财政拨款结余"科目（归集上缴）及其明细，贷记"财政应返还额度""零余额账户用款额度""银行存款"等科目。

3. 单位内部调剂结余资金

经财政部门批准将本单位完成项目结余资金调整用于基本支出或其他未完成项目支出时，按照批准调剂的金额，借记"财政拨款结余"科目（单位内部调剂）及其明细，贷记"财政拨款结转"（单位内部调剂）科目及其明细。

4. 将完成项目的结转资金转入财政拨款结余

年末,对财政拨款各项目执行情况进行分析,按照有关规定将符合财政拨款结余性质的项目余额转入本科目,借记"财政拨款结转"(结余转账——项目支出结转)科目及其明细,贷记"财政拨款结余"科目(结余转账——项目支出结转)及其明细。

5. 年末冲销有关明细科目余额

年末,将本科目所属"结余转账""年初余额调整""归集上缴""单位内部调剂"等明细科目余额转入"剩余结余"明细科目;转账后,本科目除"剩余结余"明细科目外,其他明细科目应无余额。

【例15-7】某行政单位更正差错,收回以前年度的支出13万元,款项存入单位零余额账户。应编制会计分录:

借:零余额账户用款额度　　　　　　　130000
　　贷:财政拨款结余——年初余额调整　　　　　　130000

【例15-8】某行政单位按规定上缴财政拨款结余48万元,通过单位零余额账户上缴。应编制会计分录:

借:财政拨款结余——归集上缴　　　　480000
　　贷:零余额账户用款额度　　　　　　　　　　480000

【例15-9】接〔例15-7〕〔例15-8〕,将有关明显科目转入剩余结余明细科目。应编制会计分录:

借:财政拨款结余——年初余额调整　　130000
　　贷:财政拨款结余——剩余结余　　　　　　　130000
借:财政拨款结余——剩余结余　　　　480000
　　贷:财政拨款结余——归集上缴　　　　　　　480000

第三节　其他资金结转结余

其他资金结转结余是行政单位除财政拨款收支以外的其他各项收支相抵后剩余的滚存资金。

一、其他资金结转结余的科目设置

为了核算行政单位的其他资金结转结余资金,行政单位要设置"其他资金结转结余"总账科目,本科目属于净资产类的科目。本科目应当设置"项目结转"和"非项目结余"

明细科目，分别对项目资金和非项目资金进行明细核算。对于项目结转，还应当按照具体项目进行明细核算。

本科目还可以根据管理需要按照其他资金结转结余变动原因，设置"收支转账""年初余额调整""结余调剂""剩余结转结余"等明细科目，进行明细核算。

本科目期末贷方余额，反映行政单位滚存的各项非财政拨款资金结转结余数额。

二、其他资金结转结余的核算

1. 调整以前年度其他资金结转结余

因发生差错更正、以前年度支出收回等原因，需要调整其他资金结转结余的，按照实际调增的金额，借记有关科目，贷记"其他资金结转结余"科目（年初余额调整）及其相关明细。按照实际调减的金额，借记"其他资金结转结余"科目（年初余额调整）及其相关明细，贷记有关科目。

2. 结转本年其他资金收入和支出

（1）年末，将其他收入中的项目资金收入本年发生额转入本科目，借记"其他收入"科目及其明细，贷记"其他资金结转结余"科目（项目结转——收支转账）及其明细；将其他收入中的非项目资金收入本年发生额转入本科目，借记"其他收入"科目及其明细，贷记"其他资金结转结余"科目（非项目结余——收支转账）。

（2）年末，将其他资金支出中的项目支出本年发生额转入本科目，借记"其他资金结转结余"科目（项目结转——收支转账）及其明细，贷记"经费支出——其他资金支出"科目（项目支出）及其明细、"拨出经费"科目（项目支出）及其明细；将其他资金支出中的基本支出本年发生额转入本科目，借记"其他资金结转结余"科目（非项目结余——收支转账），贷记"经费支出——其他资金支出"科目（基本支出）"拨出经费"科目（基本支出）。

3. 缴回或转出项目结余

完成结转本年其他资金收入和支出转账后，对本年末各项目执行情况进行分析，区分年末已完成项目和尚未完成项目，在此基础上，对完成项目的剩余资金根据不同情况进行账务处理：

（1）需要缴回原项目资金出资单位的，按照缴回的金额，借记"其他资金结转结余"科目（项目结转——结余调剂）及其明细，贷记"银行存款""其他应付款"等科目。

（2）将项目剩余资金留归本单位用于其他非项目用途的，按照剩余的项目资金金额，借记"其他资金结转结余"科目（项目结转——结余调剂）及其明细，贷记"其他资金结转结余"科目（非项目结余——结余调剂）。

4. 用非项目资金结余补充项目资金

按照实际补充项目资金的金额，借记"其他资金结转结余"科目（非项目结余——结余调剂），贷记"其他资金结转结余"科目（项目结转——结余调剂）及其明细。

5. 年末冲销有关明细科目余额

年末收支转账后，将本科目所属"收支转账""年初余额调整""结余调剂"等明细科目余额转入"剩余结转结余"明细科目；转账后，本科目除"剩余结转结余"明细科目外，其他明细科目应无余额。

【例15-10】某行政单位因发生差错更正，需要调增其他资金结转结余8万元。款项存入单位零余额账户。应编制会计分录：

借：零余额账户用款额度　　　　　　　　　　80000
　　贷：其他资金结转结余——年初余额调整　　　　　　80000

【例15-11】年末，某行政单位将其他收入中的项目资金收入本年发生额47000元，将其他收入中的非项目资金收入本年发生额35000元，转入其他资金结转结余。应编制会计分录：

借：其他收入——项目资金　　　　　　　　　47000
　　　　　　——非项目资金　　　　　　　　35000
　　贷：其他资金结转结余——项目结转——收支转账　　　47000
　　　　　　　　　　　　——非项目结转——收支转账　　35000

【例15-12】某行政单位将其他资金支出中的基本支出本年发生额50000元，将其他资金支出中的项目支出本年发生额33000元，转入其他资金结转结余。应编制会计分录：

借：其他资金结转结余——项目结转——收支转账　　50000
　　　　　　　　　　——非项目结转——收支转账　　33000
　　贷：经费支出——其他资金支出——基本支出　　　　50000
　　　　　　　　——其他资金支出——项目支出　　　　33000

【例15-13】某行政单位经转账后，对完工项目的剩余资金25万元，根据规定予以缴回原项目资金出资单位，通过银行存款转账结算。应编制会计分录：

借：其他资金结转结余——项目结转——结余调剂　　250000
　　贷：银行存款　　　　　　　　　　　　　　　　　　250000

【例15-14】接［例15-13］，该行政单位经转账后，对完工项目的剩余资金25万元，按规定留归本单位用于安排其他非项目资金。应编制会计分录：

借：其他资金结转结余——项目结转——结余调剂　　250000
　　贷：其他资金结转结余——非项目结余——结余调剂　　250000

【例15-15】某行政单位因资金短缺，用非项目资金结余18万元补充项目资金。应编制会计分录：

借：其他资金结转结余——非项目结余——结余调剂　　　180000
　　贷：其他资金结转结余——项目结转——结余调剂　　　180000

第四节　资产基金

资产基金是行政单位的预付账款、存货、固定资产、在建工程、无形资产、政府储备物资、公共基础设施等非货币性资产在净资产中占用的金额。

一、资产基金的科目设置

为了核算行政单位的资产基金，行政单位要设置"资产基金"总账科目，本科目属于净资产类的科目。本科目应当设置"预付款项""存货""固定资产""在建工程""无形资产""政府储备物资""公共基础设施"等明细科目，进行明细核算。

本科目期末贷方余额，反映行政单位非货币性资产在净资产中占用的金额。

二、资产基金的核算

1. 资产基金应当在发生预付账款，取得存货、固定资产、在建工程、无形资产、政府储备物资、公共基础设施时确认

（1）发生预付账款时，按照实际发生的金额，借记"预付账款"科目，贷记"资产基金"科目（预付款项）；同时，按照实际支付的金额，借记"经费支出"科目，贷记"财政拨款收入""零余额账户用款额度""银行存款"等科目。

（2）取得存货、固定资产、在建工程、无形资产、政府储备物资、公共基础设施等资产时，按照取得资产的成本，借记"存货""固定资产""在建工程""无形资产""政府储备物资""公共基础设施"等科目，贷记"资产基金"科目（存货、固定资产、在建工程、无形资产、政府储备物资、公共基础设施）；同时，按照实际发生的支出，借记"经费支出"科目，贷记"财政拨款收入""零余额账户用款额度""银行存款"等科目。

2. 收到预付账款购买的物资或服务时，应当相应冲减资产基金

按照相应的预付账款金额，借记"资产基金"科目（预付款项），贷记"预付账款"科目。

3. 领用和发出存货、政府储备物资时，应当相应冲减资产基金

领用和发出存货、政府储备物资时，按照领用和发出存货、政府储备物资的成本，借

记"资产基金"科目（存货、政府储备物资），贷记"存货""政府储备物资"科目。

4. 计提固定资产折旧、公共基础设施折旧、无形资产摊销时，应当冲减资产基金

计提固定资产折旧、公共基础设施折旧、无形资产摊销时，按照计提的折旧、摊销金额，借记"资产基金"科目（固定资产、公共基础设施、无形资产），贷记"累计折旧""累计摊销"科目。

5. 无偿调出、对外捐赠存货、固定资产、无形资产、政府储备物资、公共基础设施时，应当冲减该资产对应的资产基金

（1）无偿调出、对外捐赠存货、政府储备物资时，按照存货、政府储备物资的账面余额，借记"资产基金"科目及其明细，贷记"存货""政府储备物资"等科目。

（2）无偿调出、对外捐赠固定资产、公共基础设施、无形资产时，按照相关固定资产、公共基础设施、无形资产的账面价值，借记"资产基金"科目及其明细，按照已计提折旧、已计提摊销的金额，借记"累计折旧""累计摊销"科目，按照固定资产、公共基础设施、无形资产的账面余额，贷记"固定资产""公共基础设施""无形资产"科目。

6. 通过"待处理财产损溢"科目核算的资产处置，有关本科目的账务处理参见"待处理财产损溢"科目

【例15-16】某行政单位与某房地产企业签署协议，购买一处其正在开发的产品作为公共基础设施，合同总造价200万元。通过财政直接支付方式预付50万元的定金。通过财政直接支付方式支付，收到"财政直接支付入账通知书"及相关原始凭证。应编制会计分录：

借：预付账款　　　　　　　　　　500000
　　贷：资产基金——预付款项　　　　　　　　500000
同时，
借：经费支出　　　　　　　　　　500000
　　贷：财政拨款收入　　　　　　　　　　　500000

【例15-17】接［例15-16］，房地产企业开发完成交付该公共基础设施，另发生相关费用10万元，通过财政直接支付剩余款项。应编制会计分录：

借：资产基金——预付款项　　　　500000
　　贷：预付账款　　　　　　　　　　　　　500000
同时，
借：经费支出　　　　　　　　　　1600000
　　贷：财政拨款收入　　　　　　　　　　　1600000
借：公共基础设施　　　　　　　　2100000
　　贷：资产基金——公共基础设施　　　　　2100000

第五节 待偿债净资产

待偿债净资产是行政单位因发生应付账款和长期应付款而相应需在净资产中冲减的金额。

一、待偿债净资产的科目设置

为了核算行政单位的待偿债净资产，行政单位要设置"待偿债净资产"总账科目，本科目属于净资产类的科目。

本科目期末借方余额，反映行政单位因尚未支付的应付账款和长期应付款而需相应冲减净资产的金额。

二、待偿债净资产的核算

发生应付账款、长期应付款时，按照实际发生的金额，借记"待偿债净资产"科目，贷记"应付账款""长期应付款"等科目。

偿付应付账款、长期应付款时，按照实际偿付的金额，借记"应付账款""长期应付款"等科目，贷记"待偿债净资产"科目；同时，按照实际支付的金额，借记"经费支出"科目，贷记"财政拨款收入""零余额账户用款额度""银行存款"等科目。

因债权人原因，核销确定无法支付的应付账款、长期应付款时，按照报经批准核销的金额，借记"应付账款""长期应付款"科目，贷记"待偿债净资产"科目。

【例15-18】某行政单位一项建造工程完工，尚有20万元的余款未付清。应编制会计分录：

借：待偿债净资产　　　　　　　　　200000
　　贷：应付账款——应付工程款　　　　　　200000

【例15-19】接［例15-18］，通过财政直接支付方式支付余款。应编制会计分录：

借：应付账款——应付工程款　　　　200000
　　贷：待偿债净资产　　　　　　　　　　200000

同时，

借：经费支出　　　　　　　　　　　200000
　　贷：财政拨款收入　　　　　　　　　　200000

复习思考题

1. 什么是行政单位的净资产？行政单位的净资产包括哪些内容？
2. 什么是行政单位的资产基金？如何进行核算？
3. 什么是行政单位的财政拨款结转？如何进行核算？
4. 什么是行政单位的财政拨款结余？如何进行核算？
5. 什么是行政单位的待偿债净资产？如何进行核算？

第十六章
行政单位会计报表

【本章学习目标】本章阐述事业单位会计报表的概念和内容，介绍资产负债表、收入支出表、财政拨款收入支出表等的编制要求和方法。本章的学习目标是理解事业单位会计报表的含义和内容；掌握会计报表的编制方法。

行政单位的财务报告是反映行政单位财务状况和预算执行结果等的书面文件，由会计报表及其附注构成。会计报表包括资产负债表、收入支出表、财政拨款收入支出表等。

行政单位应当按照规定编制财务报表。行政单位资产负债表、财政拨款收入支出表和附注应当至少按照年度编制，收入支出表应当按照月度和年度编制。行政单位应当根据《行政单位会计制度》编制并提供真实、完整的财务报表。行政单位不得违反规定，随意改变《行政单位会计制度》规定的会计报表格式、编制依据和方法，不得随意改变本制度规定的会计报表有关数据的会计口径。行政单位的财务报表应当根据登记完整、核对无误的账簿记录和其他有关资料编制，要做到数字真实、计算准确、内容完整、报送及时。行政单位财务报表应当由单位负责人和主管会计工作的负责人、会计机构负责人（会计主管人员）签名并盖章。

第一节 资产负债表

行政单位的资产负债表是反映行政单位在某一特定日期财务状况的报表。资产负债表应当按照资产、负债和净资产分类、分项列示，见表16-1。

表 16-1 资产负债表

编制单位：　　　　　　　　　　　　　　　年　月　日　　　　　　　　　　　　　　　单位：元

资产	年初余额	期末余额	负债和净资产	年初余额	期末余额
流动资产：			流动负债：		
库存现金			应缴财政款		
银行存款			应缴税费		
财政应返还额度			应付职工薪酬		
应收账款			应付账款		
预付账款			应付政府补贴款		
其他应收款			其他应付款		
存货			一年内到期的非流动负债		
流动资产合计			流动负债合计		
固定资产			非流动负债：		
固定资产原价			长期应付款		
减：固定资产累计折旧			受托代理负债		
在建工程			负债合计		
无形资产					
无形资产原价					
减：累计摊销					
待处理财产损溢			财政拨款结转		
政府储备物资			财政拨款结余		
公共基础设施			其他资金结转结余		
公共基础设施原价			其中：项目结转		
减：公共基础设施累计折旧			资产基金		
公共基础设施在建工程			待偿债净资产		
受托代理资产			净资产合计		
资产总计			负债和净资产总计		

资产负债表的编制说明如下：

一、资产负债表"年初余额"的内容和填列方法

资产负债表"年初余额"栏内各项数字，应当根据上年年末资产负债表"期末余额"栏内数字填列。如果本年度资产负债表规定的各个项目的名称和内容与上年度不相一致，应对上年年末资产负债表各项目的名称和数字按照本年度的规定进行调整，填入本表"年初余额"栏内。

二、资产负债表"期末余额"栏各项目的内容和填列方法

1. 资产类项目

（1）"库存现金"项目，反映行政单位期末库存现金的金额。本项目应当根据"库存

现金"科目的期末余额填列；期末库存现金中有属于受托代理现金的，本项目应当根据"库存现金"科目的期末余额减去其中属于受托代理的现金金额后的余额填列。

（2）"银行存款"项目，反映行政单位期末银行存款的金额。本项目应当根据"银行存款"科目的期末余额填列；期末银行存款中有属于受托代理存款的，本项目应当根据"银行存款"科目的期末余额减去其中属于受托代理的存款金额后的余额填列。

（3）"财政应返还额度"项目，反映行政单位期末财政应返还额度的金额。本项目应当根据"财政应返还额度"科目的期末余额填列。

（4）"应收账款"项目，反映行政单位期末尚未收回的应收账款金额。本项目应当根据"应收账款"科目的期末余额填列。

（5）"预付账款"项目，反映行政单位预付给物资或者服务提供者款项的金额。本项目应当根据"预付账款"科目的期末余额填列。

（6）"其他应收款"项目，反映行政单位期末尚未收回的其他应收款余额。本项目应当根据"其他应收款"科目的期末余额填列。

（7）"存货"项目，反映行政单位期末为开展业务活动耗用而储存的存货的实际成本。本项目应当根据"存货"科目的期末余额填列。

（8）"固定资产"项目，反映行政单位期末各项固定资产的账面价值。本项目应当根据"固定资产"科目的期末余额减去"累计折旧"科目中"固定资产累计折旧"明细科目的期末余额后的金额填列。

"固定资产原价"项目，反映行政单位期末各项固定资产的原价。本项目应当根据"固定资产"科目的期末余额填列。

"固定资产累计折旧"项目，反映行政单位期末各项固定资产的累计折旧金额。本项目应当根据"累计折旧"科目中"固定资产累计折旧"明细科目的期末余额填列。

（9）"在建工程"项目，反映行政单位期末除公共基础设施在建工程以外的尚未完工交付使用的在建工程的实际成本。本项目应当根据"在建工程"科目中属于非公共基础设施在建工程的期末余额填列。

（10）"无形资产"项目，反映行政单位期末各项无形资产的账面价值。本项目应当根据"无形资产"科目的期末余额减去"累计摊销"科目的期末余额后的金额填列。

"无形资产原价"项目，反映行政单位期末各项无形资产的原价。本项目应当根据"无形资产"科目的期末余额填列。

"累计摊销"项目，反映行政单位期末各项无形资产的累计摊销金额。本项目应当根据"累计摊销"科目的期末余额填列。

（11）"待处理财产损溢"项目，反映行政单位期末待处理财产的价值及处理损溢。本项目应当根据"待处理财产损溢"科目的期末借方余额填列；如"待处理财产损溢"科目期末为贷方余额，则以"-"号填列。

(12)"政府储备物资"项目，反映行政单位期末储存管理的各种政府储备物资的实际成本。本项目应当根据"政府储备物资"科目的期末余额填列。

(13)"公共基础设施"项目，反映行政单位期末占有并直接管理的公共基础设施的账面价值。本项目应当根据"公共基础设施"科目的期末余额减去"累计折旧"科目中"公共基础设施累计折旧"明细科目的期末余额后的金额填列。

"公共基础设施原价"项目，反映行政单位期末占有并直接管理的公共基础设施的原价。本项目应当根据"公共基础设施"科目的期末余额填列。

"公共基础设施累计折旧"项目，反映行政单位期末占有并直接管理的公共基础设施的累计折旧金额。本项目应当根据"累计折旧"科目中"公共基础设施累计折旧"明细科目的期末余额填列。

(14)"公共基础设施在建工程"项目，反映行政单位期末尚未完工交付使用的公共基础设施在建工程的实际成本。本项目应当根据"在建工程"科目中属于公共基础设施在建工程的期末余额填列。

(15)"受托代理资产"项目，反映行政单位期末受托代理资产的价值。本项目应当根据"受托代理资产"科目的期末余额（扣除其中受托储存管理物资的金额）加上"库存现金""银行存款"科目中属于受托代理资产的现金余额和银行存款余额的合计数填列。

2. 负债类项目

(16)"应缴财政款"项目，反映行政单位期末按规定应当上缴财政的款项（应缴税费除外）。本项目应当根据"应缴财政款"科目的期末余额填列。

(17)"应缴税费"项目，反映行政单位期末应缴未缴的各种税费。本项目应当根据"应缴税费"科目的期末贷方余额填列；如"应缴税费"科目期末为借方余额，则以"-"号填列。

(18)"应付职工薪酬"项目，反映行政单位期末尚未支付给职工的各种薪酬。本项目应当根据"应付职工薪酬"科目的期末余额填列。

(19)"应付账款"项目，反映行政单位期末尚未支付的偿还期限在1年以内（含1年）的应付账款的金额。本项目应当根据"应付账款"科目的期末余额填列。

(20)"应付政府补贴款"项目，反映行政单位期末尚未支付的应付政府补贴款的金额。本项目应当根据"应付政府补贴款"科目的期末余额填列。

(21)"其他应付款"项目，反映行政单位期末尚未支付的其他各项应付及暂收款项的金额。本项目应当根据"其他应付款"科目的期末余额填列。

(22)"1年内到期的非流动负债"项目，反映行政单位期末承担的1年以内（含1年）到偿还期的非流动负债。本项目应当根据"长期应付款"等科目的期末余额分析填列。

(23)"长期应付款"项目,反映行政单位期末承担的偿还期限超过 1 年的应付款项。本项目应当根据"长期应付款"科目的期末余额减去其中 1 年以内(含 1 年)到偿还期的长期应付款金额后的余额填列。

(24)"受托代理负债"项目,反映行政单位期末受托代理负债的金额。本项目应当根据"受托代理负债"科目的期末余额(扣除其中受托储存管理物资对应的金额)填列。

3. 净资产类项目

(25)"财政拨款结转"项目,反映行政单位期末滚存的财政拨款结转资金。本项目应当根据"财政拨款结转"科目的期末余额填列。

(26)"财政拨款结余"项目,反映行政单位期末滚存的财政拨款结余资金。本项目应当根据"财政拨款结余"科目的期末余额填列。

(27)"其他资金结转结余"项目,反映行政单位期末滚存的除财政拨款以外的其他资金结转结余的金额。本项目应当根据"其他资金结转结余"科目的期末余额填列。

"项目结转"项目,反映行政单位期末滚存的非财政拨款未完成项目结转资金。本项目应当根据"其他资金结转结余"科目中"项目结转"明细科目的期末余额填列。

(28)"资产基金"项目,反映行政单位期末预付账款、存货、固定资产、在建工程、无形资产、政府储备物资、公共基础设施等非货币性资产在净资产中占用的金额。本项目应当根据"资产基金"科目的期末余额填列。

(29)"待偿债净资产"项目,反映行政单位期末因应付账款和长期应付款等负债而相应需在净资产中冲减的金额。本项目应当根据"待偿债净资产"科目的期末借方余额以"-"号填列。

三、行政单位按月编制的资产负债表应当遵照的编制规则

1."零余额账户用款额度"项目

月度资产负债表应在资产部分"银行存款"项目下增加"零余额账户用款额度"项目。

"零余额账户用款额度"项目,反映行政单位期末零余额账户用款额度的金额。本项目应当根据"零余额账户用款额度"科目的期末余额填列。

2."财政拨款结转"项目

本项目应当根据"财政拨款结转"科目的期末余额,加上"财政拨款收入"科目本年累计发生额,减去"经费支出——财政拨款支出"科目本年累计发生额后的余额填列。

3."其他资金结转结余"项目

本项目应当根据"其他资金结转结余"科目的期末余额,加上"其他收入"科目本年累计发生额,减去"经费支出——其他资金支出"科目本年累计发生额,再减去"拨出经费"科目本年累计发生额后的余额填列。

4."项目结转"项目

本项目应当根据"其他资金结转结余"科目中"项目结转"明细科目的期末余额,加上"其他收入"科目中项目收入的本年累计发生额,减去"经费支出——其他资金支出"科目中项目支出本年累计发生额,再减去"拨出经费"科目中项目支出本年累计发生额后的余额填列。

月度资产负债表其他项目的填列方法与年度资产负债表的填列方法相同。

第二节 收入支出表

一、收入支出表的概念及格式

收入支出表是反映行政单位在某一会计期间全部预算收支执行结果的报表。收入支出表应当按照收入、支出的构成和结转结余情况分类、分项列示,见表16-2。

表16-2 收入支出表

编制单位:　　　　　　　　　　　年　月　日　　　　　　　　　　　单位:元

项　目	本月数	本年累计数
一、年初各项资金结转结余		
（一）年初财政拨款结转结余		
1.财政拨款结转		
2.财政拨款结余		
（二）年初其他资金结转结余		
二、各项资金结转结余调整及变动		
（一）财政拨款结转结余调整及变动		
（二）其他资金结转结余调整及变动		
三、收入合计		
（一）财政拨款收入		
1.基本支出拨款		
2.项目支出拨款		
（二）其他资金收入		
1.非项目收入		
2.项目收入		
四、支出合计		
（一）财政拨款支出		
1.基本支出		
2.项目支出		
（二）其他资金支出		

续表

项　目	本月数	本年累计数
1. 非项目支出		
2. 项目支出		
五、本期收支差额		
（一）财政拨款收支差额		
（二）其他资金收支差额		
六、年末各项资金结转结余		
（一）年末财政拨款结转结余		
1. 财政拨款结转		
2. 财政拨款结余		
（二）年末其他资金结转结余		

二、收入支出表的编制说明

1. 收入支出表"本月数"栏反映各项目的本月实际发生数

在编制年度收入支出表时，应当将本栏改为"上年数"栏，反映上年度各项目的实际发生数；如果本年度收入支出表规定的各个项目的名称和内容与上年度不一致，应对上年度收入支出表各项目的名称和数字按照本年度的规定进行调整，填入本年度收入支出表的"上年数"栏。

收入支出表"本年累计数"栏反映各项目自年初起至报告期末止的累计实际发生数。编制年度收入支出表时，应当将本栏改为"本年数"。

2. 收入支出表"本月数"栏各项目的内容和填列方法

（1）"年初各项资金结转结余"项目及其所属各明细项目，反映行政单位本年初所有资金结转结余的金额。各明细项目应当根据"财政拨款结转""财政拨款结余""其他资金结转结余"及其明细科目的年初余额填列。本项目及其所属各明细项目的数额，应当与上年度收入支出表中"年末各项资金结转结余"栏中各明细项目的数额相等。

（2）"各项资金结转结余调整及变动"项目及其所属各明细项目，反映行政单位因发生需要调整以前年度各项资金结转结余的事项，以及本年因调入、上缴或交回等导致各项资金结转结余变动的金额。

1）"财政拨款结转结余调整及变动"项目，根据"财政拨款结转""财政拨款结余"科目下的"年初余额调整""归集上缴""归集调入"明细科目的本期贷方发生额合计数减去本期借方发生额合计数的差额填列；如为负数，以"-"号填列。

2）"其他资金结转结余调整及变动"项目，根据"其他资金结转结余"科目下的"年初余额调整""结余调剂"明细科目的本期贷方发生额合计数减去本期借方发生额合计数的差额填列；如为负数，以"-"号填列。

（3）"收入合计"项目，反映行政单位本期取得的各项收入的金额。本项目应当根据"财政拨款收入"科目的本期发生额加上"其他收入"科目的本期发生额的合计数填列。

1）"财政拨款收入"项目及其所属明细项目，反映行政单位本期从同级财政部门取得的各类财政拨款的金额。本项目应当根据"财政拨款收入"科目及其所属明细科目的本期发生额填列。

2）"其他资金收入"项目及其所属明细项目，反映行政单位本期取得的各类非财政拨款的金额。本项目应当根据"其他收入"科目及其所属明细科目的本期发生额填列。

（4）"支出合计"项目，反映行政单位本期发生的各项资金支出金额。本项目应当根据"经费支出"和"拨出经费"科目的本期发生额的合计数填列。

1）"财政拨款支出"项目及其所属明细项目，反映行政单位本期发生的财政拨款支出金额。本项目应当根据"经费支出——财政拨款支出"科目及其所属明细科目的本期发生额填列。

2）"其他资金支出"项目及其所属明细项目，反映行政单位本期使用各类非财政拨款资金发生的支出金额。本项目应当根据"经费支出——其他资金支出"和"拨出经费"科目及其所属明细科目的本期发生额的合计数填列。

（5）"本期收支差额"项目及其所属各明细项目，反映行政单位本期发生的各项资金收入和支出相抵后的余额。

1）"财政拨款收支差额"项目，反映行政单位本期发生的财政拨款资金收入和支出相抵后的余额。本项目应当根据本表中"财政拨款收入"项目金额减去"财政拨款支出"项目金额后的余额填列；如为负数，以"-"号填列。

2）"其他资金收支差额"项目，反映行政单位本期发生的非财政拨款资金收入和支出相抵后的余额。本项目应当根据本表中"其他资金收入"项目金额减去"其他资金支出"项目金额后的余额填列；如为负数，以"-"号填列。

（6）"年末各项资金结转结余"项目及其所属各明细项目，反映行政单位截至本年末的各项资金结转结余金额。各明细项目应当根据"财政拨款结转""财政拨款结余""其他资金结转结余"科目的年末余额填列。

上述"年初各项资金结转结余""年末各项资金结转结余"项目及其所属各明细项目，只在编制年度收入支出表时填列。

第三节 财政拨款收入支出表

财政拨款收入支出表是反映行政单位在某一会计期间财政拨款收入、支出、结转及结余情况的报表,见表16-3。

表 16-3 财政拨款收入支出表

编制单位:　　　　　　　　　　　　　　　　　　年度　　　　　　　　　　　　　　　　　　单位:元

项目	年初财政拨款结转结余		调整年初财政拨款结转结余	归集调入或上缴	本年财政拨款收入	本年财政拨款支出	单位内部调剂		年末财政拨款结转结余	
	结转	结余					结转	结余	结转	结余
一、公共财政预算资金										
(一) 基本支出										
1. 人员经费										
2. 日常公用经费										
(二) 项目支出										
1. ××项目										
2. ××项目										
……										
二、政府性基金预算资金										
(一) 基本支出										
1. 人员经费										
2. 日常公用经费										
(二) 项目支出										
1. ××项目										
2. ××项目										
……										
总计										

财政拨款收入支出表的编制说明如下:

一、财政拨款收入支出表"项目"设置

财政拨款收入支出表"项目"栏内各项目,应当根据行政单位取得的财政拨款种类分项设置;其中"项目支出"下,根据每个项目设置;行政单位取得除公共财政预算拨款和政府性基金预算拨款以外的其他财政拨款的,应当按照财政拨款种类增加相应的资金项目及其明细项目。

二、财政拨款收入支出表各栏及其对应项目的内容和填列方法

(1)"年初财政拨款结转结余"栏中各项目,反映行政单位年初各项财政拨款结转和结余的金额。各项目应当根据"财政拨款结转""财政拨款结余"及其明细科目的年初余额填列。本栏目中各项目的数额应当与上年度财政拨款收入支出表中"年末财政拨款结转结余"栏中各项目的数额相等。

(2)"调整年初财政拨款结转结余"栏中各项目,反映行政单位对年初财政拨款结转结余的调整金额。各项目应当根据"财政拨款结转""财政拨款结余"科目中"年初余额调整"科目及其所属明细科目的本年发生额填列。如调整减少年初财政拨款结转结余以"-"号填列。

(3)"归集调入或上缴"栏中各项目,反映行政单位本年取得主管部门归集调入的财政拨款结转结余资金和按规定实际上缴的财政拨款结转结余资金金额。各项目应当根据"财政拨款结转""财政拨款结余"科目中"归集上缴"和"归集调入"科目及其所属明细科目的本年发生额填列。对归集上缴的财政拨款结转结余资金以"-"号填列。

(4)"单位内部调剂"栏中各项目,反映行政单位本年财政拨款结转结余资金在内部不同项目之间的调剂金额。各项目应当根据"财政拨款结转"和"财政拨款结余"科目中的"单位内部调剂"及其所属明细科目的本年发生额填列。对单位内部调剂减少的财政拨款结转结余项目以"-"号填列。

(5)"本年财政拨款收入"栏中各项目,反映行政单位本年从同级财政部门取得的各类财政预算拨款金额。各项目应当根据"财政拨款收入"科目及其所属明细科目的本年发生额填列。

(6)"本年财政拨款支出"栏中各项目,反映行政单位本年发生的财政拨款支出金额。各项目应当根据"经费支出"科目及其所属明细科目的本年发生额填列。

(7)"年末财政拨款结转结余"栏中各项目,反映行政单位年末财政拨款结转结余的金额。各项目应当根据"财政拨款结转""财政拨款结余"科目及其所属明细科目的年末余额填列。

第四节　会计报表附注

会计报表附注是指对在会计报表中列示项目的文字描述或明细资料，以及对未能在会计报表中列示项目等的说明。

行政单位的报表附注应当至少披露下列内容：

其一，遵循《行政单位会计制度》的声明。

其二，单位整体财务状况、预算执行情况的说明。

其三，会计报表中列示的重要项目的进一步说明，包括其主要构成、增减变动情况等。

其四，重要资产处置、资产重大损失情况的说明。

其五，以名义金额计量的资产名称、数量等情况，以及以名义金额计量理由的说明。

其六，或有负债情况的说明、1年以上到期负债预计偿还时间和数量的说明。

其七，以前年度结转结余调整情况的说明。

其八，有助于理解和分析会计报表的其他需要说明事项。

复习思考题

1. 什么是行政单位的财务报表？行政单位的财务报表包括哪些内容？
2. 行政单位的会计报表包括哪些种类？
3. 什么是行政单位的资产负债表？如何编制？
4. 什么是行政单位的财政拨款收入支出表？如何编制？
5. 行政单位的会计报表附注包括哪些内容？

第四篇　财政总预算会计

为全面落实党中央、国务院在政府会计管理方面的改革要求，提升财政财务信息质量，全面深化管理制度改革，建立现代财政制度，同时，为下一步推进权责发生制政府综合财务报告制度改革提供基础性制度保障，2015年10月，财政部对《财政总预算会计制度》（以下简称《制度》）（财预字〔1997〕287号）进行了修订，并于2016年1月1日起实施。新制度主要有三大亮点：一是新增国债预算收支核算，且采用"双分录"会计核算方法，不仅反映预算收支的发生，而且反映资产负债的变化。二是全面优化报表体系，编制资产负债表、收入支出表等7张会计报表及报表附注。全新的报表体系既反映出财政部门对外部的实际资金流入、流出，又反映出财政部门内部各项资金之间转移产生的某种资金的收入、支出，还可以反映出按照权责发生制列支的资金实际尚未流出财政部门的部分，能更好地满足社会各界对财政信息公开的需求，有效提高政府透明度。三是注重与预算管理制度改革相衔接，充分体现改革对财政总预算会计核算的要求。

第十七章
财政总预算会计概述

【本章学习目标】本章主要介绍财政总预算会计的概念、特点及相关科目设置要求及会计科目表。本章学习的目标是了解财政总预算会计的概念及五级体系；熟悉财政总预算会计科目；掌握财政总预算会计核算的特点。

第一节　财政总预算会计概念及其特点

一、财政总预算会计的概念

财政总预算会计是各级政府财政部门核算和监督政府预算执行和财政周转性资金活动的专业会计。

财政总预算会计是我国政府会计的重要组成部分。财政总预算会计是以各级政府总体财政收入、财政支出为核算对象。

财政总预算会计体系与国家预算管理体系一致。我国实行一级政府一级预算，具体分为中央、省（自治区、直辖市）、市、县、乡（镇）五级，总预算会计也相应分为五级，分别负责本级财政的会计核算工作。

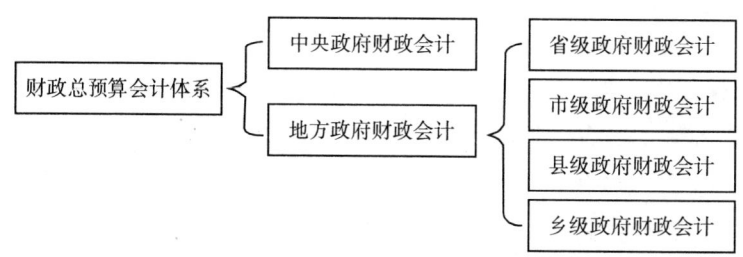

二、财政总预算会计的特点

财政总预算会计的特点主要体现在以下几个方面:

1. 财政总预算会计核算的主体是一级政府

财政总预算会计核算的主体是一级政府,如中央政府、省政府、市政府等。财政总预算会计反映的会计信息是以一级政府作为特定的对象。各级政府的财政总预算是相对独立的,相应的财政总预算会计信息也是相对独立完整的。

2. 财政总预算会计核算的对象是各级政府的财政预算资金

财政总预算会计核算的对象是财政总预算资金的运动,其核算的资产、负债、收入和支出都具有货币性的特征,故财政总预算会计实质上是一种资金会计。

3. 财政总预算会计核算的主要依据是财政总预算的编制形式和收支分类

财政总预算会计核算的主要依据是财政总预算的编制形式和收支分类。目前,我国的政府财政总预算分为一般公共预算、政府性基金预算、国有资本经营预算等,各类预算相对独立完整。为如实反映各种类预算的执行情况,财政总预算会计需要分别为相应种类的财政总预算核算其相对独立完整的内容。

财政总预算收支分类反映政府财政总预算收支的内容,具体表现为财政总预算收支科目。财政总预算收支科目是财政总预算会计设置会计科目的直接依据。因此,政府财政总预算在编制形式和内容上决定了财政总预算会计核算的形式和内容。

4. 财政总预算会计核算的内容是财政总预算的执行情况及其结果

政府财政总预算的执行情况由财政总预算会计予以记录和反映。将财政总预算会计记录和反映的年末收支预算执行数据与年初报经批准的政府财政总预算的收支预算数据进行比较,是考核政府年度财政总预算执行情况的常用方法。

第二节 财政总预算会计制度与会计科目

一、财政总预算会计制度

《财政总预算会计制度》于 1998 年 1 月 1 日起在全国范围内统一实施。共 13 章 75 条。分为总则、一般原则、资产、负债、净资产、收入、支出、会计科目、会计结账和结算、会计报表编审、会计电算化、会计监督和附则。该制度适用于各级财政部门核算反映、监督政府预算执行和财政周转金等各项财政性资金活动。为了进一步规范各级政府财政总预算会计核算，提高会计信息质量，充分发挥总预算会计的职能作用，2015年10月23日，财政部对《财政总预算会计制度》（财预字〔1997〕287号）进行了修订，自2016年1月1日起施行。

二、财政总预算会计科目表

财政总预算会计科目是对其会计要素的进一步分类。它是财政总预算会计设置账户、核算和归集经济业务的依据，也是汇总和检查财政总预算资金活动情况及其结果的依据。根据财政总预算会计要素的分类，其会计科目分为资产、负债、净资产、收入和支出五类。具体科目汇总如表17-1所示。

表17-1 财政总预算会计科目表

序号	编号	科目名称	序号	编号	科目名称
一、资产类			18	2012	与上级往来
1	1001	国库存款	19	2015	其他应付款
2	1003	国库现金管理存款	20	2017	应付待管资金
			21	2021	应付长期政府债券
			22	2045	其他负债
			23	2091	已结报支出
			三、净资产类		
3	1004	其他财政存款	24	3001	一般公共预算结转结余
			25	3002	政府性基金预算结转结余
			26	3003	国有资本经营预算结转结余
			27	3005	财政专户管理资金结余
			28	3007	专用基金结余
			29	3031	预算稳定调节基金
			30	3033	预算周转金
4	1005	财政零余额账户存款	31	3081	资产基金
5	1006	有价证券		308101	应收地方政府债券转贷款
6	1007	在途款		308102	应收主权外债转贷款
7	1011	预拨经费		308103	股权投资
8	1021	借出款项		308104	应收股利
9	1022	应收股利	32	3082	待偿债净资产
10	1031	与下级往来		308201	应付短期政府债券
11	1036	其他应收款		308202	应付长期政府债券
12	1041	应收地方政府债券转贷款		308203	借入款项
13	1045	应收主权外债转贷款		308204	应付地方政府债券转贷款
14	1071	股权投资		308205	应付主权外债转贷款
15	1081	待发国债		308206	其他负债
二、负债类			四、收入类		
16	2001	应付短期政府债券	33	4001	一般公共预算本级收入
17	2011	应付国库集中支付结余	34	4002	政府性基金预算本级收入

续表

序号	编号	科目名称	序号	编号	科目名称
35	4003	国有资本经营预算本级收入	46	5002	政府性基金预算本级支出
36	4005	财政专户管理资金收入	47	5003	国有资本经营预算本级支出
37	4007	专用基金收入	48	5005	财政专户管理资金支出
38	4011	补助收入	49	5007	专用基金支出
39	4012	上解收入	50	5011	补助支出
40	4013	地区间援助收入	51	5012	上解支出
41	4021	调入资金	52	5013	地区间援助支出
42	4031	动用预算稳定调节基金	53	5021	调出资金
43	4041	债务收入	54	5031	安排预算稳定调节基金
44	4042	债务转贷收入	55	5041	债务还本支出
		五、支出类	56	5042	债务转贷支出
45	5001	一般公共预算本级支出			

各级财政总预算会计科目的使用要求如下：

其一，各级财政总预算会计应按《财政总预算会计制度》规定设置会计科目，并按科目使用说明使用。不需要的可以不用，不得擅自更改科目名称。

其二，明细科目的设置，除《财政总预算会计制度》已有规定外，各级总预算会计可根据需要，自行设置。

其三，为了便于编制会计凭证、登记账簿、查阅账目和实行会计电算化，《财政总预算会计制度》统一规定了会计科目编码。各级总预算会计不得随意变更或打乱科目编码。

其四，各级财政总预算会计在填制会计凭证、登记账簿时，应填列会计科目名称或者同时填列名称和编码，不得只填编码，不填名称。

复习思考题

1. 什么是财政总预算会计？
2. 财政总预算会计的特点和职责是什么？
3. 财政总预算会计科目分为哪五类？使用时应当遵循哪些要求？

第十八章
财政总预算会计的资产核算

【本章学习目标】本章主要介绍财政总预算会计资产的概念、管理要求及其相应会计科目的会计核算。本章的学习目标是熟悉财政总预算会计资产的种类；理解国库单一账户制度的意义及其内容；明确财政总预算会计对财政性存款以及有价证券的管理要求；掌握各项财政资产的核算。

财政总预算会计的资产是指政府财政占有或控制的，能以货币计量的经济资源。资产按照流动性，分为流动资产和非流动资产。流动资产是指预计在1年内（含1年）变现的资产；非流动资产是指流动资产以外的资产。具体而言，流动资产包括国库存款、国库现金管理存款、其他财政存款；有价证券、在途款、预拨经费、借出款项、应收股利、利息；与下级往来、其他应收款等科目。非流动资产包括应收地方政府债券转贷款、应收主权外债转贷款、股权投资、待发国债等科目。

第一节 流动资产

一、财政性存款

财政性存款是财政部门代表政府所掌管的财政资金，财政部门对其拥有支配权。

1. 财政性存款的分类及管理要求

财政总预算会计根据同级人民代表大会通过的年度预算和财政有关职能部门根据上述预算核定的单位预算，具体支配库款，负责管理、调度和统一支付。

财政性存款按照存放地点不同，分为国库存款、国库现金管理存款、其他财政存款。

其中，国库是指各级政府财政总预算会计在中国人民银行国库的一般公共预算资金存款、政府性基金预算存款和国有资本经营预算资金存款等；国库现金管理存款是指政府财政实行国库现金管理业务存放在商业银行的款项；其他财政性存款是指政府财政未列入"国库存款""国库现金管理存款"科目反映的各项存款，如财政周转金、未设国库的乡（镇）财政在商业银行的预算资金存款以及部分由财政部门指定存入商业银行的专用基金存款等。

财政性存款由财政总预算会计负责管理，统一收付。财政总预算会计在管理财政性存款时，应当遵循以下原则：

（1）集中资金，统一调度。各种应由财政部门掌管的资金，都应纳入财政总预算会计的存款户，由财政总预算会计统一收纳、支拨和管理。这样，有利于财政总预算会计统一调度财政资金，提高使用效益。

（2）严格控制存款开户。财政部门的预算资金除财政部门有明确规定外，一律由财政总预算会计统一在国库或指定的银行开立存款账户，不得在国家规定之外将预算资金或其他财政性资金任意转存其他金融机构，便于加强总预算会计对财政资金的管理。

（3）执行预算，计划支拨。财政总预算会计应当根据人民代表大会的年度预算和经财政有关职能部门批准的单位季度分月用款计划拨付财政资金，不得办理超预算、无计划的拨款，便于发挥总预算会计的监督职能。

（4）转账结算，不提现金。财政总预算会计的各种资金拨付凭证，只能用于转账业务，不得用于提取现金，便于保护国库存款的安全。应当明确的是，财政总预算会计行使的是财政资金的分配职能，而不是财政资金的直接使用者。

2. 财政资金管理制度——国库单一账户制度

国库单一账户制度，是指将政府所有财政性资金集中在国库或国库指定的代理银行开设账户，所有财政收入直接缴入这一账户，所有财政支出直接通过这一账户进行拨付的财政资金管理制度。实行国库单一账户制度，对于从根本上解决有关部门滥设过渡账户、随意截留和挪用财政资金以及由于财政资金管理分散而形成的使用效率不高、宏观调控能力不强等问题具有重要的现实意义。

国库单一账户体系由财政部门开设的银行账户、财政部门为预算单位开设的银行账户以及特设银行账户组成。

（1）财政部门开设的银行账户。

1）国库存款账户。该账户为中国人民银行开设的国库单一账户，用于记录、核算和反映纳入预算管理的财政收入和支出，并用于与财政部门在商业银行开设的财政零余额账户以及财政部门为预算单位在商业银行开设的预算单位零余额账户进行清算，实现支付。

2）财政部门零余额账户。该账户为过渡账户，用于财政直接支付以及与国库单一账户进行清算。代理银行根据财政部门开具的支付指令向有关货品或劳务供应商支付款项，并按日向国库单一账户申请清算后,该账户的余额即为零。因此,该账户被称为财政零余额账户,且该账户不实存财政资金。

3)财政专户。该账户在商业银行开设,用于记录、核算和反映实行财政专户管理的资金收入和支出,并用于财政专户管理资金日常收支清算。

(2)财政部门为预算单位开设的银行账户。

1)预算单位零余额账户。该账户主要是财政部门为预算单位在商业银行开设的预算单位零余额账户,主要用于财政授权支付,以及与国库单一账户进行清算,也是过渡性账户。代理银行在根据预算单位开具的支付令向有关货品或劳务供应商支付款项,并按日向国库单一账户申请清算后,该账户余额即为零。因此,该账户被称为预算单位的零余额账户,且该账户不实存财政资金。

2)财政汇缴零余额账户。该账户也称为财政汇缴账户,是财政部门为预算单位在商业银行开设的零余额账户,用于反映预算单位作为执收单位收取的应当汇缴入财政国库或财政专户的财政性资金收入。由于执收单位收取的相关收费等财政资金收入应当在汇缴入财政汇缴零余额账户后的当日即转入财政国库存款账户或财政专户,该账户每日汇缴后的余额为零,因此也称为零余额账户。

(3)特设银行账户。该账户是指经国务院和省级人民政府批准或授权财政部门开设的特殊过渡性账户。该账户主要用于核算和反映预算单位的特殊专项支出活动,并用于与国库单一账户进行清算。一般情况下,该账户为实存资金账户。

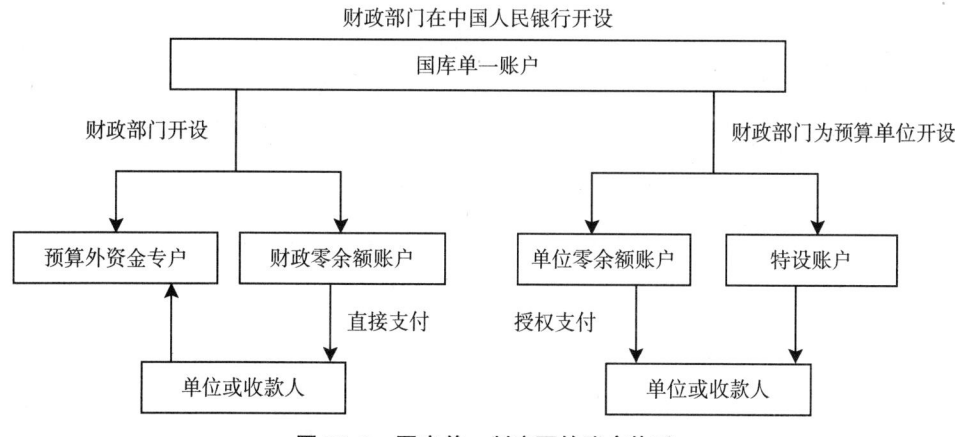

图18-1 国库单一制度下的账户体系

3.财政性存款的核算

财政性存款主要分为国库存款、国库现金管理存款和其他财政存款。为了核算财政性存款业务,各级财政会计应设置"国库存款""国库现金管理存款"和"其他财政存款"科目。

(1) 国库存款的核算。该科目用于核算政府财政存放在国库单一账户的款项。该科目借方登记国库存款的增加数,贷方登记国库存款的减少数,借方余额反映国库存款的余额数。该科目可按一般公共预算存款、政府性基金预算存款和国有资本预算存款进行明细核算。

1) 国库存款增加的核算。国库存款增加的业务主要有财政总预算会计收到预算收入、国库存款利息收入、上级预算补助、下级上解收入或其他缴入国库的来源不清的款项等。财政总预算会计收到预算收入时,根据国库报来的预算收入日报表入账,借记本科目,贷记"一般公共预算本级收入""政府性基金预算本级收入""国有资本经营预算收入"等科目;收到国库存款利息收入时,借记本科目,贷记"一般公共预算本级收入"科目;收到上级预算补助或下级上解收入时,根据国库转来的有关结算凭证入账,借记本科目,贷记"补助收入""上解收入"等科目;收到缴入国库的来源不清的款项时,借记本科目,贷记"其他应付款"等科目。

【例18-1】某级财政收到国库转来的预算收入日报表,上列明当日一般预算收入100000元,基金预算收入80000元。其会计分录为:

借:国库存款——一般预算存款　　　　　100000
　　　　　　——基金预算存款　　　　　 80000
　　贷:一般公共预算本级收入　　　　　　　　　　　100000
　　　　政府性基金预算本级收入　　　　　　　　　　 80000

2) 国库存款减少的核算。国库存款减少时,按照实际支付的金额,借记有关科目,贷记本科目。国库存款减少的业务通常包括办理库款拨付、上解上级财政、对下级财政进行补助等,在核算相关业务时,应凭有关支付结算凭证入账,借记"一般公共预算本级支出""政府性基金预算本级支出""国有资本经营预算支出""上解支出"和"补助支出"等。

【例18-2】某市级财政按照财政体制向上级省财政上解一般预算收入100000元;同时,以国库一般预算存款向所属下级某县财政专项补助150000元。其会计分录为:

借:上解支出　　　　　　　　　　　　　100000
　　贷:国库存款——一般预算存款　　　　　　　　　100000
借:补助支出　　　　　　　　　　　　　150000
　　贷:国库存款——一般预算存款　　　　　　　　　150000

(2) 国库现金管理存款的核算。该科目核算政府财政实行国库现金管理业务存放在商业银行的款项。按照国库现金管理有关规定,将库款转存商业银行时,按照存入商业银行的金额,借记本科目,贷记"国库存款"科目。国库现金管理存款收回国库时,按照实际收回的金额,借记"国库存款"科目,按照原存入商业银行的存款本金金额,贷记本科目,按照两者的差额,贷记"一般公共预算本级收入"科目。本科目期末借方余额反映政府财政实行国库现金管理业务持有的存款。

【例 18-3】A 市财政按照国库现金管理有关规定，将库款 100000 元转存商业银行。其会计分录为：

借：国库现金管理存款　　　　　100000
　　贷：国库存款　　　　　　　　　　　100000

后来，A 市财政国库存款执行机构将国库现金管理存款 150000 元收回国库。其会计分录为：

借：国库存款　　　　　　　　　150000
　　贷：国库现金管理存款　　　　　　　100000
　　　　一般公共预算本级收入　　　　　50000

（3）其他财政存款的核算。"其他财政存款"核算各级总预算会计未列入"国库存款""国库现金管理存款"科目反映的各项财政性存款。包括财政周转金、未设国库的乡（镇）财政在专业银行的预算资金存款以及部分由财政部指定存入专业银行的专用基金存款等。

"其他财政存款"借方登记增加数，贷方登记减少数。本科目借方余额，反映其他财政存款的实际结存数，其年终余额结转下年。其他财政存款产生的利息收入，除规定作为专户资金收入外，其他利息收入都应缴入国库纳入一般公共预算管理。取得其他财政存款利息收入时，按照实际获得的利息金额，根据以下情况分别处理：

1）按规定作为专户资金收入的，借记本科目，贷记"应付待管资金"或有关收入科目。

2）按规定应缴入国库的，借记本科目，贷记"其他应付款"科目。将其他财政存款利息收入缴入国库时，借记"其他应付款"科目，贷记本科目；同时，借记"国库存款"科目，贷记"一般公共预算本级收入"科目。

【例 18-4】A 乡未设国库，按规定在某专业银行开设预算资金存款账户。乡财政收到上级某县财政预付的收入分成款 360000 元。会计分录如下：

借：其他财政存款——一般预算存款 360000
　　贷：与上级往来　　　　　　　　　360000

【例 18-5】某市财政收到上级省财政拨入的专用基金 345000 元，款项按规定存入某专业银行的专用基金存款账户。会计分录如下：

借：其他财政存款——专用基金存款 345000
　　贷：专用基金收入　　　　　　　　345000

【例 18-6】某乡未设国库，乡财政采用实拨资金的方式向某预算单位拨付预算业务经费 54000 元。会计分录如下：

借：一般公共预算本级支出　　　　54000

贷：其他财政存款——预算资金存款　　54000

　　4. 财政国库支付执行机构的有关业务核算

　　财政国库执行机构是财政总预算会计的延伸。根据其特点，会计核算应设置"财政零余额账户存款"与"已结报支出"两个特殊的总账科目。

　　(1) 财政零余额账户存款的核算。"财政零余额账户存款"科目用于核算财政国库执行机构在代理银行办理财政直接支付的业务。未单设财政国库支付执行机构的地区，不使用本科目。该科目贷方登记财政国库支付中心当天发生直接支付资金数；借方登记当天国库单一账户存款划入冲销数；该科目当日资金结算后，余额为零。

　　财政零余额账户存款的主要账务处理如下：

　　1) 财政国库支付执行机构为预算单位直接支付款项时，借记有关预算支出科目，贷记"财政零余额账户存款"。

　　2) 财政国库支付执行机构每日将有关部门分"类""款""项"汇总的预算支出结算清单等结算单与中国人民银行划款凭证核对无误后，送财政总预算会计结算资金，按照结算的金额，借记"财政零余额账户存款"，贷记"已结报支出"。

　　(2) 已结报支出的核算。"已结报支出"科目核算财政国库支付执行机构已清算的国库集中支付数额。财政未单设国库支付执行机构的地区，不使用本科目。当天业务结束后，该科目余额应等于一般公共预算支出与政府性基金预算支出之和。

　　已结报支出的主要账务处理如下：

　　1) 每日汇总清算后，财政国库支付执行机构会计根据有关划款凭证回执联和按部门分"类""款""项"汇总的"预算支出结算清单"，对财政直接支付，借记"财政零余额账户存款"，贷记"已结报支出"；对于财政授权支付，借记"一般公共预算本级支出""政府性基金预算本级支出"等科目，贷记"已结报支出"。

　　2) 年终，财政国库支付执行机构按照累计结清的支出数额，与有关方面核对一致后转账时，借记"已结报支出"，贷记"一般公共预算本级支出""政府性基金预算本级支出"等科目。

　　【例18-7】A市财政国库支付执行机构为某预算单位直接支付以一般预算安排的款项32000元。财政国库支付执行机构应编制如下会计分录：

　　借：一般公共预算本级支出　　32000
　　　　贷：财政零余额账户存款　　32000

　　【例18-8】A市财政国库支付执行机构汇总编制了《预算支出结算清单》，其中，汇总的财政直接支付应结算资金数额为32000元。该《预算支出结算清单》已与中国人民银行国库划款凭证核对无误，并已送财政总预算会计结算资金。财政国库支付执行机构应编制如下会计分录：

借：财政零余额账户存款　　　　　　32000
　　贷：已结报支出——财政直接支付　　32000

【例18-9】财政国库支付执行机构收到代理银行报来的《财政支出日报表》。其中，以一般预算安排的授权支出4000元，以基金预算安排的授权支出1000元。经与中国人民银行国库划款凭证核对无误后，财政国库支付执行机构应编制如下会计分录：

借：一般公共预算本级支出　　　　　4000
　　政府性基金预算本级支出　　　　1000
　　贷：已结报支出——财政授权支付　　5000

二、有价证券

1. 有价证券的概念与管理要求

总预算会计核算的有价证券是指中央财政（或地方财政）以信用方式发行的政府公债。发行政府公债是调节宏观经济、平衡预算、筹集国家重点建设资金的一种手段。

财政总预算会计管理和核算有价证券的要求：①只能用各项财政结余（包括一般预算结余和基金预算结余）购买国家指定的有价证券；②购入有价证券时，支付的资金不能列预算支出核算；③有价证券到期兑换时，其本金按其原资金渠道，恢复预算结余；④购入的有价证券应视同货币一样妥善保管。

2. 有价证券的核算

为了核算各级财政的有价证券业务，财政总预算会计应设置"有价证券"科目。购入有价证券时，按照实际支付的金额，借记本科目，贷记"国库存款""其他财政存款"等科目；转让或到期兑付有价证券时，按照实际收到的金额，借记"国库存款""其他财政存款"等科目，按照该有价证券的账面余额，贷记本科目，按其差额，贷记"一般公共预算本级收入""政府基金预算本级收入"等科目。

【例18-10】某市财政用基金预算结余购买有价证券85000元。财政总预算会计应编制如下会计分录：

借：有价证券——基金预算结余购入　　85000
　　贷：国库存款——基金预算存款　　　　85000

【例18-11】某市财政收到用基金预算结余购入的有价证券到期兑付本金85000元，利息收入10000元。财政总预算会计应编制如下会计分录：

借：国库存款——基金预算存款　　　　85000
　　贷：有价证券　　　　　　　　　　　85000
借：国库存款——基金预算存款　　　　10000
　　贷：政府性基金预算本级收入　　　　10000

三、与下级往来和在途款

1. 与下级往来

上下级财政之间，由于财政资金周转调度的需要，往往会发生下级财政借款周转的业务；在年终财政体制结算中，也会发生下级财政向上级财政上解资金或上级财政向下级财政补助资金的业务。上述业务属于上下级财政间的待结算业务。对于上级财政来说，这类业务即属于与下级往来业务。与下级往来的款项，财政总预算会计应及时清理结算，不能长期挂账。

为核算与下级往来业务，财政总预算会计应设置"与下级往来"科目。该科目期末借方余额反映下级政府财政欠本级政府财政的款项；期末贷方余额反映本级政府财政欠下级政府财政的款项。具体账务处理如下：

（1）当财政总预算会计因特殊原因经批准借给下级政府财政款项时，借记本科目，贷记"国库存款"科目。

（2）借款收回、转作补助支出或体制结算应当补助下级政府财政的支出，借记"国库存款""补助支出"等有关科目，贷记本科目。

（3）体制结算中应当由下级政府财政上交的收入数，借记本科目，贷记"上解收入"科目。

（4）发生上解多交应当退回的，按照应当退回的金额，借记"上解收入"科目，贷记本科目；发生补助多补应当退回的，按照应当退回的金额，借记本科目，贷记"补助支出"科目。

【例18-12】某市财政总预算会计发生如下与下级往来业务：

（1）市财政局同意A县财政局申请，借给临时周转金100000元。其会计分录为：

借：与下级往来——A县财政　　　　100000
　　贷：国库存款——一般预算款　　　　　　100000

（2）将借给所属A县财政的往来款项100000元转作对该县的补助。其会计分录为：

借：补助支出　　　　　　　　　　100000
　　贷：与下级往来——A县财政　　　　　　100000

（3）根据财政体制结算的规定，年终计算出B县财政应上交市财政一般预算款50000元。其会计分录为：

借：与下级往来——B县财政　　　　50000
　　贷：上解收入　　　　　　　　　　　　　50000

2. 在途款

在途款是指在规定的库款报解整理期和决算清理期内，财政总预算会计收到的应属于上年度收入的款项和收回的不应在上年度列支的款项或其他需要作为在途款过渡的资金数。为清理和核实一年的财政收支，保证属于当年的财政收支能全部反映到当年的财政决算中。根据规定，年度终了，国库应设置10天的库款报解整理期。在库款报解整理期和决算整理期内，财政总预算会计收到的属于上年度的收入应当计入上年度账，上年度已拨付的不属于上年度支出的应当予以收回。

为核算在途款业务，各级财政总预算会计应设置"在途款"科目。在库款整理期内和决算期内，财政总预算会计收到属于上年度收入款项时，在上年度账上借记本科目，贷记相关收入科目。同时，在新年度账上借记"国库存款"，贷记本科目；收回不应在上年度列支的款项时，在上年度账上借记本科目，贷记"预拨经费"或有关支出科目，同时，在新年度账上借记"国库存款"，贷记本科目。该科目借方余额，表示本年度尚未入库的财政预算收入的数额，或本年应当予以收回的财政支出的数额。

【例18-13】某市财政总预算会计发生如下业务：

（1）在库款报解整理期内收到国库报来预算收入日报表及其附件，列示所属上年度的一般预算收入50000元。其会计分录为：

借：在途款　　　　　　　　　　50000
　　贷：一般公共预算本级收入　　　　　50000

在本年度新账上记：

借：国库存款——一般预算存款　50000
　　贷：在途款　　　　　　　　　　　50000

（2）在决算清理期内财政局收到国库报来的收回上年度单位预拨款60000元。其会计分录为：

在上年度账上记录：

借：在途款　　　　　　　　　　60000
　　贷：预拨经费　　　　　　　　　　60000

在本年度账上记录：

借：国库存款——一般预算款　　60000
　　贷：在途款　　　　　　　　　　　60000

四、借出款项与预拨经费

1. 借出款项

该科目核算政府财政按照对外借款管理相关规定借给预算单位临时急需的，并需按期收回的款项。该科目应当按照借款单位等进行明细核算。借出款项的主要账务处理如下：将款项借出时，按照实际支付的金额，借记本科目，贷记"国库存款"等科目；收回借款时，按照实际收到的金额，借记"国库存款"等科目，贷记本科目。本科目期末借方余额反映政府财政借给预算单位尚未收回的款项。

【例 18-14】 A 市财政按照对外借款管理相关规定借给某预算单位临时急需 50000 元。其会计分录为：

　　借：借出款项　　　　　　　　50000
　　　　贷：国库存款　　　　　　　　　50000

到期收回借款 50000 元时，其会计分录为：

　　借：国库存款　　　　　　　　50000
　　　　贷：借出款项　　　　　　　　　50000

2. 预拨经费

（1）预拨经费的概念。预拨经费是财政部门用预算资金预拨给行政事业单位但尚未列入预算支出的经费，主要包括以下两项内容：一是年度终了前预拨给用款单位下年度的经费款；二是年度预算执行中预拨给用款单位应在以后各期列支的经费。

财政总预算会计应加强预拨经费的管理。首先，预拨经费应掌握个别、特殊的原则，并控制在计划规定的额度之内，不得任意预拨。其次，预拨经费应按照用款单位经费领报关系预拨，凡有上级主管部门的单位，不能直接与各级财政部门发生预拨关系。最后，预拨经费应在规定的列支期限内及时列作支出，不能长期挂账。

（2）预拨经费的核算。该科目核算政府财政预拨给预算单位尚未列为预算支出的款项。本科目应当按照预拨经费种类、预算单位等进行明细核算。

预拨经费的主要账务处理如下：拨出款项时，借记本科目，贷记"国库存款"科目；转列支出或收回预拨款项时，借记"一般公共预算本级支出""政府性基金预算本级支出""国库存款"等科目，贷记本科目。本科目借方余额反映政府财政年末尚未转列支出或尚待收回的预拨经费数。

【例 18-15】 某县财政尚未实行国库集中支付制度改革。该县财政总预算会计发生下列经济业务：

（1）采用实拨资金方式预拨给其所属 A 单位下一年度一般预算经费 80000 元。其会计分录为：

　　借：预拨经费——A 单位　　　　　　80000
　　　　贷：国库存款——一般预算存款　　　　80000

（2）将预拨给上述所属某单位的经费 60000 元转为预算支出。其会计分录为：

　　借：一般公共预算本级支出　　　　　80000
　　　　贷：预拨经费——A 单位　　　　　　80000

五、应收款项

1. 应收股利

该科目核算政府因持有股权投资应当收取的现金股利或利润。本科目应当按照被投资主体进行明细核算。

应收股利的主要账务处理如下:

(1) 当持有股权投资期间被投资主体宣告发放现金股利或利润的,按应上缴政府财政的部分,借记本科目,贷记"资产基金——应收股利"科目;按照相同的金额,借记"资产基金——股权投资"科目,贷记"股权投资(损益调整)"科目。

(2) 当实际收到现金股利或利润,借记"国库存款"等科目,贷记有关收入科目;按照相同的金额,借记"资产基金——应收股利"科目,贷记本科目。本科目期末借方余额反映政府尚未收回的现金股利或利润。

2. 其他应收款

该科目核算政府财政临时发生的其他应收、暂付、垫付款项。项目单位拖欠外国政府和国际金融组织贷款本息和相关费用导致相关政府财政履行担保责任,待偿的贷款本息费,也通过本科目核算。本科目应当按照资金性质、债务单位等进行明细核算。

其他应收款的主要账务处理如下:

(1) 发生其他应收款项时,借记本科目,贷记"国库存款""其他财政存款"等科目。

(2) 收回或转作预算支出时,借记"国库存款""其他财政存款"或有关支出科目,贷记本科目。

(3) 政府财政对使用外国政府和国际金融组织贷款资金的项目单位履行担保责任,待偿贷款本息费时,借记本科目,贷记"国库存款""其他财政存款"等科目。政府财政行使追索权,收回项目单位贷款本息费时,借记"国库存款""其他财政存款"等科目,贷记本科目。政府财政最终未收回项目单位贷款本息费,经核准列支时,借记"一般公共预算本级支出"等科目,贷记本科目。本科目应及时清理结算。年终,原则上应无余额。

【例 18-16】某省财政发生如下业务:

(1) 因所属 A 市财政未及时上缴转贷债务本金,为其垫付应上缴中央财政,由中央财政代为偿还的到期地方政府债券本金 400000 元。其会计分录为:

借: 其他应收款　　　　　　　　　400000
　　贷: 国库存款　　　　　　　　　　　　400000

(2) 收到上述所属 A 市财政缴来的垫付地方政府债券本金 400000 元。其会计分录为:

借: 国库存款　　　　　　　　　　400000
　　贷: 其他应收款　　　　　　　　　　　400000

（3）经研究同意将为所属甲单位的临时垫付的款项 100000 元全数转为一般公共预算本级支出。其会计分录为：

借：一般公共预算本级支出　　　　100000
　　贷：其他应收款　　　　　　　　　　　100000

第二节　非流动资产

一、应收转贷款

应收转贷款是指政府财政将借入的资金转贷给下级政府财政的款项，包括应收地方政府债券转贷款和应收主权外债转贷款等。

1. 应收地方政府债券转贷款

该科目核算本级政府财政转贷给下级政府财政的地方政府债券资金的本金及利息。本科目下应当设置"应收地方政府一般债券转贷款"和"应收地方政府专项债券转贷款"明细科目，其下分别设置"应收本金"和"应收利息"两个明细科目，并按照转贷对象进行明细核算。

应收地方政府债券转贷款的主要账务处理如下：

（1）向下级政府财政转贷地方政府债券资金时，按照转贷的金额，借记"债务转贷支出"科目，贷记"国库存款"科目；根据债务管理部门转来的相关资料，按照到期应收回的转贷本金金额，借记本科目，贷记"资产基金——应收地方政府债券转贷款"科目。

（2）期末确认地方政府债券转贷款的应收利息时，根据债务管理部门计算出的转贷款本期应收未收利息金额，借记本科目，贷记"资产基金——应收地方政府债券转贷款"科目。

（3）收回下级政府财政偿还的转贷款本息时，按照收回的金额，借记"国库存款"等科目，贷记"其他应付款"或"其他应收款"科目；根据债务管理部门转来的相关资料，按照收回的转贷款本金及已确认的应收利息金额，借记"资产基金——应收地方政府债券转贷款"科目，贷记本科目。

（4）扣缴下级政府财政的转贷款本息时，按照扣缴的金额，借记"与下级往来"科目，贷记"其他应付款"或"其他应收款"科目；根据债务管理部门转来的相关资料，按照扣缴的转贷款本金及已确认的应收利息金额，借记"资产基金——应收地方政府债券转贷款"科目，贷记本科目。本科目期末借方余额反映政府财政应收未收的地方政府债券转贷款本金和利息。

【例 18-17】 某省财政发生如下业务：

(1) 1 月 1 日，向所属 A 市财政转贷地方政府债券资金 1000000 元，到期应收回的转贷本金金额 1100000 元。其会计分录为：

借：债务转贷支出　　　　　　　　　　1000000
　　贷：国库存款　　　　　　　　　　　　　　　　1000000

同时：

借：应收地方政府债券转贷款——应收地方政府一般债券转贷款——应收本金
　　　　　　　　　　　　　　　1100000
　　贷：资产基金——应收地方政府转贷款　　　　　1100000

(2) 1 月 31 日，确认地方政府债券转贷款的应收利息时，根据债务管理计算的本期应收利息 1000 元，其会计分录为：

借：应收地方政府债券转贷款——应收地方政府一般债券转贷款——应收利息
　　　　　　　　　　　　　　　1000
　　贷：资产基金——应收地方政府债券转贷款　　　1000

(3) 收回下级政府财政偿还的转贷本息 1101000 元。其会计分录为：

借：国库存款　　　　　　　　　　　1101000
　　贷：其他应收款　　　　　　　　　　　　　　　1101000

同时：

借：资产基金——应收地方政府债券转贷款　1101000
　　贷：应收地方政府债券转贷款——应收地方政府一般债券转贷款——应收本金
　　　　　　　　　　　　　　　1100000
　　　　　　　　　　　　　　——应收利息　　　1000

2. 应收主权外债转贷款

该科目核算本级政府财政转贷给下级政府财政的外国政府和国际金融组织贷款等主权外债资金的本金及利息。本科目下应当设置"应收本金"和"应收利息"两个明细科目，并按照转贷对象进行明细核算。

应收主权外债转贷款的主要账务处理如下：

(1) 本级政府财政向下级政府财政转贷主权外债资金，且主权外债最终还款责任由下级政府财政承担的，相关账务处理如下：

1) 本级政府财政支付转贷资金时，根据转贷资金支付相关资料，借记"债务转贷支出"科目，贷记"其他财政存款"科目；根据债务管理部门转来的相关资料，按照实际持有的债权金额，借记本科目，贷记"资产基金——应收主权外债转贷款"科目。

2) 外方将贷款资金直接支付给用款单位或供应商时，本级政府财政根据转贷资金支付相关资料，借记"债务转贷支出"科目，贷记"债务收入"或"债务转贷收入"科目；根据债务管理部门转来的相关资料，按照实际持有的债权金额，借记本科目，贷记"资产基金——应收主权外债转贷款"科目；同时，借记"待偿债净资产"科目，贷记"借入款项"或"应付主权外债转贷款"科目。

（2）期末确认主权外债转贷款的应收利息时，根据债务管理部门计算出转贷款的本期应收未收利息金额，借记本科目，贷记"资产基金——应收主权外债转贷款"科目。

（3）收回转贷给下级政府财政主权外债的本息时，按照收回的金额，借记"其他财政存款"科目，贷记"其他应付款"或"其他应收款"科目；根据债务管理部门转来的相关资料，按照实际收回的转贷款本金及已确认的应收利息金额，借记"资产基金——应收主权外债转贷款"科目，贷记本科目。

（4）扣缴下级政府财政的转贷款本息时，按照扣缴的金额，借记"与下级往来"科目，贷记"其他应付款"或"其他应收款"科目；根据债务管理部门转来的相关资料，按照扣缴的转贷款本金及已确认的应收利息金额，借记"资产基金——应收主权外债转贷款"科目，贷记本科目。本科目期末借方余额反映政府财政应收未收的主权外债转贷款本金和利息。

二、股权投资

该科目核算政府持有的各类股权投资。包括国际金融组织股权投资、投资基金股权投资和企业股权投资等。股权投资一般采用权益法进行核算。本科目应当按照"国际金融组织股权投资""投资基金股权投资"及"企业股权投资"设置一级明细科目，在一级明细科目下，可根据管理需要，按照被投资主体进行明细核算。对每一被投资主体还可按"投资成本""收益转增投资""损益调整"和"其他权益变动"进行明细核算。

股权投资的主要账务处理如下：

1. 国际金融组织股权投资

（1）政府财政代表政府认缴国际金融组织股本时，按照实际支付的金额，借记"一般公共预算本级支出"等科目，贷记"国库存款"科目；根据股权投资确认相关资料，按照确定的股权投资成本，借记本科目，贷记"资产基金——股权投资"科目。

（2）从国际金融组织撤出股本时，按照收回的金额，借记"国库存款"科目，贷记"一般公共预算本级支出"科目；根据股权投资清算相关资料，按照实际撤出的股本，借记"资产基金——股权投资"科目，贷记本科目。

2. 投资基金股权投资

（1）政府财政对投资基金进行股权投资时，按照实际支付的金额，借记"一般公共预算本级支出"等科目，贷记"国库存款"等科目；根据股权投资确认相关资料，按照实际支付的金额，借记本科目（投资成本），按照确定的在被投资基金中占有的权益金额与实际支付金额的差额，借记或贷记本科目（其他权益变动），按照确定的在被投资基金中占有的权益金额，贷记"资产基金——股权投资"科目。

（2）年末，根据政府财政在被投资基金当期净利润或净亏损中占有的份额，借记或贷记本科目（损益调整），贷记或借记"资产基金——股权投资"科目。

（3）政府财政将归属财政的收益留作基金滚动使用时，借记本科目（收益转增投资），贷记本科目（损益调整）。

（4）被投资基金宣告发放现金股利或利润时，按照应上缴政府财政的部分，借记"应收股利"科目，贷记"资产基金——应收股利"科目；同时按照相同的金额，借记"资产基金——股权投资"科目，贷记本科目（损益调整）。

（5）被投资基金发生除净损益以外的其他权益变动时，按照政府财政持股比例计算应享有的部分，借记或贷记本科目（其他权益变动），贷记或借记"资产基金——股权投资"科目。

（6）投资基金存续期满、清算或政府财政从投资基金退出需收回出资时，政府财政按照实际收回的资金，借记"国库存款"等科目，按照收回的原实际出资部分，贷记"一般公共预算本级支出"等科目，按照超出原实际出资的部分，贷记"一般公共预算本级收入"等科目；根据股权投资清算相关资料，按照因收回股权投资而减少在被投资基金中占有的权益金额，借记"资产基金——股权投资"科目，贷记本科目。

3. 企业股权投资

企业股权投资的账务处理，根据管理条件和管理需要，参照投资基金股权投资的账务处理。本科目期末借方余额反映政府持有的各种股权投资金额。

三、待发国债

该科目核算为弥补中央财政预算收支差额，中央财政预计发行国债与实际发行国债之间的差额。待发国债的主要账务处理如下：

年度终了，实际发行国债收入用于债务还本支出后，小于为弥补中央财政预算收支差额中央财政预计发行国债时，按两者的差额，借记本科目，贷记相关科目；实际发行国债收入用于债务还本支出后，大于为弥补中央财政预算收支差额中央财政预计发行国债时，按两者的差额，借记相关科目，贷记本科目。本科目期末借方余额反映中央财政尚未使用的国债发行额度。

复习思考题

1. 什么是财政总预算会计的资产？包括哪些内容？
2. 什么是国库单一存款制度？国库单一账户体系由哪些账户组成？各账户的用途是什么？
3. 什么是借出款项？应当如何核算？
4. 什么是应收转贷款的业务？应当如何核算？
5. 什么是股权投资的业务？应当如何核算？

第十九章
财政总预算会计的负债核算

【本章学习目标】 本章主要介绍财政总预算会计负债的概念及其会计核算。本章学习目标是了解财政总预算会计负债的概念;明确财政总预算会计对政府债券的管理要求;掌握各项财政负债的会计核算。

财政总预算会计的负债是指政府财政承担的能以货币计量、需以资产偿付的债务。负债按照流动性分为流动负债和非流动负债。流动负债是指预计在1年内(含1年)偿还的负债;非流动负债是指流动负债以外的负债。具体而言,流动负债包括应付短期政府债券、应付利息、应付国库集中支付结余、与上级往来、其他应付款、应付代管资金、一年内到期的非流动负债等科目;非流动负债包括应付长期政府债券、借入款项、应付地方政府债券转贷款、应付主权外债转贷款、其他负债等科目。

第一节 流动负债

一、应付短期政府债券

政府债券是指政府财政部门以政府名义发行的国债和地方政府债券,政府债券按其归还期的时间长短分为短期政府债券和长期政府债券,按债券资金的用途分为一般债券和专项债券。

政府债券的会计核算主要分为债券发行收款、按期计息付息和到期还本三个环节。在债券发行收款环节,既要按收付实现制反映债务收入,又要按权责发生制反映长短期债务;在计息环节,只需按权责发生制反映债务(应付利息)增加;在每期实际付息环节,既要按收付实现制度反映有关支出增加，又要按权责发生制反映债务（应付利息）减少；在到期还款环节，既要按收付实现制反映债务还本支出，又要按权责发生制反映债务偿还。

1. 应付短期政府债券科目设置

为了分类反映政府债券的发行、计息和还本付息情况，总预算会计制度规定，设置"应付短期政府债券"和"应付长期政府债券"两个总账科目，并分别在总账科目下设置"应付国债""应付地方政府一般债券""应付地方政府专项债券"三个二级明细科目，在二级科目下设置"应付本金""应付利息"两个三级明细科目。同时，还要求设置辅助账，用于记录每期政府债券金额、种类、期限、发行日、到期日、票面利率、偿还本金、付息等。

2. 应付短期政府债券账务处理

该科目核算政府财政部门以政府名义发行的期限不超过1年（含1年）的国债和地方政府债券的应付本金和利息。应付短期政府债券的主要账务处理如下：

（1）实际收到短期政府债券发行收入时，按照实际收到的金额，借记"国库存款"科目，按照短期政府债券实际发行额，贷记"债务收入"科目，按照发行收入和发行额的差额，借记或贷记有关支出科目；根据债券发行确认文件等相关债券管理资料，按照到期应付的短期政府债券本金金额，借记"待偿债净资产——应付短期政府债券"科目，贷记本科目。

（2）期末确认短期政府债券的应付利息时，根据债务管理部门计算出的本期应付未付利息金额，借记"待偿债净资产——应付短期政府债券"科目，贷记本科目。

（3）实际支付本级政府财政承担的短期政府债券利息时，借记"一般公共预算本级支出"或"政府性基金预算本级支出"科目，贷记"国库存款"等科目；实际支付利息金额中属于已确认的应付利息部分，还应根据债券兑付确认文件等相关债券管理资料，借记本科目，贷记"待偿债净资产——应付短期政府债券"科目。

（4）实际偿还本级政府财政承担的短期政府债券本金时，借记"债务还本支出"科目，贷记"国库存款"等科目；根据债券兑付确认文件等相关债券管理资料，借记本科目，贷记"待偿债净资产——应付短期政府债券"科目。

（5）省级财政部门采用定向承销方式发行短期地方政府债券置换存量债务时，根据债权债务确认相关资料，按照置换本级政府存量债务的额度，借记"债务还本支出"科目，贷记"债务收入"科目；根据债务管理部门转来的相关资料，按照置换本级政府存量债务的额度，借记"待偿债净资产——应付短期政府债券"科目，贷记本科目。本科目期末贷方余额，反映政府财政尚未偿还的短期政府债券本金和利息。

【例19-1】A省财政厅经政府批准于2017年7月1日，发行为期9个月的一般债券1000万元，发行9个月的专项债券2000万元，支付债券印刷费、发行费等240万元，债券利息按月计息并支付，月利率4‰，2018年3月31日偿还到期一般债券本金1000万元,2018年4月30日采用定向承销方式发行短期政府专项债券置换存量债务2000万元。

要求,A省政府财政总预算会计编制短期证券发行、按月计息、付息和到期债券归还等相关会计分录。

(1) 2017年7月1日A省财政收到短期政府债券发行收入时:

借:国库存款　　　　　　　　　　　　　　　　27600000
　　一般公共预算本级支出　　　　　　　　　　　 800000
　　政府性基金预算本级支出　　　　　　　　　　1600000
　　　贷:债务收入　　　　　　　　　　　　　　　　　　　　30000000
借:待偿债净资产——应付短期政府债券　　　　30000000
　　贷:应付短期政府债券——应付地方政府一般债券——应付本金　10000000
　　　　　　　　　　　　——应付地方政府专项债券——应付本金　20000000

(2) 每月计提债券应付利息时:

地方政府一般债券利息=1000×4‰=4(万元)
地方政府专项债券利息=2000×4‰=8(万元)

借:待偿债净资产——应付短期政府债券　　　　120000
　　贷:应付短期政府债券——应付地方政府一般债券——应付利息　40000
　　　　　　　　　　　　——应付地方政府专项债券——应付利息　80000

(3) 每月实际支付债券利息时:

借:一般公共预算本级支出　　　　　　　　　　　40000
　　政府性基金预算本级支出　　　　　　　　　　80000
　　贷:国库存款　　　　　　　　　　　　　　　　　　　　120000
借:应付短期政府债券——应付地方政府一般债券——应付利息 40000
　　　　　　　　　　——应付地方政府专项债券——应付利息 80000
　　贷:待偿债净资产——应付短期政府债券　　　　　　　　120000

(4) 2018年3月31日,偿还本级短期政府一般债券本金时:

借:债务还本支出　　　　　　　　　　　　　　10000000
　　贷:国库存款　　　　　　　　　　　　　　　　　　　　10000000
借:应付短期政府债券——应付地方政府一般债券——应付本金
　　　　　　　　　　　　　　　　　　　　　　10000000
　　贷:待偿债净资产——应付短期政府债券　　　　　　　　10000000

(5) 2018年4月30日地方政府短期专项债券到期时:

借:应付短期政府债券——应付地方政府专项债券——应付本金
　　　　　　　　　　　　　　　　　　　　　　20000000

　　　　贷：待偿债净资产——应付短期政府债券　　　　　　　　　　　　20000000
（6）2018年4月30日采用定向承销方式发行短期政府专项债券置换存量债务：
借：债务还本支出（按置换本级政府存量债务的额度）　　20000000
　　　　贷：债务收入　　　　　　　　　　　　　　　　　　　　　　　　20000000
借：待偿债净资产——应付短期政府债券　　　　　　　　　20000000
　　　　贷：应付短期政府债券——应付地方政府专项债券——应付本金　　20000000

二、应付国库集中支付结余

应付国库集中支付结余是指国库集中支付中，按照财政部门批复的部门预算，当年未支而需结转下一年度支付的款项采用权责发生制列支后形成的债务。

财政总预算会计实行收付实现制，但对于年终预算结转和结余资金，应当按照规定采用权责发生制。在财政国库集中支付制度下，预算单位在年终尚未使用的财政预算资金留存在财政总预算会计账上，这部分财政预算资金形成预算单位的年终结转和结余资金。按照规定，预算单位的项目经费收支余额，需要区分情况进行处理。对于目标已经完成的项目经费收支余额，应当统筹安排用于次年的预算，即作为年终收支结余处理。对于目标尚未完成，需要在次年继续使用的，应当于次年继续用于相关项目，即应当作为年终收支结转处理。预算单位的年终预算结转和结余资金，以预算单位经批复的部门预算数与年度内实际支出数为依据进行计算，预算单位的年终结转和结余资金还可以表现为财政直接支付结转和结余；财政授权支付结转和结余、政府采购资金结转和结余等形式。

1. 应付国库集中支付结余的使用原则

由于预算单位年终预算结转和结余资金原则上仍然归预算单位使用，财政总预算会计为不虚增当年度财政结转和结余数额，年终对这部分资金实行权责发生制，确认预算支出，减少预算结转和结余。由于年终财政总预算会计并未实际从国库拨付这部分财政资金，因此相应的数额作为应付国库集中支付结余予以记录。财政总预算会计平时不对预算单位的财政预算资金结转和结余数额做账务处理，年终一次核定。

2. 应付国库集中支付结余的核算

该科目核算政府财政采用权责发生制列支，预算单位尚未使用的国库集中支付结余资金。本科目应当根据管理需要，按照政府收支分类科目等进行相应明细核算。

应付国库集中支付结余的主要账务处理如下：年末，对当年形成的国库集中支付结余采用权责发生制列支时，借记有关支出科目，贷记本科目；以后年度实际支付国库集中支付结余资金时，分以下情况处理：

（1）按原结转预算科目支出的，借记本科目，贷记"国库存款"科目。

（2）调整支出预算科目的，应当按原结转预算科目作冲销处理，借记本科目，贷记有关支出科目。同时，按实际支出预算科目作列支账务处理，借记有关支出科目，贷记"国库存款"科目。本科目期末贷方余额反映政府财政尚未支付的国库集中支付结余。

【例19-2】A市财政总预算会计发生如下业务：

（1）年终核定当年确实无法实现拨款，按规定应留归预算单位在下一年度继续使用的本年终预算结转和结余资金共计70000元。其会计分录为：

借：一般公共预算本级支出　　　　　70000
　　贷：应付国库集中支付结余　　　　　　　70000

（2）下一年度按原结转预算科目支出资金时，其会计分录为：

借：应付国库集中支付结余　　　　　70000
　　贷：国库存款　　　　　　　　　　　　　70000

三、与上级往来

与上级往来是本级财政与上级财政之间由于财政资金的周转调度以及预算补助、上解结算等事项而形成的待结算款项。一是本级财政因资金调度困难向上级财政借入财政周转款项；二是在财政体制年终结算中发生的本级财政应上解款项或上级财政应补助款项等。

1. 科目设置

为核算与上级往来业务，财政总预算会计应设置"与上级往来"科目。

2. 账务处理

具体账务处理如下：

（1）财政总预算会计向上级财政借款或计算出体制结算中应上缴上级财政的款项时，借记"国库存款""上解支出"科目，贷记本科目。

（2）归还借款、计算出体制结算中应由上级财政补助给本级财政的款项时，以及将上级财政借入的财政周转款项转作收入时，借记本科目，贷记"国库存款""补助收入"等科目。该科目贷方余额，反映本级财政欠上级财政的款项，借方余额为上级财政欠本级财政的款项。该科目应及时清理结算，年终未能结清的余额，结转下年。

【例19-3】A市财政总预算会计发生如下与上级往来业务：

（1）向省财政借入一般预算款项1000000元，款项存入国库存款户，其会计分录为：

借：国库存款　　　　　　　　　　　1000000
　　贷：与上级往来——一般预算款　　　　　1000000

（2）将上述借款中的500000元归还省财政厅，另外，经省财政厅同意，500000元转作本市预算补助款。其会计分录为：

借：与上级往来——一般预算款　　　500000
　　贷：国库存款　　　　　　　　　　　　　500000

借：与上级往来——一般预算款　　　　500000
　　　贷：补助收入　　　　　　　　　　　　　　　500000

四、其他应付款

该科目核算政府财政临时发生的暂收、应付和收到的不明性质款项。税务机关待征入库的社会保险费、项目单位使用并承担还款责任的外国政府和国际金融组织贷款，也通过本科目核算。本科目应当按照债权单位或资金来源等进行明细核算。

其他应付款的主要账务处理如下：

（1）收到暂存款项时，借记"国库存款""其他财政存款"等科目，贷记本科目。

（2）将暂存款项清理退还或转作收入时，借记本科目，贷记"国库存款""其他财政存款"或有关收入科目。

（3）社会保险费待征入库时，借记"国库存款"科目，贷记本科目。社会保险费国库缴存社保基金财政专户时，借记本科目，贷记"国库存款"科目。

（4）收到项目单位承担还款责任的外国政府和国际金融组织贷款资金时，借记"其他财政存款"科目，贷记本科目；付给项目单位时，借记本科目，贷记"其他财政存款"科目。收到项目单位偿还贷款资金时，借记"其他财政存款"科目，贷记本科目；付给外国政府和国际金融组织项目单位还款资金时，借记本科目，贷记"其他财政存款"科目。本科目期末贷方余额反映政府财政尚未结清的其他应付款项。

【例19-4】A省财政总预算会计发生如下业务：

（1）政府性基金预算存款账户收到甲单位性质不明的缴款20000元。其会计分录为：

借：国库存款　　　　　　　　　　　20000
　　　贷：其他应付款　　　　　　　　　　　　　20000

（2）经查明，上述款项中，5000元属于误入，予以退回。其余转作政府性基金预算本级收入。其会计分录为：

借：其他应付款　　　　　　　　　　20000
　　　贷：政府性基金预算本级收入　　　　　　　15000
　　　　　国库存款　　　　　　　　　　　　　　5000

（3）代收所属市财政缴来的转贷地方政府债券还本资金100000元，准备按规定转交中央财政代为偿还地方政府债券本金。其会计分录为：

借：国库存款　　　　　　　　　　　100000
　　　贷：其他应付款　　　　　　　　　　　　　100000

（4）向中央财政上缴代收所属市财政缴来的转贷地方政府债券还本资金100000元。其会计分录为：

借：其他应付款　　　　　　　　　　100000
　　贷：国库存款　　　　　　　　　　　　　100000

五、应付代管资金

该科目核算政府财政代为管理的、使用权属于被代管主体的资金。本科目应当根据管理需要进行相关明细核算。应付代管资金的主要账务处理如下：收到代管资金时，借记"其他财政存款"等科目，贷记本科目。支付代管资金时，借记本科目，贷记"其他财政存款"等科目。代管资金产生的利息收入按照相关规定仍属于代管资金的，借记"其他财政存款"等科目，贷记本科目。本科目期末贷方余额反映政府财政尚未支付的代管资金。

第二节　非流动负债

一、应付长期政府债券

1. 应付长期政府债券的概念

该科目核算政府财政部门以政府名义发行的期限超过1年的国债和地方政府债券的应付本金和利息。

2. 应付长期政府债券的主要账务处理

（1）实际收到长期政府债券发行收入时，按照实际收到的金额，借记"国库存款"科目，按照长期政府债券实际发行额，贷记"债务收入"科目，按照发行收入和发行额的差额，借记或贷记有关支出科目；根据债券发行确认文件等相关债券管理资料，按照到期应付的长期政府债券本金金额，借记"待偿债净资产——应付长期政府债券"科目，贷记本科目。

（2）期末确认长期政府债券的应付利息时，根据债务管理部门计算出的本期应付未付利息金额，借记"待偿债净资产——应付长期政府债券"科目，贷记本科目。

（3）实际支付本级政府财政承担的长期政府债券利息时，借记"一般公共预算本级支出"或"政府性基金预算本级支出"科目，贷记"国库存款"等科目；实际支付利息金额中属于已确认的应付利息部分，还应根据债券兑付确认文件等相关债券管理资料，借记本科目，贷记"待偿债净资产——应付长期政府债券"科目。

（4）实际偿还本级政府财政承担的长期政府债券本金时，借记"债务还本支出"科目，贷记"国库存款"等科目；根据债券兑付确认文件等相关债券管理资料，借记本科目，贷记"待偿债净资产——应付长期政府债券"科目。

（5）本级政府财政偿还下级政府财政承担的地方政府债券本息时，借记"其他应付款"或"其他应收款"科目，贷记"国库存款"科目；根据债券兑付确认文件等相关债券管理资料，按照实际偿还的长期政府债券本金及已确认的应付利息金额，借记本科目，贷记"待偿债净资产——应付长期政府债券"科目。

（6）省级财政部门采用定向承销方式发行长期地方政府债券置换存量债务时，根据债权债务确认相关资料，按照置换本级政府存量债务的额度，借记"债务还本支出"科目，按照置换下级政府存量债务的额度，借记"债务转贷支出"科目，按照置换存量债务的总额度，贷记"债务收入"科目；根据债务管理部门转来的相关资料，按照置换存量债务的总额度，借记"待偿债净资产——应付长期政府债券"科目，贷记本科目。同时，按照置换下级政府存量债务额度，借记"应收地方政府债券转贷款"科目，贷记"资产基金——应收地方政府债券转贷款"科目。本科目期末贷方余额反映政府财政尚未偿还的长期政府债券本金和利息。

【例 19-5】 B 省财政厅 2017 年 1 月 1 日发行 2 年期一般债券 3000 万元，发行 3 年期专项债券 4000 万元，其中 800 万元属于待发下级政府财政债券，共计支付债券发行费用 630 万元，按年于每年年末支付利息，年利率 4.5%。2018 年底偿还到期政府一般债券本金 3000 万元，2019 年底专项债券 4000 万元，由省财政厅采用定向承销方式发行地方政府长期专项债券置换存量债务。要求省财政厅总预算会计编制长期债券发行、付息、到期归还等相关会计分录。

（1）2017 年 1 月 1 日收到长期政府债券发行收入时：

借：国库存款　　　　　　　　　　　　　　　　　　　　　63700000
　　一般公共预算本级支出　　　　　　　　　　　　　　　　2700000
　　政府性基金预算本级支出　　　　　　　　　　　　　　　3600000
　　　贷：债务收入　　　　　　　　　　　　　　　　　　　　　　　70000000
借：待偿债净资产——应付长期政府债券　　　　　　　　70000000
　　贷：应付长期政府债券——应付地方政府一般债券——应付本金　30000000
　　　　　　　　　　　　——应付地方政府专项债券——应付本金　40000000

（2）向下级政府财政转贷地方政府专项债券款时：

借：债务转贷支出　　　　　　　　　　　　　　　　　　8000000
　　贷：国库存款　　　　　　　　　　　　　　　　　　　　　　　8000000

同时，按到期应收回的转贷本金，

借：应收地方政府债券转贷款——专项债券转贷款——应收本金　8000000
　　贷：资产基金——应收地方政府债券转贷款　　　　　　　　　　8000000

（3）每年末计提长期政府债券的应付利息时：

地方政府一般债券利息 = 3000×4.5% = 135（万元）

地方政府专项债券利息 = (4000-800)×4.5% = 144（万元）

地方政府专项债券转贷利息 = 800×4.5% = 36（万元）

借：待偿债净资产——应付长期政府债券　　　　　　　　3150000
　　贷：应付长期政府债券——应付地方政府一般债券——应付利息　　1350000
　　　　　　　　　　　　　——应付地方政府专项债券——应付利息　　1800000

借：应收地方政府债券转贷款——专项债券转贷款——应收利息　360000
　　贷：资产基金——应收地方政府债券转贷款　　　　　　　　360000

（4）每年末支付债券利息时：

借：一般公共预算本级支出　　　　　　　　　　　　　　1350000
　　政府性基金预算本级支出　　　　　　　　　　　　　1800000
　　贷：国库存款　　　　　　　　　　　　　　　　　　3150000

借：应付长期政府债券——应付地方政府一般债券——应付利息 1350000
　　　　　　　　　　——应付地方政府专项债券——应付利息 1800000
　　贷：待偿债净资产——应付长期政府债券　　　　　　　　3150000

（5）收到下级政府财政债券转贷利息时：

借：国库存款　　　　　　　　　　　　　　　　　　　　360000
　　贷：债务转贷收入　　　　　　　　　　　　　　　　　360000

借：资产基金——应收地方政府债券转贷款　　　　　　　　360000
　　贷：应收地方政府债券转贷款——专项债券转贷款——应收利息　360000

（6）2018年底偿归还地方政府一般债券本金时：

借：债务还本支出　　　　　　　　　　　　　　　　　30000000
　　贷：国库存款　　　　　　　　　　　　　　　　　　30000000

借：应付长期政府债券——应付地方政府一般债券——应付本金 30000000
　　贷：待偿债净资产——应付长期政府债券　　　　　　　30000000

（7）2019年末，政府专项债券到期时：

借：应付长期政府债券——应付地方政府专项债券——应付本金 40000000
　　贷：待偿债净资产——应付长期政府债券　　　　　　　40000000

借：资产基金——应收地方政府债券转贷款　　　　　　　8000000
　　贷：应收地方政府债券转贷款　　　　　　　　　　　8000000

（8）省财政采用定向承销方式发行政府专项债券置换存量专项债券时：

借：债务还本支出（本级政府存量债务）　　　　　　　32000000

　　　　债务转贷支出（下级政府存量债务）　　　　8000000
　　　　　贷：债务收入　　　　　　　　　　　　　　　　　40000000
　　借：待偿债净资产——应付长期政府债券　　40000000
　　　　　贷：应付长期政府债券——应付地方政府专项债券——应付本金　40000000
　　借：应收地方政府债券转贷款　　　　　　　8000000
　　　　　贷：资产基金——应收地方政府债券转贷款　　　8000000

二、借入款项

借入款是指按法定程序和核定的预算举借的债务，即指中央财政按全国人民代表大会批准的数额举借的国内和国外债务，以及地方财政根据国家法律或国务院特别规定举借的债务，主要包括政府借款、向国际组织借款、其他国外借款、发行国库券等。债务收入主要用于弥补预算收入和支出之间的差额即赤字。

该科目下应当设置"应付本金""应付利息"明细科目，分别对借入款项的应付本金和利息进行明细核算，还应当按照债权人进行明细核算。债务管理部门应当设置相应的辅助账，详细记录每笔借入款项的期限、借入日期、偿还及付息情况等。下面以借入主权外债说明借入款项的主要账务处理。

1. 本级政府财政借入主权外债

（1）本级政府财政收到借入的主权外债资金。本级政府财政收到借入的主权外债资金时，借记"其他财政存款"科目，贷记"债务收入"科目；根据债务管理部门转来的相关资料，按照实际承担的债务金额，借记"待偿债净资产——借入款项"科目，贷记本科目。

（2）由外方将贷款资金直接支付给用款单位或供应商。本级政府财政借入主权外债，且由外方将贷款资金直接支付给用款单位或供应商时，应根据以下情况分别处理：

1）本级政府财政承担还款责任，贷款资金由本级政府财政同级部门（单位）使用的，本级政府财政部门根据贷款资金支付相关资料，借记"一般公共预算本级支出"等科目，贷记"债务收入"科目；根据债务管理部门转来的相关资料，按照实际承担的债务金额，借记"待偿债净资产——借入款项"科目，贷记本科目。

2）本级政府财政承担还款责任，贷款资金由下级政府财政同级部门（单位）使用的，本级政府财政部门根据贷款资金支付相关资料及预算指标文件，借记"补助支出"科目，贷记"债务收入"科目；根据债务管理部门转来的相关资料，按照实际承担的债务金额，借记"待偿债净资产——借入款项"科目，贷记本科目。

3）下级政府财政承担还款责任，贷款资金由下级政府财政同级部门（单位）使用的，本级政府财政部门根据贷款资金支付相关资料，借记"债务转贷支出"科目，贷记"债务收入"科目；根据债务管理部门转来的相关资料，按照实际承担的债务金额，借记"待偿债净资产——借入款项"科目，贷记本科目；同时，借记"应收主权外债转贷款"科目，贷记"资产基金——应收主权外债转贷款"科目。

2. 期末确认借入主权外债的应付利息

期末确认借入主权外债的应付利息时，根据债务管理部门计算出的本期应付未付利息金额，借记"待偿债净资产——借入款项"科目，贷记本科目。

3. 偿还本级政府财政承担的借入主权外债本息

（1）偿还本级政府财政承担的借入主权外债本金。偿还本级政府财政承担的借入主权外债本金时，借记"债务还本支出"科目，贷记"国库存款""其他财政存款"等科目；根据债务管理部门转来的相关资料，按照实际偿还的本金金额，借记本科目，贷记"待偿债净资产——借入款项"科目。

（2）偿还本级政府财政承担的借入主权外债利息。偿还本级政府财政承担的借入主权外债利息时，借记"一般公共预算本级支出"等科目，贷记"国库存款""其他财政存款"等科目；实际偿还利息金额中属于已确认的应付利息部分，还应根据债务管理部门转来的相关资料，借记本科目，贷记"待偿债净资产——借入款项"科目。

4. 偿还下级政府财政承担的借入主权外债的本息

偿还下级政府财政承担的借入主权外债的本息时，借记"其他应付款"或"其他应收款"科目，贷记"国库存款""其他财政存款"等科目；根据债务管理部门转来的相关资料，按照实际偿还的本金及已确认的应付利息金额，借记本科目，贷记"待偿债净资产——借入款项"科目。

5. 被上级政府财政扣缴借入主权外债的本息

被上级政府财政扣缴借入主权外债的本息时，借记"其他应收款"科目，贷记"与上级往来"科目；根据债务管理部门转来的相关资料，按照实际扣缴的本金及已确认的应付利息金额，借记本科目，贷记"待偿债净资产——借入款项"科目。列报支出时，对应由本级政府财政承担的还本支出，借记"债务还本支出"科目，贷记"其他应收款"科目；对应由本级政府财政承担的利息支出，借记"一般公共预算本级支出"等科目，贷记"其他应收款"科目。

6. 债权人豁免本级政府财政承担偿还责任的借入主权外债本息

债权人豁免本级政府财政承担偿还责任的借入主权外债本息时，根据债务管理部门转来的相关资料，按照被豁免的本金及已确认的应付利息金额，借记本科目，贷记"待偿债净资产——借入款项"科目。

债权人豁免下级政府财政承担偿还责任的借入主权外债本息时，根据债务管理部门转来的相关资料，按照被豁免的本金及已确认的应付利息金额，借记本科目，贷记"待偿债净资产——借入款项"科目；同时，借记"资产基金——应收主权外债转贷款"科目，贷记"应收主权外债转贷款"科目。

其他借入款项账务处理参照本科目使用说明中借入主权外债业务的账务处理。

三、应付地方政府债券转贷款

该科目核算地方政府财政从上级政府财政借入的地方政府债券转贷款的本金和利息。

1. 科目设置

本科目下应当设置"应付地方政府一般债券转贷款"和"应付地方政府专项债券转贷款"一级明细科目,在一级明细科目下再分别设置"应付本金"和"应付利息"两个明细科目,分别对应付本金和利息进行明细核算。

2. 账务处理

应付地方政府债券转贷款的主要账务处理如下:

(1)收到上级政府财政转贷的地方政府债券资金时,借记"国库存款"科目,贷记"债务转贷收入"科目;根据债务管理部门转来的相关资料,按照到期应偿还的转贷款本金金额,借记"待偿债净资产——应付地方政府债券转贷款"科目,贷记本科目。

(2)期末确认地方政府债券转贷款的应付利息时,根据债务管理部门计算出的本期应付未付利息金额,借记"待偿债净资产——应付地方政府债券转贷款"科目,贷记本科目。

(3)偿还本级政府财政承担的地方政府债券转贷款本金时,借记"债务还本支出"科目,贷记"国库存款"等科目;根据债务管理部门转来的相关资料,按照实际偿还的本金金额,借记本科目,贷记"待偿债净资产——应付地方政府债券转贷款"科目。

(4)偿还本级政府财政承担的地方政府债券转贷款的利息时,借记"一般公共预算本级支出"或"政府性基金预算本级支出"科目,贷记"国库存款"等科目;实际支付利息金额中属于已确认的应付利息部分,还应根据债务管理部门转来的相关资料,借记本科目,贷记"待偿债净资产——应付地方政府债券转贷款"科目。

(5)偿还下级政府财政承担的地方政府债券转贷款的本息时,借记"其他应付款"或"其他应收款"科目,贷记"国库存款"等科目;根据债务管理部门转来的相关资料,按照实际偿还的本金及已确认的应付利息金额,借记本科目,贷记"待偿债净资产——应付地方政府债券转贷款"科目。

(6)被上级政府财政扣缴地方政府债券转贷款本息时,借记"其他应收款"科目,贷记"与上级往来"科目;根据债务管理部门转来的相关资料,按照实际扣缴的本金及已确认的应付利息金额,借记本科目,贷记"待偿债净资产——应付地方政府债券转贷款"科目。列报支出时,对本级政府财政承担的还本支出,借记"债务还本支出"科目,贷记"其他应收款"科目;对本级政府财政承担的利息支出,借记"一般公共预算本级支出"或"政府性基金预算本级支出"科目,贷记"其他应收款"科目。

（7）采用定向承销方式发行地方政府债券置换存量债务时，省级以下（不含省级）财政部门根据上级财政部门提供的债权债务确认相关资料，按照置换本级政府存量债务的额度，借记"债务还本支出"科目，按照置换下级政府存量债务的额度，借记"债务转贷支出"科目，按照置换存量债务的总额度，贷记"债务转贷收入"科目；根据债务管理部门转来的相关资料，按照置换存量债务的总额度，借记"待偿债净资产——应付地方政府债券转贷款"科目，贷记本科目。同时，按照置换下级政府存量债务额度，借记"应收地方政府债券转贷款"科目，贷记"资产基金——应收地方政府债券转贷款"科目。本科目期末贷方余额反映本级政府财政尚未偿还的地方政府债券转贷款的本金和利息。

【例19-6】接［例19-5］，其下级财政应做会计分录：

（1）B省财政向下级政府财政转贷地方政府专项债券款时：

借：国库存款　　　　　　　　　　　　　　　8000000
　　贷：债务转贷收入　　　　　　　　　　　　　　　　8000000

同时，按到期应支付的转贷本金，

借：待偿债净资产——应付地方政府债券转贷款——专项债券转贷款——应付本金
　　　　　　　　　　　　　　　　　　　　　　8000000
　　贷：应付地方政府债券转贷款——专项债券转贷款——应付本金 8000000

（2）每年末计提长期政府债券的应付利息时：

地方政府专项债券转贷利息=800×4.5%=36（万元）

借：待偿债净资产——应付地方政府债券转贷款——专项债券转贷款——应付利息
　　　　　　　　　　　　　　　　　　　　　　360000
　　贷：应付地方政府债券转贷款——专项债券转贷——应付利息　360000

（3）支付上级政府财政债券转贷利息时：

借：债务转贷支出　　　　　　　　　　　　　360000
　　贷：国库存款　　　　　　　　　　　　　　　　　360000

借：应付地方政府债券转贷款——专项债券转贷款——应付利息
　　　　　　　　　　　　　　　　　　　　　　360000
　　贷：资产基金——应付地方政府债券转贷款——专项债券转——应付利息
　　　　　　　　　　　　　　　　　　　　　　360000

（4）2018年末专项债券到期时：

借：应付地方政府债券转贷款　　　　　　　　8000000
　　贷：资产基金——应付地方政府债券转贷款　　　　8000000

（5）省财政采用定向承销方式发行政府专项债券置换存量专项债券时：

借：债务转贷支出　　　　　　　　　　　　　8000000

　　　　贷：债务收入　　　　　　　　　　　　　　　　　8000000
　　借：应付地方政府债券转贷款——专项债券转贷款——应付本金
　　　　　　　　　　　　　　　　　　　　　　　　　　8000000
　　　　贷：待偿债净资产——应付地方政府债券转贷款——专项债券转贷款——应付本金
　　　　　　　　　　　　　　　　　　　　　　　　　　8000000
　　借：资产基金——应付地方政府债券转贷款　　　　8000000
　　　　贷：应付地方政府债券转贷款　　　　　　　　　8000000

四、应付主权外债转贷款

本科目核算本级政府财政从上级政府财政借入的主权外债转贷款的本金和利息。

1. 科目设置

应付主权外债转贷款科目下应当设置"应付本金"和"应付利息"两个明细科目，分别对应付本金和利息进行明细核算。

2. 账务处理

应付主权外债转贷款的主要账务处理如下：

（1）收到上级政府财政转贷的主权外债资金时，借记"其他财政存款"科目，贷记"债务转贷收入"科目；根据债务管理部门转来的相关资料，按照实际承担的债务金额，借记"待偿债净资产——应付主权外债转贷款"科目，贷记本科目。

（2）从上级政府财政借入主权外债转贷款，且由外方将贷款资金直接支付给用款单位或供应商时，应根据以下情况分别处理：

1）本级政府财政承担还款责任，贷款资金由本级政府财政同级部门（单位）使用的，本级政府财政根据贷款资金支付相关资料，借记"一般公共预算本级支出"等科目，贷记"债务转贷收入"科目；根据债务管理部门转来的相关资料，按照实际承担的债务金额，借记"待偿债净资产——应付主权外债转贷款"科目，贷记本科目。

2）本级政府财政承担还款责任，贷款资金由下级政府财政同级部门（单位）使用的，本级政府财政部门根据贷款资金支付相关资料及预算指标文件，借记"补助支出"科目，贷记"债务转贷收入"科目；根据债务管理部门转来的相关资料，按照实际承担的债务金额，借记"待偿债净资产——应付主权外债转贷款"科目，贷记本科目。

3）下级政府财政承担还款责任，贷款资金由下级政府财政同级部门（单位）使用的，本级政府财政部门根据贷款资金支付相关资料，借记"债务转贷支出"科目，贷记"债务转贷收入"；根据债务管理部门转来的相关资料，按照实际承担的债务金额，借记"待偿债净资产——应付主权外债转贷款"科目，贷记本科目；同时，借记"应收主权外债转贷款"科目，贷记"资产基金——应收主权外债转贷款"科目。

（3）期末确认主权外债转贷款的应付利息时，按照债务管理部门计算出的本期应付未付利息金额，借记"待偿债净资产——应付主权外债转贷款"科目，贷记本科目。

（4）偿还本级政府财政承担的借入主权外债转贷款的本金时，借记"债务还本支出"科目，贷记"其他财政存款"等科目；根据债务管理部门转来的相关资料，按照实际偿还的本金金额，借记本科目，贷记"待偿债净资产——应付主权外债转贷款"科目。

（5）偿还本级政府财政承担的借入主权外债转贷款的利息时，借记"一般公共预算本级支出"等科目，贷记"其他财政存款"等科目；实际偿还利息金额中属于已确认的应付利息部分，还应根据债务管理部门转来的相关资料，借记本科目，贷记"待偿债净资产——应付主权外债转贷款"科目。

（6）偿还下级政府财政承担的借入主权外债转贷款的本息时，借记"其他应付款"或"其他应收款"科目，贷记"其他财政存款"等科目；根据债务管理部门转来的相关资料，按照实际偿还的本金及已确认的应付利息金额，借记本科目，贷记"待偿债净资产——应付主权外债转贷款"科目。

（7）被上级政府财政扣缴借入主权外债转贷款的本息时，借记"其他应收款"科目，贷记"与上级往来"科目；根据债务管理部门转来的相关资料，按照被扣缴的本金及已确认的应付利息金额，借记本科目，贷记"待偿债净资产——应付主权外债转贷款"科目。列报支出时，对本级政府财政承担的还本支出，借记"债务还本支出"科目，贷记"其他应收款"科目；对本级政府财政承担的利息支出，借记"一般公共预算本级支出"等科目，贷记"其他应收款"科目。

（8）上级政府财政豁免主权外债转贷款本息时，根据以下情况分别处理：

1）豁免本级政府财政承担偿还责任的主权外债转贷款本息时，根据债务管理部门转来的相关资料，按照豁免转贷款的本金及已确认的应付利息金额，借记本科目，贷记"待偿债净资产——应付主权外债转贷款"科目。

2）豁免下级政府财政承担偿还责任的主权外债转贷款本息时，根据债务管理部门转来的相关资料，按照豁免转贷款的本金及已确认的应付利息金额，借记本科目，贷记"待偿债净资产——应付主权外债转贷款"科目；同时，借记"资产基金——应收主权外债转贷款"科目，贷记"应收主权外债转贷款"科目。本科目期末贷方余额反映本级政府财政尚未偿还的主权外债转贷款本金和利息。

【例19-7】按照中国政府与世界银行签订的借款协议，世界银行为陕西省安康市某普通干线公路建设项目提供了250万美元的贷款，并直接支付给了项目建设单位。该建设单位属于安康市市级预算单位。如果该项借款的期限为3年，从2016年6月1日开始计算利息，借款利息于每年5月31日支付；年利率为3%；最后一年利息和本金一起偿付。按照财政部的要求，下级政府财政应当在每年5月30日将应支付的利息以及最后一年应偿还的本金结清；中央财政在每年5月31日将应支付的借款利息和最后一年应偿还的本金与世界银行结清。假设汇率为1美元折合6.50美元，在使用世界银行借款期间汇率保持不变。

具体要求如下：

（1）分别按照中央财政、陕西省财政和安康市财政核算以下经济业务，并明确所涉及的相关明细科目：①确认承担世界银行借款债务（主权外债转贷债务）和将该项债务安排使用的账务处理；②2016年12月31日确认应付利息、收到下级政府支付的第一年转贷利息以及支付第一年利息的账务处理；③2019年5月30日收到下级政府偿还的转贷本息和5月31日偿还借款本金和最后一年利息的账务处理。

（2）如果中央财政承担了偿还世界银行贷款本息的职责，按照《财政总预算会计制度》的规定，各级财政确认取得借款资金的会计核算会发生怎样的变化？

其会计分录如下：

（1）中央财政的账务处理：

1）按照1∶6.5的汇率折算，250万美元折合人民币1625万元。

中央财政根据贷款资金支付相关资料进行的账务处理为：

借：债务转贷支出	16250000	
贷：债务收入		16250000
借：待偿债净资产——借入款项	16250000	
贷：借入款项		16250000

中央政府将该项借款转贷给陕西省财政的账务处理为：

借：应收主权外债转贷款	16250000	
贷：资产基金——应收主权外债转贷款		16250000

2）截至2016年12月31日，当年使用该项资金的时间为7个月。按照3%的利率计算，本年度应付利息为284375元。账务处理为：

借：待偿债净资产——借入款项	284375	
贷：借入款项——应付利息		284375

2017年5月30日收到陕西省财政支付的第一年转贷利息487500元（16250000×3%）的账务处理为：

借：其他财政存款	487500	
贷：其他应付款——应付利息		487500

2017年5月31日向世界银行支付第一年利息的账务处理为：

借：其他应付款——应付利息	487500	
贷：其他财政存款		487500

同时需要做出冲减应付利息的账务处理如下：

借：借入款项——应付利息　　　　　　　　　　　　487500
　　贷：待偿债净资产——借入款项　　　　　　　　　　　　　　487500

3）2019年5月30日收到陕西省财政支付的借款本金和最后一年转贷利息的账务处理为：

借：其他财政存款　　　　　　　　　　　　　　　16737500
　　贷：其他应付款——应付本金　　　　　　　　　　　　　　16250000
　　　　　　　　　——应付利息　　　　　　　　　　　　　　　487500

2019年5月31日偿还世界银行借款本息的账务处理为：

借：其他应付款——应付本金　　　　　　　　　　16250000
　　　　　　　——应付利息　　　　　　　　　　　487500
　　贷：其他财政存款　　　　　　　　　　　　　　　　　　　16737500

同时需要做出冲减借入款项的账务处理：

借：借入款项——应付本金　　　　　　　　　　　16250000
　　　　　　——应付利息　　　　　　　　　　　　284375
　　贷：待偿债净资产——借入款项　　　　　　　　　　　　　16534375

（2）陕西省财政的账务处理：

1）陕西省财政根据贷款资金支付相关资料进行账务处理如下：

借：债务转贷支出　　　　　　　　　　　　　　　16250000
　　贷：债务转贷收入　　　　　　　　　　　　　　　　　　　16250000

借：待偿债净资产——借入款项　　　　　　　　　16250000
　　贷：应付主权债务转贷款　　　　　　　　　　　　　　　　16250000

2）2016年12月31日确认本年度应付利息的账务处理为：

借：待偿债净资产——借入款项　　　　　　　　　　284375
　　贷：借入款项——应付利息　　　　　　　　　　　　　　　　284375

2017年5月30日收到安康市财政支付的第一年转贷利息的账务处理为：

借：其他财政存款　　　　　　　　　　　　　　　　487500
　　贷：其他应付款——应付利息　　　　　　　　　　　　　　　487500

2017年5月30日向中央财政支付第一年利息的账务处理为：

借：其他应付款——应付利息　　　　　　　　　　　487500
　　贷：其他财政存款　　　　　　　　　　　　　　　　　　　　487500

同时需要做出冲减应付利息的账务处理如下：

借：借入款项——应付利息　　　　　　　　　　　　487500

贷：待偿债净资产——借入款项　　　　　　　　　　　　　　487500

3) 2019年5月30日收到安康市财政偿还的转贷资金本息时的账务处理为：

借：其他财政存款　　　　　　　　　　　　　　　　　　　　16737500

　　贷：其他应付款——应付本金　　　　　　　　　　　　　　16250000

　　　　　　　　——应付利息　　　　　　　　　　　　　　　487500

2019年5月30日将转贷资金本息偿还给陕西省财政的账务处理为：

借：其他应付款——应付本金　　　　　　　　　　　　　　　16250000

　　　　　　——应付利息　　　　　　　　　　　　　　　　487500

　　贷：其他财政存款　　　　　　　　　　　　　　　　　　16737500

同时需要做出冲减借入款项的账务处理如下：

借：借入款项——应付本金　　　　　　　　　　　　　　　　16250000

　　　　　——应付利息　　　　　　　　　　　　　　　　　284375

　　贷：待偿债净资产——借入款项　　　　　　　　　　　　16534375

五、其他负债

有关政策已明确政府财政承担的支出责任，按照确定应承担的负债金额，借记"待偿债净资产"科目，贷记本科目。实际偿还负债时，借记有关支出等科目，贷记"国库存款"等科目，同时，按照相同的金额，借记本科目，贷记"待偿债净资产"科目。本科目贷方余额反映政府财政承担的尚未支付的其他负债余额。

复习思考题

1. 什么是财政总预算会计的负债？财政总预算会计的负债包括哪些内容？
2. 什么是应付国库集中支付结余？应当如何核算？
3. 什么是借入款项？应当如何核算？
4. 什么是应付政府债券？应当如何核算？

第二十章
财政总预算会计的收入核算

【本章学习目标】 本章主要介绍财政总预算会计收入的概念、分类以及会计核算。本章的学习目标是理解财政总预算会计各项收入的内涵和分类；掌握财政总预算会计各项收入的账务处理。

财政总预算会计的收入是指政府财政为实现政府职能，根据法律、法规等所筹集的资金。包括一般公共预算本级收入、政府性基金预算本级收入、国有资本经营预算本级收入、财政专户管理资金收入、专用基金收入、转移性收入、债务收入、债务转贷收入等。

第一节 一般公共预算本级收入

一般公共预算本级收入是指政府凭借国家政治权力，以社会管理者身份筹集以税收为主体的财政收入，主要用于保障和改善民生、维持国家行政职能正常运转、保障民生等方面。

一、一般公共预算本级收入的分类

一般公共预算本级收入的分类，按《政府收支分类科目》办理。根据《政府收支分类科目》规定，一般公共预算本级收入依次分为"类""款""项""目"四级，四级科目逐级递进，内容逐级细化。一般而言，《政府收支分类科目》每年都会根据经济社会发展的情况修改，以适应预算管理的需要。一般公共预算本级收入可分为以下两类：

1. 税收收入

税收收入是政府从开征的各种税收中取得的收入，是财政收入的最主要的来源。该

"类"级科目分设21个"款"级科目：增值税、消费税、营业税、企业所得税、企业所得税退税、个人所得税、资源税、固定资产投资方向调节税等。以上有关收税收入的"项"级科目，再根据情况分设"目"级科目。如"国内增值税"的"项"级科目再分设"国有企业增值税""集体企业增值税"等。上述分类是按照企业性质进行的。其他税收科目（消费税、土地增值税等）科目的分类方法类似，即都按企业的性质进行分类。

2. 非税收入

非税收入是政府从开征的各种税收之外取得的税收。该"类"级科目分设以下6个"款"级科目：专项收入、行政事业性收费收入、罚没收入、国有资本经营收入、国有资源（资产）有偿使用收入、其他收入。以上有关非税收入的"项"级科目，再根据情况分设若干"目"级科目。如"公安行政事业性收费收入"项级科目再分设"外国人签证费""居民身份证工本费"等"目"级科目。

《政府收支分类科目》中的"一般公共预算本级收入"科目，是财政总预算会计进行一般公共预算本级收入核算的依据。但是财政总预算会计中核算的收入科目与《政府收支分类科目》中的收入科目存在如下重要区别：

首先，在现行《政府收支分类科目》中一般公共预算本级收入科目包括税收收入、非税收入、社会保障收入、贷款转贷回收本金收入、债务收入和转移性收入六个"类"级科目。这六类收入都表示政府可以用来安排一般公共预算本级支出的资金来源。因此，在政府编制财政总预算时，它们都被作为一般公共预算本级收入来处理。而作为财政总预算会计进行核算的"一般公共预算本级收入"科目只包括税收收入和非税收入两个"类"级科目。

其次，财政总预算会计在收到贷款转贷回收本金收入时，不作为一般公共预算本级收入，而是作为收回债权处理；在收到发行债务凭证的收入时，也不作为一般公共预算本级收入处理，而是作为负债处理；在收到上下级政府转入本级政府一般预算资金时，以及将本级政府诸如基金预算资金、国有资本经营预算资金、预算外资金转入一般预算时，不作为"一般公共预算收入"进行核算，而作为"补助收入""上解收入"或"调入资金"等科目进行核算。

目前，社会保障基金不是由各级财政部门管理的，因此，社会保障基金收入不由财政总预算会计核算，因此，财政总预算会计收入科目中不含社会保险基金收入科目。

二、一般公共预算本级收入收缴方式和程序

在国库单一制度下，财政收入的收缴分为直接缴库和集中汇缴两种收缴方式。

1. 直接缴库

直接缴库是指缴库单位或缴库人按有关法律、法规规定，直接将应缴收入缴入国库单

一账户的收缴方式。在直接缴库方式下，直接缴库的税收收入，由纳税人或税务代理人提出纳税申报，经征收机关审核无误后，由纳税人通过开户银行将税款缴入财政国库单一账户。财政总预算会计根据国库单一账户入库数额，确认国库存款的增加，并确认相应的预算收入等。直接缴库的其他收入，比照上述程序缴入国库单一账户。

2. 集中汇缴

集中汇缴是指由征收机关按有关法律、法规规定，将所收的应缴收入汇总缴入国库单一账户的收缴方式。在集中汇缴方式下，小额零散税收和法律另有规定的应缴非税收入，尤其是非税收入中的现金缴款，由征收机关于收缴收入当日汇总缴入国库单一账户。在集中汇缴方式下，财政总预算会计根据国库存款账户的入账金额，确认国库存款的增加，并确认相应的预算收入等。

无论是直接还是集中缴库，征收机关都不需要设立应缴款项的过渡账户。即征收机关不需要将收到的应缴款项先存入自身在银行开立的专门账户，再通过专门账户缴入财政国库存款账户。

与国库单一账户制度下的直接缴库和集中缴库这两种财政收入收缴方式相对应，尚未实行国库单一账户制度的缴库方式为部门或单位自收汇缴方式。在部门或单位自收汇缴方式下，有关部门或单位按照规定收取财政收入后，存入各自的开户银行，再汇入财政国库存款账户。财政总预算会计根据国库存款账户的入账数额，确认国库存款的增加，并确认相应的预算收入。

在部门或单位各自收汇缴方式下，有关部门或单位在开户银行开设的有关账户，成为财政收入在收缴过程中的过渡账户。

三、一般公共预算本级收入的划分、组织和报解

1. 一般公共预算本级收入的划分

一般公共预算本级收入无论采用哪种方式，中国人民银行国库在收到一般公共预算收入后，都应该按照财政管理体制的要求，将一般公共预算本级收入在中央财政与地方财政之间，以及在地方各级财政之间进行划分。在中央财政与地方财政之间划分情况如下：

（1）中央财政固定收入，包括消费税（含进口环节海关代征的部分）、车辆购置税、关税、海关代征的进口环节增值税等。

（2）地方财政固定收入，包括城镇土地使用税、耕地占用税、土地增值税、房产税、城市房地产税、车船税、契税等。

（3）中央财政与地方财政共享收入，包括以下内容：①增值税（不含进口环节由海关代征的部分），中央财政分享75%，地方财政分享25%；②营业税，铁道部、各银行总行、各保险总公司集中缴纳的部分归中央财政，其余部分归地方财政；③企业所得税、外商投

资企业和外国企业所得税，铁道部、各银行总行及海洋石油企业缴纳的部分归中央财政，其余部分中央财政与地方财政按60%和40%的比例分享；④个人所得税，除储蓄存款利息所得的个人所得税外，其余部分的分享比例与企业所得税相同；⑤资源税，海洋石油企业缴纳的部分归中央财政，其余部分归地方财政；⑥城市维护建设税，铁道部、各银行总行、各保险总公司集中汇缴的部分归中央财政，其余地方财政；⑦印花税，证券交易印花税收入的94%归中央财政，其余6%和其他印花税收入归地方财政。

2. 一般公共预算本级收入的组织

在我国，一般公共预算本级收入的组织主要由征收机构和出纳机构来完成。征收机构是指具体负责预算收入的征收、管理和监督的机构，主要包括税务部门（负责各项工商税收）、海关（负责关税）和财政部门（负责国有资产经营收益、行政性收益、罚没收入等）。

预算收入的出纳机构是国家金库（简称金库）。金库是国家预算资金唯一的收纳、划分、报解的专门机构。在我国，国库按统一领导、分级管理的财政体制设置，由中国人民银行代理。金库分为总库、分库、中心支库、支库四级，分别设在中国人民银行总行、省（自治区、直辖市）分行、地（市）中心支行、县（市）支行。在支行以下办事处、分理处、营业所设金库经收处，较大级别的省辖市分（支）行所属办事处，根据需要可以设立支库。各省（直辖市、自治区）分行及其所属的各级国库，既是中央国库的分支机构，又是各级地方财政的国库。

3. 一般公共预算本级收入的报解

一般公共预算本级收入在地方各级财政之间的划分情况，由上一级财政制定本级财政与下一级财政之间的财政管理体制，规定划分方法，然后按规定方法执行。

中国人民银行在对收到的一般公共预算本级收入进行划分后，将各级财政应得的一般预算收入款项解入相应级别的财政国库存款账户。同时，将各级财政应得的一般预算收入款项以预算收入日报表的形式报送给相应级别的财政总预算会计。

四、一般公共预算本级收入的核算

为核算一般预算收入，财政总预算会计应设置"一般公共预算本级收入"科目。财政总预算会计根据中国人民银行国库报来的预算收入日报表所列的当日"一般公共预算本级收入"科目和数额，借记"国库存款"科目，贷记本科目；如果当日的收入为负，则以红字或负数表示。年终结账时，将"一般公共预算本级收入"科目的贷方余额转入"一般公共预算结转结余"科目。该科目平时余额在贷方，反映一般预算收入累计数。该科目应根据《政府收支分类科目》设置相应的明细科目。

【例20-1】A市财政总预算会计收到中国人民银行国库报来的预算收入日报表以及所附收入凭证，列示当日一般公共预算本级收入800000元。其中，税收收入——增值税——国内增值税 670000 元，税收收入——营业税——一般营业税 130000 元。其会计分录为：

  借：国库存款——一般预算款   800000
    贷：一般公共预算本级收入——税收收入——增值税——国内增值税 670000
        ——税收收入——营业税——一般营业税 130000

【例 20-2】A 市财政总预算会计年终将"一般公共预算本级收入"科目贷方余额 800000 元全数转入"一般公共预算本级结余"科目。其会计分录为：

  借：一般公共预算本级收入   800000
    贷：一般公共预算结转结余   800000

第二节 政府性基金预算本级收入

一、政府基金预算本级收入的概念与分类

政府性基金预算本级收入（简称基金预算收入），是指各级政府财政按规定收取、转入或通过当年财政安排，由财政管理并具有指定用途的政府财政预算资金收入。如：中央财政按照《民航机场管理建设费征收使用管理办法》的规定征收的民航机场管理建设费收入，应当用于民航机场管理建设方面的支出；地方财政按照《残疾人就业保障金管理暂行规定》征收的残疾人就业保障金收入，应当用于残疾人就业保障方面的支出等。建立政府性基金预算制度，对于筹集政府需要开展的有关专门业务活动的资金，保障有关专门的业务活动能够顺利进行，减轻政府一般预算的压力，具有重要的现实意义。

财政总预算会计基金核算的预算收入的分类与《政府收支分类科目》中的基金预算收入科目相一致。按照现行《政府收支分类科目》，基金预算收入科目分别为非税收入和转移性收入两个"类"级科目。其中，非税收入科目下设政府性基金收入 1 个"款"级科目。转移性收入科目下分设政府性基金转移收入等 3 个"款"级科目。"类""款""项""目"四级科目逐级递进，内容逐级细化。

政府性基金收入"款"级科目下设置三峡工程建设基金收入、农网还贷资金收入、山西省煤炭可持续发展基金收入等 51 个"项"级科目。在以上项级科目中，有些还需要设置"目"级科目。如学校费"项"级科目分设"教育部门普通高中学费""教育部门普通高中住宿费"等目级科目。

与"一般公共预算本级收入"科目一样，以上"转移性收入"科目在《政府收支分类

项目》中属于"基金预算收入"科目，但在财政总预算会计核算收入时，不作为"基金预算收入"科目核算，而作为"补助收入""上解收入""调入资金"等科目核算。

二、政府基金预算本级收入的管理要求与核算要求

基金预算收入的缴库方式和管理要求与一般公共预算本级收入基本相同。不同之处主要表现在基金预算收入由财政部门驻各地专员办事机构同财政部门负责征收管理，而一般预算收入款主要由税务机关组织征收。基金预算收入是专用性很强的资金，财政总预算会计在管理和核算时应遵循以下要求：

第一，先收后支。财政总预算会计应当在已有基金预算收入数额的范围内办理基金预算支出。基金预算收入与支出应当做到自求平衡。

第二，专款专用。各项基金预算需要分别管理，分别平衡，也就是相应的基金预算收入应当用于相应的支出，各项基金预算款项之间不能相互调剂。

第三，分项核算。财政总预算会计应当按政府预算收支科目中的"基金预算收支"科目设置相应的明细账，分项核算各项目基金预算的收入、支出和结余情况，不能相互混淆。

三、政府性基金预算本级收入的核算

为核算基金预算收入业务，财政总预算会计应设置"政府性基金预算本级收入"科目。财政总预算会计收到中国人民银行国库报来的预算收入日报表时，根据所列基金预算收入的科目和数额，借记"国库存款"科目，贷记本科目。年终转账时，将该科目贷方余额全数转入"政府性基金预算结转结余"科目。该科目平时贷方余额，反映当年基金预算收入累计数。该科目应按《政府收支分类科目》中的基金收入科目设置明细账。

【例 20-3】A 市财政总预算会计收到中国人民银行国库报来的预算收入日报表以及所附收入凭证，列示当日基金预算收入 1100000 元。其中，"残疾人就业保障金收入"150000 元，"转让政府还贷道路收费权收入——转让政府还贷城市道路收费权收入"500000 元，"政府住房基金收入——公有住房出售收入"450000 元。其会计分录为：

借：国库存款——基金预算存款　　　　　　　　　　　　　　　1100000
　　贷：政府性基金预算本级收入——残疾人就业保障收入　　　　　　　150000
　　　　——转让政府还贷道路收费权收入——转让政府还贷城市道路收费权收入
　　　　　　　　　　　　　　　　　　　　　　　　　　　　　　500000
　　　　——政府住房基金收入——公有住房出售收入　　　　　　　　　450000

年终，总预算会计应将"基金预算收入"科目贷方余额全数转入"基金预算结转结余"科目，并结清所有明细账的余额。

借：政府性基金预算本级收入　　　　　　　　　　　　　　　　1100000
　　贷：政府性基金预算结转结余　　　　　　　　　　　　　　　　1100000

第三节 国有资本经营预算本级收入

国有资本经营预算本级收入是指各级政府以所有者身份依法取得的国有资本收益。国有资本经营预算本级收入应当按照国有资本经营预算支出的内容综合安排使用，我国2007年开始实施国有资本经营收支预算制度。

一、国有资本经营预算本级收入的分类

按照现行《政府收支分类科目》，"国有资本经营预算本级收入"科目分设"类""款""项""目"四级科目，四级科目逐级递进，内容逐级细化。财政总预算会计核算的"国有资本经营预算本级收入"的"类"级科目是非税收入。该"类"级科目设有国有资本经营收入"款"级科目，"款"级科目下再分设如下"项"级科目：利润收入；股利、股息收入；产权转让收入；清算收入；其他国有资本经营预算收入。国有资本经营预算与一般预算、基金预算一起构成我国政府财政预算的三个预算种类。国有资本经营预算收入的收缴方式和程序、划分和报解方法等参照一般预算执行。

二、国有资本经营预算本级收入的核算

为核算国有资本经营预算收入业务，财政总预算会计应设置"国有资本经营预算本级收入"总账科目。当取得国有资本经营预算收入时，借记"国库存款"，贷记本科目；年终转账将该科目贷方余额全数转入"国有资本经营预算结转结余"科目。该科目平时为贷方余额，表示当年国有资本经营预算收入的累计数。该科目应按《政府收支分类科目》中的基金收入科目设置明细账。

【例20-4】A市财政总预算会计收到中国人民银行国库报来的预算收入日报表。其中，国有资本经营收入750000元，具体科目和金额为："利润收入——烟草企业利润收入"250000元，"产权转让收入——国有股权转让收入"500000元。其会计分录为：

借：国库存款——国有资本经营预算款　　　　　　　　　　750000
　　贷：国有资本经营预算本级收入——利润收入——烟草企业利润收入　250000
　　　　　　——产权转让收入——国有股权转让收入　　　500000

年终，总预算会计应将"国有资本经营预算本级收入"科目贷方余额全数转入"国有资本经营预算结转结余"科目，并结清所有明细账的余额。

借：国有资本经营预算本级收入　　　　　　　　　　　　　1100000
　　贷：国有资本经营预算结转结余　　　　　　　　　　　　1100000

第四节 财政专户管理资金收入

财政专户管理资金收入是指未纳入预算并实行财政专户管理的资金收入,包括教育收费、彩票发行机构和彩票销售机构的业务费用等收入。

财政预算外资金收入纳入预算管理后,仍保留了教育收费、彩票发行机构和彩票销售机构业务费用的财政专户管理,这就构成了财政专户资金。财政专户资金实行收支两条线,既不纳入财政预算范围,也不用于和财政预算资金之间的调剂。

财政总预算会计收到教育事业单位、彩票发行和销售机构交来的财政专户资金时,确认财政专户管理资金收入。

一、财政专户管理资金收入的科目设置

为了核算财政专户管理资金收入,财政总预算会计应设置"财政专户管理资金收入"总账科目。

二、财政专户管理资金收入的核算

当收到财政专户管理资金收入时,借记"其他财政存款",贷记本科目;年终转账时,将该科目贷方余额全数转入"财政专户管理资金结余"科目。该科目平时为贷方余额,表示当年财政专户管理资金收入的累计数。该科目应按《政府收支分类科目》中的财政专户管理资金收入科目设置明细账。

【例20-5】A市财政局设立的财政专户发生如下业务:

(1)收到H高校交来的学费600000元。其会计分录为:

借:其他财政存款——财政专户管理资金存款 600000
  贷:财政专户管理资金收入——教育收费收入——教育行政事业性收费——高等学校学费 600000

(2)收到彩票销售机构交来的彩票销售收入5000000元,其中,"基金预算收入——彩票公益金收入——福利彩票公益金收入"4000000元,缴入国库;"财政专户管理资金收入——彩票业务收入——彩票发行和销售机构业务费用——福利彩票销售机构业务费用"1000000元,缴入财政专户。其会计分录为:

借:其他财政存款——财政专户管理资金存款 1000000
  贷:财政专户管理资金收入——彩票业务收入——彩票发行和销售机构业务费

　　　　用——福利彩票销售机构业务费用　　　　　　　　　　1000000
　　借：其他财政存款——基金预算存款　　　　　　　4000000
　　　　贷：财政专户管理资金收入——彩票公益金收入——福利彩票公益金收入
　　　　　　　　　　　　　　　　　　　　　　　　　　　　4000000

（3）年末，请将"财政专户管理资金收入"科目贷方余额为1600000元结转。其中"教育费收入"600000元，"彩票业务费收入"1000000元，其会计分录为：
　　借：财政专户管理资金收入——教育收费收入　　　　600000
　　　　财政专户管理资金收入——彩票业务收入　　　　1000000
　　　　贷：财政专户管理资金结余——教育收费结余　　　　　600000
　　　　　　　　　　　　　　　　——彩票业务费结余　　　　1000000

第五节　专用基金收入

专用基金收入是指政府财政按照规定取得的具有专门用途的资金，如粮食风险基金收入等。

一、专用基金收入的管理要求

专用基金收入来源主要有两个方面：一是上级财政拨入；二是本级财政预算安排。

专用基金收入的管理要求与基金预算收入管理要求相比，有相同之处，也有不同之处。相同之处是：都需要专款专用，不能随意改变用途，且都必须做到先收后支、量入为出。不同点是基金预算收入是财政部门按规定收取的纳入预算管理的资金收入，一般需要缴入国库；专用基金收入是财政部门按规定设置或取得的在基金预算收入之外的资金收入，一般需要通过开设银行存款专户进行储存，单独管理。

二、专用基金收入的核算

为核算专用基金收入业务，财政总预算会计应设置"专用基金收入"科目。总预算会计从上级财政部门或通过本级预算支出安排取得专用基金收入时，借记"其他财政存款"，贷记本科目；年终转账时，将该科目余额全部转入"专用基金结余"科目。该科目应根据专用基金的种类设置明细账。

【例20-6】A市财政总预算会计发生如下专用基金收入业务：

（1）从上级财政部门取得粮食风险基金600000元。其会计分录为：

借：其他财政存款——专用基金存款　　　　　　　600000
　　　　贷：专用基金收入——粮食风险基金　　　　　　　　600000
（2）本级一般预算支出中安排专用基金200000元，以增加粮食风险基金的数额。其会计分录为：
　　借：一般公共预算本级支出　　　　　　　　　　　200000
　　　　贷：国库存款——一般预算存款　　　　　　　　　　200000
　　借：其他财政存款——专用基金存款　　　　　　　200000
　　　　贷：专用基金收入——粮食风险基金　　　　　　　　200000
（3）年终，将"专用基金收入"贷方余额全数结转。其会计分录为：
　　借：专用基金收入——粮食风险基金　　　　　　　800000
　　　　贷：专用基金结余　　　　　　　　　　　　　　　　800000

第六节　转移性收入

转移性收入是根据财政体制规定在地方与中央、地方各级财政之间进行资金调拨所形成的收入以及在本级财政不同性质的资金之间的调拨所形成的收入，具体包括补助收入、上解收入、地区间援助收入、调入资金和动用预算稳定调节基金等。转移性收入根据收入资金的性质和收入的种类，分别纳入一般公共预算、基金预算、国有资本经营预算。

一、补助收入

补助收入也称预算补助收入，是指上级财政按财政体制规定或因其他专门原因对本级财政进行补助而形成的收入，主要包括以下四项内容：一是返还性补助收入；二是一般性转移支付补助收入；三是专项转移支付补助收入；四是政府性基金转移支付补助收入。补助收入为上级财政对下级财政的财力转移。补助收入会减少上级财政的财力，增加本级财政的财力，但不会增加或减少上级和本级财政的财力总和。

为了核算补助业务，财政总预算会计应设置"补助收入"科目。财政部门收到上级拨入的补助款时，借记"国库存款"，贷记本科目；财政部门与上级往来款中一部分转作上级补助收入数，即从"与上级往来"科目转入本科目，借记"与上级往来"，贷记本科目；在退还上级拨来的补助款项时，借记本科目，贷记"国库存款"；年终，结转本科目的贷方余额时，要按资金的性质，即上级补助款是属于一般公共预算资金、基金预算资金，还是国有资本经营预算资金，分别结转到各自相应的结余中，结转以后，该科目应无余额。

该科目应按《政府收支分类科目》中的转移性收入科目设置明细账，同时还应按补助收入的上级政府名称设置明细账。

【例20-7】A市财政总预算会计发生如下业务：

（1）收到中国人民银行国库报来的预算收入日报表。其中：转移性收入合计350000元。具体科目和金额为：一般性转移支付收入——体制外补助收入200000元，专项转移性支付收入——环境保护专项补助收入100000元，政府性基金转移收入——政府性基金补助收入50000元。其会计分录为：

借：国库存款　　　　　　　　　　　　　　　　　　350000
　　贷：补助收入——一般性转移支付收入——体制外补助收入　　200000
　　　　　　　　——专项转移性支付收入——环境保护专项补助收入　100000
　　　　　　　　——政府性基金转移收入——政府性基金补助收入　　50000

（2）收到上级省财政将原借给A市财政周转调度的款项200000元转作对市专项预算补助的通知。其会计分录为：

借：与上级往来　　　　　　　　　　　　　　　　　200000
　　贷：补助收入——专项转移性补助收入——专项补助收入　200000

（3）年终，请将"补助收入"科目贷方余额全数结转。其会计分录为：

借：补助收入　　　　　　　　　　　　　　　　　　550000
　　贷：一般公共预算结转结余　　　　　　　　　　　500000
　　　　政府性基金预算结转结余　　　　　　　　　　50000

二、上解收入

上解收入是指按照财政体制规定由下级财政上交给本级财政的收入。主要内容包括三项：一是一般性转移支付上解收入；二是专项转移支付上解收入；三是政府性基金转移支付上解收入。上解收入为下级财政对上级财政的财力转移，上解收入会减少下级财政的财力，增加本级财政的财力，但不会改变上级和本级财政的财力总和。

为核算上解收入业务，财政总预算会计应设置"上解收入"科目。财政总预算会计收到下级上解款时，借记"国库存款"，贷记本科目；如果发生退回，应做相反分录；年终，结转本科目的贷方余额时，要按资金的性质，即上解款项是属于一般公共预算资金、基金预算资金，分别结转到各自相应的结余中，结转以后，该科目应无余额。该科目应按《政府收支分类科目》中的转移性收入科目设置明细账，同时还应按上解款型的下级政府名称设置明细账。

【例20-8】A市财政总预算会计发生如下业务：

（1）收到中国人民银行国库报来的预算收入日报表。其中：转移性收入合计350000

元。具体科目和金额为：一般性转移支付收入——体制上解收入 200000 元，专项转移性支付收入——专项上解收入 100000 元，政府性基金转移收入——政府性基金上解收入 50000 元。其会计分录为：

```
借：国库存款                                           350000
    贷：上解收入——一般性转移支付收入——体制上解收入        200000
              ——专项转移性支付收入——专项上解收入        100000
              ——政府性基金转移收入——政府性基金上解收入    50000
```

（2）年终，请将"上解收入"科目贷方余额全数结转。其会计分录为：

```
借：上解收入                                           350000
    贷：一般公共预算结转结余                              300000
        政府性基金预算结转结余                             50000
```

三、调入资金

调入资金是指为了平衡预算支出，不同行政资金之间的调入收入，包括一般预算调入资金、政府性基金预算调入资金。调入资金的目的是平衡一般预算或基金预算。调入资金不影响上下级财政和本级财政各自的财力，但会影响本级财政不同性质财政资金的数额。

为核算调入资金的业务，财政总预算会计应设置"调入资金"科目。财政总预算会计调入资金时，借记"国库存款"，贷记本科目。年终，结转本科目的贷方余额时，要按资金的性质，即调入款项是属于一般公共预算资金、基金预算资金，分别结转到各自相应的结余中，结转以后，该科目应无余额。该科目应按《政府收支分类科目》中的转移性收入科目设置明细账，具体可设为"一般预算调入资金"、"政府性基金预算调入资金"或"其他调入资金"。

【例 20-9】A 市财政总预算会计发生如下业务：

（1）为平衡一般预算，经批准从基金预算结余中调入资金 160000 元。其会计分录为：

```
借：调出资金                                           160000
    贷：调入资金——一般预算存款                           160000
```

（2）年终，请将"调入资金"科目贷方余额 550000 元（其中，一般预算调入资金 500000 元，政府性基金预算调入资金 50000 元）结转。其会计分录为：

```
借：调入资金                                           550000
    贷：一般公共预算结转结余                              500000
        政府性基金预算结转结余                             50000
```

四、地区间的援助收入

该科目核算受援方政府财政收到援助方政府财政转来的可统筹使用的各类援助、捐赠等资金收入。本科目应当按照援助地区及管理需要进行相应的明细核算。地区间援助收入的主要账务处理如下：收到援助方政府财政转来的资金时，借记"国库存款"科目，贷记本科目；年终转账时，本科目贷方余额全数转入"一般公共预算结转结余"科目，借记本科目，贷记"一般公共预算结转结余"科目。结转后，本科目无余额。本科目平时贷方余额反映地区间援助收入的累计数。

【例 20-10】甲市财政总预算会计发生如下业务：
（1）收到乙市财政转来的可统筹使用的援助资金 350000 元。其会计分录为：
借：国库存款　　　　　　　　　　　　　　　　　　350000
　　贷：地区间援助收入——接受其他地区援助收入——乙市财政　350000
（2）年终，请将"地区间援助收入"贷方余额 350000 元全数结转。其会计分录为：
借：地区间援助收入　　　　　　　　　　　　　　　350000
　　贷：一般公共预算结转结余　　　　　　　　　　350000

五、动用预算稳定调节基金

预算稳定调节基金是一种逆周期财政政策的重要工具，各级财政通过超收安排和一般公共预算结余补充基金，主要用于弥补短收年份预算执行的收支缺口，以及视预算平衡情况，在安排年初预算时调入并安排使用。应该说，预算稳定调节基金在我国的引入，很大程度上解决了财政超收的治理问题，也发挥了其"以丰补歉，以盈填亏"的蓄水池功能。

该科目核算政府财政为弥补本年度预算资金的不足，调用的预算稳定调节基金。动用预算稳定调节基金的主要账务处理如下：调用预算稳定调节基金时，借记"预算稳定调节基金"科目，贷记本科目。年终转账时，本科目贷方余额全数转入"一般公共预算结转结余"科目，借记本科目，贷记"一般公共预算结转结余"科目。结转后，本科目无余额。本科目平时贷方余额反映动用预算稳定调节基金的累计数。

【例 20-11】为弥补 A 市财政短收 2016 年预算执行缺口，将以前年度安排的预算稳定调节基金调用 500000 元。会计分录如下：
借：预算稳定调节基金　　　　　　　　　　　　　　500000
　　贷：动用预算稳定调节基金　　　　　　　　　　500000
年终，将本科目的贷方余额全数结转。会计分录如下：
借：动用预算稳定调节基金　　　　　　　　　　　　500000
　　贷：一般公共预算结转结余　　　　　　　　　　500000

第七节 债务收入与债务转贷收入

一、债务收入

债务收入是政府财政按照国家法律、国务院规定以发行债券等方式取得的，以及向外国政府、国际金融组织等机构借款取得的纳入预算管理的债务收入。国内债务收入通常被中央政府或地方政府用来弥补财政赤字，也有的用于投资等其他目的。国外债务收入除了解决本国建设资金不足之外，也用于平衡一国的国际收支等其他方面。

为了核算债务收入业务，财政总预算会计应设置"债务收入"科目。本科目平时贷方余额反映债务收入的累计数，年终结转后，应无余额。债务收入的主要账务处理如下：

1. 省级以上政府收到政府债券发行收入

省级以上政府财政收到政府债券发行收入时，按照实际收到的金额，借记"国库存款"科目，按照政府债券实际发行额，贷记本科目，按照发行收入和发行额的差额，借记或贷记有关支出科目；根据债务管理部门转来的债券发行确认文件等相关资料，按照到期应付的政府债券本金金额，借记"待偿债净资产——应付短期政府债券/应付长期政府债券"科目，贷记"应付短期政府债券"、"应付长期政府债券"等科目。

2. 政府财政向国外政府、国际金融组织等机构借款

政府财政向外国政府、国际金融组织等机构借款时，按照借入的金额，借记"国库存款""其他财政存款"等科目，贷记本科目；根据债务管理部门转来的相关资料，按照实际承担的债务金额，借记"待偿债净资产——借入款项"科目，贷记"借入款项"科目。

3. 本级政府财政借入主权外债

本级政府财政借入主权外债，且由外方将贷款资金直接支付给用款单位或供应商时，应根据以下情况分别处理：

（1）本级政府财政承担还款责任，贷款资金由本级政府财政同级部门（单位）使用的，本级政府财政根据贷款资金支付相关资料，借记"一般公共预算本级支出"科目，贷记本科目；根据债务管理部门转来的相关资料，按照实际承担的债务金额，借记"待偿债净资产——借入款项"科目，贷记"借入款项"科目。

（2）本级政府财政承担还款责任，贷款资金由下级政府财政同级部门（单位）使用的，本级政府财政根据贷款资金支付相关资料及预算指标文件，借记"补助支出"科目，贷记本科目；根据债务管理部门转来的相关资料，按照实际承担的债务金额，借记"待偿

债净资产——借入款项"科目，贷记"借入款项"科目。

（3）下级政府财政承担还款责任，贷款资金由下级政府财政同级部门（单位）使用的，本级政府财政根据贷款资金支付相关资料，借记"债务转贷支出"科目，贷记本科目；根据债务管理部门转来的相关资料，按照实际承担的债务金额，借记"待偿债净资产——借入款项"科目，贷记"借入款项"科目；同时，借记"应收主权外债转贷款"科目，贷记"资产基金——应收主权外债转贷款"科目。

4. 年终转账

年终转账时，本科目下"专项债务收入"明细科目的贷方余额应按照对应的政府性基金种类分别转入"政府性基金预算结转结余"相应明细科目，借记本科目（专项债务收入明细科目），贷记"政府性基金预算结转结余"科目；本科目下其他明细科目的贷方余额全数转入"一般公共预算结转结余"科目，借记本科目（其他明细科目），贷记"一般公共预算结转结余"科目。

二、债务转贷收入

债务转贷收入是指省级以下（不含省级）政府财政收到上级政府财政转贷的债务收入。

该科目下应当设置"地方政府一般债务转贷收入""地方政府专项债务转贷收入"明细科目。债务转贷收入的主要账务处理如下：

1. 省级以下（不含省级）政府财政收到地方政府债券转贷收入

省级以下（不含省级）政府财政收到地方政府债券转贷收入时，按照实际收到的金额，借记"国库存款"科目，贷记本科目；根据债务管理部门转来的相关资料，按照到期应偿还的转贷款本金金额，借记"待偿债净资产——应付地方政府债券转贷款"科目，贷记"应付地方政府债券转贷款"科目。

2. 省级以下（不含省级）政府财政收到主权外债转贷收入的具体账务处理

省级以下（不含省级）政府财政收到主权外债转贷收入的具体账务处理如下：

（1）本级财政收到主权外债转贷资金时，借记"其他财政存款"科目，贷记本科目；根据债务管理部门转来的相关资料，按照实际承担的债务金额，借记"待偿债净资产——应付主权外债转贷款"科目，贷记"应付主权外债转贷款"科目。

（2）从上级政府财政借入主权外债转贷款，且由外方将贷款资金直接支付给用款单位或供应商时，应根据以下情况分别处理：

其一，本级政府财政承担还款责任，贷款资金由本级政府财政同级部门（单位）使用的，本级政府财政根据贷款资金支付相关资料，借记"一般公共预算本级支出"科目，贷记本科目；根据债务管理部门转来的相关资料，按照实际承担的债务金额，借记"待偿债净资产——应付主权外债转贷款"科目，贷记"应付主权外债转贷款"科目。

其二，本级政府财政承担还款责任，贷款资金由下级政府财政同级部门（单位）使用的，本级政府财政根据贷款资金支付相关资料及预算文件，借记"补助支出"科目，贷记本科目；根据债务管理部门转来的相关资料，按照实际承担的债务金额，借记"待偿债净资产——应付主权外债转贷款"科目，贷记"应付主权外债转贷款"科目。

其三，下级政府财政承担还款责任，贷款资金由下级政府财政同级部门（单位）使用的，本级政府财政根据转贷资金支付相关资料，借记"债务转贷支出"科目，贷记本科目；根据债务管理部门转来的相关资料，按照实际承担的债务金额，借记"待偿债净资产——应付主权外债转贷款"科目，贷记"应付主权外债转贷款"科目；同时，借记"应收主权外债转贷款"科目，贷记"资产基金——应收主权外债转贷款"科目。下级政府财政根据贷款资金支付相关资料，借记"一般公共预算本级支出"科目，贷记本科目；根据债务管理部门转来的相关资料，按照实际承担的债务金额，借记"待偿债净资产——应付主权外债转贷款"科目，贷记"应付主权外债转贷款"科目。

3. 年终转账

年终转账时，本科目下"地方政府一般债务转贷收入"明细科目的贷方余额全数转入"一般公共预算结转结余"科目，借记本科目，贷记"一般公共预算结转结余"科目。本科目下"地方政府专项债务转贷收入"明细科目的贷方余额按照对应的政府性基金种类分别转入"政府性基金预算结转结余"相应明细科目，借记本科目，贷记"政府性基金预算结转结余"科目。结转后，本科目无余额。本科目平时贷方余额反映债务转贷收入的累计数。

复习思考题

1. 什么是财政总预算会计的收入？财政总预算会计核算的收入包括哪些内容？

2. 什么是转移性收入？按照现行《政府收支分类科目》，"一般公共预算本级收入"科目设置本来哪几个转移性收入的"款"级科目？它主要包括哪几项内容？如何进行核算？

3. 什么是财政专户管理资金收入？如何进行核算？

第二十一章
财政总预算会计的支出核算

【**本章学习目标**】本章主要介绍财政总预算会计支出的概念、分类以及会计核算。本章的学习目标是理解财政总预算会计各项支出的内涵和分类;掌握财政总预算会计各项支出的账务处理。

财政总预算会计的支出是指政府为实现政府职能,对财政资金的分配和使用。它包括一般公共预算本级支出、政府性基金预算本级支出、国有资本经营预算本级支出、财政专户管理资金支出、专用基金支出、转移性支出、债务支出、债务转贷支出等。其中,补助支出、上解支出、地区间援助支出、调出资金等种类可合称为转移性支出。除此之外,债务还本支出和债务转贷支出尽管具有偿还债务和形成债权的特征,但由于它们也属于一级政府安排的预算支出,因此,也作为支出进行核算。

第一节 一般公共预算本级支出

一般公共预算本级支出是指一级政府对集中的一般公共预算收入有计划地分配和使用而安排的支出。

一、一般公共预算本级支出的分类

一般预算支出是各级政府履行行政职能最主要的财力保证,也是各级政府最主要的支出。

1. 一般公共预算本级支出的分类

一般公共预算支出项目的具体划分,按《政府收支分类科目》规定执行。我国一般公共预算支出科目分设"类""款""项"三级科目,三级科目逐级递进,内容也逐渐细化。"一般公共预算本级支出"科目下设一般公共服务、外交、国防、公共安全、教育、科学技术、文化体育与传媒、社会保障和就业、医疗卫生、环境保护、城乡社区事务、农林水事务、交通运输、采掘电力信息、粮油物资储备管理等事务、金融监管等事务支出、国债还本付息支出级其他支出共计25个"类"级科目。这些"类"级科目下设183个"款"级科目。在"款"级科目下,根据情况设置相应的"项"级科目。通常"项"级科目的设置主要有两种情况:一是按照职能划分,如按职能设置政府从事"公共服务"的类级科目,在类级别下设"普通教育"的款级科目,在款级科目下设"小学教育、初中教育等"项级科目。二是按活动设置,即按政府履行相关职能时所从事的具体活动的种类设置,如在"公共安全"类级科目的"公安"款级科目下,设置"行政运行、机关服务"等项级科目。

2. 一般公共预算本级支出管理的基本要求

财政总预算会计在管理一般公共预算支出时应当做到以下几点:

(1) 审核用款单位编制的月份用款计划和拨款申请。用款单位在需要财政资金时,应当向财政部门提出拨款申请,财政部门应当根据月份用款计划及其相关规定对拨款申请进行审核,避免未经审核直接拨款。

(2) 按预算和用款计划拨款。预算拨款要按照经法定程序批准的年度支出预算和季度分月用款计划进行,不能办理无预算、无计划的拨款,也不能办理超预算、超计划拨款。如遇特殊情况需要超预算拨款,应当首先办理追加支出预算的手续,经批准后才能办理相应数额的拨款。

(3) 按支出用途分类管理财政资金拨款。财政资金应当做到按支出用途拨款,并保证专款专用。用款单位如果需要调整支出用途,应当报请财政部门批准。

(4) 综合国库存款余额、本期资金需求和上期资金使用等情况安排拨款。财政部在安排财政资金拨款时,既要考虑国库存款余额和本期资金需求,又要考虑用款单位上期资金使用情况。

(5) 财政直接支付为主,授权支付为辅的原则。

二、国库单一账户制度下的支出支付方式和程序

在国库单一账户制度下,财政支出的支付方式分为财政直接支付和财政授权支付两种。

1. 财政直接支付

财政直接支付是指由财政部门开具支付令费,通过国库单一账户体系,直接将财政资金支付到收款人(即商品和劳务供应者)或用款单位账户的支付方式。实行财政直接支付的支出主要包括工资支出、物品和劳务采购支出、中央对地方的专项转移支出、拨付企业

大型工程项目或大型设备采购的资金等。

在财政直接支付方式下，预算单位按照批复的预算和资金使用计划，向财政国库支付执行机构提出支付申请，财政国库支付执行机构审核无误后，向代理银行发出支付令，并通知中国人民银行，办理资金清算手续，将资金划给代理银行，即通过代理银行进入全国银行清算系统实时清算，财政资金从国库单一账户划拨到收款人的银行账户。

财政总预算会计根据财政国库支付执行机构报来的预算支出结算清单，经与中国人民银行报来的财政直接支付申请划款凭证核对无误后，做出相应的会计处理，确认国库存款的减少，并确认相应的一般预算支出。

2. 财政授权支付

财政授权支付是指预算单位根据财政部门的授权，自行开具支付令，通过国库单一账户体系将资金支付到货品或劳务供应者账户的支付方式。实行财政授权支付的支出主要包括未纳入财政直接支付的购买支出或零星支出。财政授权支付的具体支出项目，由财政部门在确定部门预算时，或制定财政资金支付管理办法时确定。

在财政授权支付方式下，预算单位按照批复的预算和资金使用计划，向财政国库支付执行机构申请授权支付的月度用款限额，财政国库支付执行机构将批准后的限额通知代理银行和预算单位，并通知中国人民银行国库部门。预算单位在月度用款限额内，自行开具支付令，通过财政国库支付执行机构转由代理银行向收款人付款，并与国库单一账户清算。

财政总预算会计根据财政国库支付机构报来的预算支出结算清单，经与中国人民银行报来的财政授权支付申请划款凭证核对无误，做出相应的会计处理，确认国库存款的减少，并确认相应的预算支出。

在财政授权支付方式下，中国人民银行与预算单位的代理银行办理资金清算业务。因此，不需要使用财政零余额账户。

与国库集中支付方式相对应的支付方式是实拨资金支付方式。在实拨资金支付方式下，预算单位根据单位预算向财政部门提交"预算经费请拨单"，申请拨付预算经费。财政部门审核批准后，财政总预算会计将财政资金从中国人民银行国库存款账户拨付至预算单位在商业银行开设的基本存款账户。预算单位在使用财政资金时，再从其基本存款账户中将款项支付给货品或劳务供应商。在实拨资金支付方式下，当财政资金从国库存款账户拨付至预算单位的基本存款账户时，财政总预算会计做相应的会计处理，确认国库存款的减少，并确认相应的预算支出。

三、一般公共预算本级支出的核算

为核算一般预算支出业务，财政总预算会计应设置"一般公共预算本级支出"科目。财政总预算会计确认一般预算支出时，借记本科目，贷记"国库存款"。年终，将"一般公共预算支出"科目的借方金额全数转入"一般公共预算结转结余"科目。该科目平时余额在借方，反映一般预算支出累计数，年终结转后应无余额。该科目应根据《政府收支分类科目》中的"一般公共预算支出"科目设置明细账。

【例21-1】 A市财政总预算会计收到财政国库支付执行机构报来的预算支出结算清单，财政国库支付执行机构以财政直接支付的方式，通过财政零余额账户支付有关预算单位的属于一般预算支出的款项共计140000元。具体支付情况为："一般公共服务——人大事务——行政运行"60000元，"公共安全——公安——行政运行"80000元。财政总预算会计经与中国人民银行财政直接支付划款凭证核对无误，列报一般预算支出。其会计分录为：

借：一般公共预算本级支出——一般公共服务——人大事务——行政运行 60000
　　　　　　　　　　　　——公共安全——公安——行政运行　　　 80000
　　贷：国库存款——一般预算存款　　　　　　　　　　　　　　　 140000

年终，请将"一般公共预算本级支出"借方余额全数结转。其会计分录为：

借：一般公共预算结转结余　　　　　　　　　　　　　　　　　　　 140000
　　贷：一般公共预算本级支出　　　　　　　　　　　　　　　　　 140000

第二节　政府性基金预算本级支出

政府性基金预算支出简称基金预算支出，是指各级政府财政用基金预算收入安排的支出。与一般预算支出相比，基金预算支出有专款专用的特征。

一、政府性基金预算支出的分类

基金预算支出应根据《政府收支分类科目》中"基金预算支出"科目进行分类。"基金预算支出"科目分为一般公共服务、公共安全及教育等12个"类"级科目，"类"级科目下设"款"级科目，款级科目下设"项"级科目，三级科目逐级递进，内容也逐渐细化。

二、政府性基金预算支出的管理要求

财政总预算会计在管理政府性基金预算支出时，除了要遵循一般公共预算支出管理的基本要求外，还应遵循以下几点要求：

1. 先收后支，自求平衡

财政总预算会计应当在已有政府性基金预算收入数额的范围内办理支出。政府性基金预算收入和支出应当做到自求平衡。

2. 专款专用，分类核算

财政总预算会计应当按政府收支分类科目中设置政府性基金预算收支科目设置相应的明细账，分类分项核算各种政府性基金预算的收支和结余情况，不能相互混淆。

三、政府性基金预算支出的核算

为核算基金预算支出业务，财政总预算会计应设置"政府性基金预算本级支出"科目。财政总预算会计确认基金预算支出时，借记本科目，贷记"国库存款"等有关科目；支出收回或冲销转账时，借记有关科目，贷记本科目。年终，将"基金预算支出"科目借方科目余额全部转入"政府性基金预算结转结余"科目。年终转账后，该科目无余额。

【例21-2】A市财政总预算会计收到财政国库支付执行机构报来的预算支出结算清单，财政国库支付执行机构以财政直接支付的方式，通过财政零余额账户支付有关预算单位的属于基金预算支出的款项共计150000元。具体支付情况为："教育——地方教育附加支出"50000元，"文化体育与传媒——文化事业建设费支出"100000元。财政总预算会计经与中国人民银行财政直接支付划款凭证核对无误，列报基金预算支出。其会计分录为：

借：政府性基金预算本级支出——教育——地方教育附加支出　　50000
　　　　　　——文化体育与传媒——文化事业建设费支出
　　　　　　　　　　　　　　　　　　　　　　　　　　　　　100000
　　贷：国库存款——基金预算存款　　　　　　　　　　　　　150000

年终，请将"政府性基金预算本级支出"借方余额全数结转。其会计分录为：

借：政府性基金预算结转结余　　　　　　　　　　150000
　　贷：政府性基金预算本级支出　　　　　　　　150000

第三节　国有资本经营预算本级支出

国有资本经营预算本级支出是指使用国有资本经营预算类收入安排的支出。其范围包括资本性支出、费用性支出和其他支出等。其中资本性支出是指根据产业发展规划、国有经济布局和结构调整、国有企业发展要求及国家战略、安全等需要安排的支出。费用性支出是用于弥补国有企业改革成本等方面的支出。国有资本经营预算单独编制，预算支出按照当年预算收入规模安排，不列赤字。

一、国有资本经营预算本级支出的分类

按照现行《政府收支分类科目》，国有资本经营预算支出科目分设"类""款""项"三级，三级科目逐级递进，内容逐渐细化。财政总预算会计核算的国有资本经营预算支出分为农林水事务、交通运输、采掘电力信息等事务、粮油物资储备管理等事务及地震灾后恢复重建支出等11个"类"级科目。

二、国有资本经营预算本级支出的核算

为核算国有资本经营预算支出业务，财政总预算会计应设置"国有资本经营预算支出"总账科目。发生国有资本经营预算支出时，借记本科目，贷记"国库存款"等科目；支出收回或冲销转账时，借记有关科目，贷记本科目。年终，将"国有资本经营预算本级支出"科目借方科目余额全部转入"国有资本经营预算结转结余"科目。年终转账后，该科目无余额。

【例21-3】A市财政总预算会计发生如下业务：

（1）根据经批准的国有资本经营预算向某国有资本经营预算资金使用单位拨付资金，具体科目和金额为："农林水事务——林业——林业国有资本经营预算支出"76000元。其会计分录为：

借：国有资本经营预算本级支出——农林水事务——林业——林业国有资本经营预算
　　支出　　　　　　　　　　　　　76000
　　贷：国库存款　　　　　　　　　　76000

（2）年终，请将"国有资本经营预算本级支出"科目的借方余额全数结转。其会计分录为：

借：国有资本经营预算结转结余　　　76000
　　贷：国有资本经营预算本级支出　　76000

第四节　财政专户管理资金支出

财政专户管理资金支出是指用未纳入预算并实行财政专户管理的资金安排的支出。

财政部门按照单位预算将财政专户管理资金拨付给教育事业单位及彩票发行和销售机构时，确认财政专户管理资金支出。

为了核算财政专户管理资金支出业务，财政总预算会计应设置"财政专户管理资金支

出"总账科目。发生财政专户管理资金支出时，借记本科目，贷记"其他财政存款"等科目。年终，将"财政专户管理资金支出"科目借方科目余额全部转入"财政专户管理资金结余"科目。年终转账后，该科目无余额。

【例21-4】A市财政部门发生如下业务：

（1）按单位预算用财政专户管理资金向某初中学校支付经费800000元。其会计分录为：

借：财政专户管理资金支出——教育经费支出　　　　　　800000
　　贷：其他财政存款　　　　　　　　　　　　　　　　　　　800000

（2）用财政专户管理资金向体育彩票发行机构支付业务费用800000元。其会计分录为：

借：财政专户管理资金支出——彩票业务——体彩发行机构业务费用800000
　　贷：其他财政存款　　　　　　　　　　　　　　　　　　　800000

（3）年终，请将"财政专户管理资金支出"科目的借方余额全数结转。其会计分录为：

借：财政专户管理资金结余——教育经费结余　　　　　　800000
　　　　　　　　　　　　——彩票业务费结余　　　　　　800000
　　贷：财政专户管理资金支出——教育经费结余　　　　　　800000
　　　　　　　　　　　　　　——彩票业务费结余　　　　　　800000

第五节　专用基金支出

专用基金支出是各级财政专用基金收入安排的支出。财政总预算会计在安排各项专用基金支出时，应按规定的用途拨付，并做到先收后支、量入为出。

为核算专用基金支出业务，总预算会计应设置"专用基金支出"科目。安排专用基金支出时，借记本科目，贷记"其他财政存款"等科目。支出时，做相反的会计分录。年终转账时，将"专用基金支出"科目借方科目余额全部转入"专用基金结余"科目。年终转账后，该科目无余额。该科目应根据专用基金种类设置明细账。

【例21-5】A市财政局发生如下专用基金支出业务：

（1）用专用基金收入安排粮食风险基金700000元。其会计分录为：

借：专用基金支出——粮食风险基金　　　　700000
　　贷：其他财政存款　　　　　　　　　　　　　700000

（2）年终，请将"专用基金支出"借方余额900000元全数结转。其会计分录为：

借：专用基金结余　　　　　　　　　　　　　900000
　　贷：专用基金支出　　　　　　　　　　　　　900000

第六节 转移性支出

转移性支出，是指预算资金在上下级政府财政以及在本级财政不同性质资金之间进行转移所形成的支出。具体包括：补助支出、上解支出、调出资金和安排预算稳定调节基金等。转移性支出根据支出资金的性质和支出的种类，分别纳入一般预算和基金预算。

一、补助支出

补助支出是本级财政按财政管理体制规定或因专项、临时性资金需要对下级财政补助而形成的支出。主要包括四项内容：一是返还性补助支出；二是一般性转移支付补助支出；三是专项转移支付补助支出；四是政府性基金转移支付补助支出。补助支出会减少本级财政的财力，增加下级财政的财力，但不会改变上下级财政的财力总和。

为了核算补助支出业务，财政总预算会计应设置"补助支出"科目。其主要账务处理如下：

（1）财政部门向下级财政拨付补助款项时，借记本科目，贷记"国库存款"。

（2）本级财政部门与下级往来款中一部分转作上级对下级补助支出时，即从"与下级往来"科目转入本科目，借记本科目，贷记"与下级往来"。

（3）若发生补助支出退库，则应区别资金的不同性质，分别借记"国库存款"或"其他财政存款"科目，贷记本科目；年终，结转本科目的借方余额时，要按资金的性质，即对下级的补助款是属于一般公共预算资金、基金预算资金，还是国有资本经营预算资金，分别结转到各自相应的结余中，结转以后，该科目应无余额。

【例21-6】A市财政总预算会计发生如下业务：
（1）向所属B县财政拨付一般预算补助300000元。其会计分录为：
借：补助支出——一般性转移支出——社会保障和就业转移支付（B县）300000
　　贷：国库存款——一般预算存款　　　　　　　　　　　　　　　300000
经批准将原借给所属C县财政周转调度的款项100000元转作对该县财政的专项补助。
其会计分录为：
借：补助支出——专项转移——农林水事务专项补助（C县）　　100000
　　贷：与下级往来（C县）　　　　　　　　　　　　　　　　　100000
根据基金预算向所属D县拨付基金预算补助200000元。其会计分录为：
借：补助支出——政府性基金转移支付——政府性基金补助支出（D县）200000

贷：国库存款——基金预算存款　　　　　　　　　　　　　　　　200000

年终，请将"补助支出"的借方余额600000（属于一般预算400000元，基金预算款200000元）全数结转。其会计分录为：

借：一般公共预算结转结余　　　　　　　　　　　　　　　　　400000
　　政府性基金计算结转结余　　　　　　　　　　　　　　　　200000
　　贷：补助支出　　　　　　　　　　　　　　　　　　　　　　　600000

二、上解支出

上解支出是指按照财政管理体制的规定由本级财政上交给上级财政的支出。其主要内容包括三项：一是一般性转移支付上解支出；二是专项转移支付上解支出；三是政府性基金转移支付上解支出。上解支出会减少本级财政的财力，增加上级财政的财力，但不会减少两者之间的财力总和。

为核算上解支出业务，财政总预算会计应设置"上解支出"科目。本级财政发生上解支出时，借记本科目，贷记"国库存款"；如发生上解支出退库，则做相反会计分录。年终，根据上解款项的性质，将本科目的借方余额全数结转至相应的结转结余。

【例21-7】A市财政总预算会计发生如下业务：

（1）按财政管理体制规定上解上级省财政一般预算款项400000元。其会计分录为：

借：上解支出——一般性转移支付——体制上解支出　　400000
　　贷：国库存款——一般预算存款　　　　　　　　　　　　　400000

（2）以基金预算存款上解上级省财政政府基金预算款项300000元。其会计分录为：

借：上解支出——政府性基金转移支付——政府性基金上解支出 300000
　　贷：国库存款——基金预算存款　　　　　　　　　　　　　300000

（3）年终，请将上解支出借方余额700000元（一般预算上解400000元，基金预算款上解300000元）全数结转。其会计分录为：

借：一般公共预算结转结余　　　　　　　　　　　　　　　　　400000
　　政府性基金预算结转结余　　　　　　　　　　　　　　　　300000
　　贷：上解支出　　　　　　　　　　　　　　　　　　　　　　　700000

三、调出资金

调出资金是为平衡预算收支，各级政府财政从不同性质资金之间的调出支出，包括一般预算调出资金、政府性基金预算调出资金。调出资金的目的是平衡一般预算或基金预算。调出资金业务与调入资金业务是对应的。调出资金不会影响上下级财政及本级财政财力总和，但会影响本级财政不同性质财经资金的数额。

为了核算调出资金业务，财政总预算会计应设置"调出资金"科目。财政总预算会计调出资金时，借记本科目，贷记"国库存款"。年终，结转本科目的借方余额时，要按资金的性质，即调出款项是属于一般公共预算资金、基金预算资金，分别结转到各自相应的结余中，结转以后，该科目应无余额。

【例 21-8】 A 市财政总预算会计发生如下业务：

（1）为平衡一般预算，经批准从基金预算结余中调出资金 160000 元至一般预算。其会计分录为：

借：调出资金——政府性基金预算调出资金　　　　160000
　　贷：调入资金——一般预算款　　　　　　　　　　　160000

（2）年终，请将"调出资金"科目贷方余额 550000 元结转。其会计分录为：

借：政府性基金预算结转结余　　　　　　　　　　550000
　　贷：调出资金　　　　　　　　　　　　　　　　　　550000

四、地区间援助支出

该科目核算援助方政府财政安排用于受援方政府财政统筹使用的各类援助、捐赠等资金支出。本科目应当按照受援地区及管理需要进行相应明细核算。地区间援助支出的主要账务处理如下：发生地区间援助支出时，借记本科目，贷记"国库存款"科目；年终转账时，本科目借方余额全数转入"一般公共预算结转结余"科目，借记"一般公共预算结转结余"科目，贷记本科目。结转后，本科目无余额。本科目平时借方余额反映地区间援助支出的累计数。

【例 21-9】 省财政总预算会计发生如下业务：

（1）通过财政国库向乙省财政拨付地区间援助资金 2500000 元，供乙省财政统筹安排使用，以缓解其临时财政困难。其会计分录为：

借：地区间援助支出——援助其他地区支出——乙省财政　2500000
　　贷：国库存款　　　　　　　　　　　　　　　　　　2500000

（2）年终"地区间援助支出"总账科目借方余额为 2500000 元，将其全数转入"一般公共预算结转结余"科目。其会计分录为：

借：一般公共预算结转结余　　　　　　　　　　　2500000
　　贷：地区间援助支出　　　　　　　　　　　　　　　2500000

五、安排预算稳定调节基金

该科目核算政府财政按照有关规定安排的预算稳定调节基金。安排预算稳定调节基金的主要账务处理如下：补充预算稳定调节基金时，借记本科目，贷记"预算稳定调节基金"科目。年终转账时，本科目借方余额全数转入"一般公共预算结转结余"科目，借记"一般公共预算结转结余"科目，贷记本科目。结转后，本科目无余额。本科目平时借方余额反映安排预算稳定调节基金的累计数。

【例21-10】 A市财政2015年预算超收500000元，市财政将超收收入调入预算稳定调节基金。其会计分录如下：

借：安排预算稳定调节基金 500000
　　贷：预算稳定调节基金 500000

年终，将本科目的贷方余额全数结转。其会计分录如下：

借：一般公共预算结转结余 500000
　　贷：安排预算稳定调节基金 500000

第七节　债务还本支出和债务转贷支出

一、债务还本支出

该科目核算政府财政偿还本级政府财政承担的纳入预算管理的债务本金支出。本科目应当根据《政府收支分类科目》中"债务还本支出"有关规定设置明细科目。债务还本支出的主要账务处理如下：

其一，偿还本级政府财政承担的政府债券、主权外债等纳入预算管理的债务本金时，借记本科目，贷记"国库存款""其他财政存款"等科目；根据债务管理部门转来相关资料，按照实际偿还的本金金额，借记"应付短期政府债券""应付长期政府债券""借入款项""应付地方政府债券转贷款""应付主权外债转贷款"等科目，贷记"待偿债净资产"科目。

其二，偿还截至2014年12月31日本级政府财政承担的存量债务本金时，借记本科目，贷记"国库存款""其他财政存款"等科目。

其三，年终转账时，本科目下"专项债务还本支出"明细科目的借方余额应按照对应的政府性基金种类分别转入"政府性基金预算结转结余"相应明细科目，借记"政府性基金预算结转结余"科目，贷记本科目（专项债务还本支出）。本科目下其他明细科目的借方余额全数转入"一般公共预算结转结余"科目，借记"一般公共预算结转结余"科目，贷记本科目（其他明细科目）。结转后，本科目无余额。本科目平时借方余额反映本级政府财政债务还本支出的累计数。

【例21-11】参照例题[例20-5]。

二、债务转贷支出

该科目核算本级政府财政向下级政府财政转贷的债务支出。本科目下应当设置"地方政府一般债务转贷支出""地方政府专项债务转贷支出"明细科目,同时还应当按照转贷地区进行明细核算。债务转贷支出的主要账务处理如下:

1. 本级政府财政向下级政府财政转贷地方政府债券资金

本级政府财政向下级政府财政转贷地方政府债券资金时,借记本科目,贷记"国库存款"科目;根据债务管理部门转来的相关资料,按照到期应收回的转贷款本金金额,借记"应收地方政府债券转贷款"科目,贷记"资产基金——应收地方政府债券转贷款"科目。

2. 本级政府财政向下级政府财政转贷主权外债资金

本级政府财政向下级政府财政转贷主权外债资金,且主权外债最终还款责任由下级政府财政承担的,相关账务处理如下:

(1)本级政府财政支付转贷资金时,根据转贷资金支付相关资料,借记"债务转贷支出"科目,贷记"其他财政存款"科目;根据债务管理部门转来的相关资料,按照实际持有的债权金额,借记"应收主权外债转贷款"科目,贷记"资产基金——应收主权外债转贷款"科目。

(2)外方将贷款资金直接支付给用款单位或供应商时,本级政府财政根据转贷资金支付相关资料,借记本科目,贷记"债务收入""债务转贷收入"科目;根据债务管理部门转来的相关资料,按照实际持有的债权金额,借记"应收主权外债转贷款"科目,贷记"资产基金——应收主权外债转贷款"科目;同时,借记"待偿债净资产"科目,贷记"借入款项""应付主权外债转贷款"等科目。

3. 年终结账

年终转账时,本科目下"地方政府一般债务转贷支出"明细科目的借方余额全数转入"一般公共预算结转结余"科目,借记"一般公共预算结转结余"科目,贷记"债务转贷支出(地方政府一般债务转贷支出)"科目。本科目下"地方政府专项债务转贷支出"明细科目的借方余额全数转入"政府性基金预算结转结余"科目,借记"政府性基金预算结转结余"科目,贷记"债务转贷支出(地方政府专项债务转贷支出)"科目。结转后,本科目无余额。本科目平时借方余额反映债务转贷支出的累计数。

【例21-12】参照例题[例20-5]。

复习思考题

1. 什么是财政总预算会计支出？财政总预算会计核算的支出包括哪些内容？
2. 什么是转移性支出？主要分成哪几类？它们分别如何核算？
3. 什么是财政专户管理资金支出？应当如何核算？

第二十二章
财政总预算会计的净资产核算

【本章学习目标】 本章阐述财政总预算会计净资产的概念、分类及其账务处理。本章的学习目标是理解净资产的概念及分类；理解各项结转结余的内涵；掌握各项净资产的会计核算。

财政总预算会计核算的净资产是指政府财政资产减去负债的差额，主要包括一般公共预算结转结余、政府性基金预算结转结余、国有资本经营预算结转结余、财政专户管理资金结余、专用基金结余、预算稳定调节基金、预算周转金、资产基金和待偿债净资产。

第一节 结转结余

结转结余是收入减去支出后的差额。它是财政执行政府预算的结果，是各级财政下年度可以结转使用或重新安排使用的资金。

财政总预算会计核算的结转结余包括一般公共预算结转结余、政府性基金预算结转结余、国有资本经营预算结转结余和专用基金预算结余。各项结余应每年结算一次。年终将各项收入与相应的支出冲销后，即为该项资金的当年结余。当年结余加上上年年末滚存结余为本年年末滚存结余。各项结余应分别核算，不得混淆。

一、一般公共预算结转结余

一般公共预算结转结余是一般公共预算类收入与一般公共预算类支出相抵后的差额，是各级财政执行政府一般预算的年终结果。其中，一般公共预算类收入包括一般公共预算本级收入、转移性收入中的一般预算转移性收入、债务收入——一般债务收入、债务转贷收入——地方政府一般债务转贷收入以及动用预算稳定调节基金等；一般公共预算类支出包括一般公共预算本级支出、转移性支出中的一般预算转移性支出、安排预算稳定调节基金、债务转贷支出——地方政府一般债务转贷支出、债务还本支出——一般债务还本支出等科目。一般预算结转结余每年年终结算一次，平时不结算。一般公共预算结转结余的计算公式如下：

本年一般公共预算结转结余＝一般公共预算本级收入＋补助收入中一般预算收入＋上解收入中一般预算收入＋调入资金＋地区间援助收入＋动用预算稳定调节基金＋债务收入中的一般债务收入＋债务转贷收入中的地方政府一般债务转贷收入－（一般公共预算本级支出＋补助支出中一般预算收入＋上解支出中一般预算收入＋调出资金＋地区间援助支出＋安排预算稳定调节基金＋债务还本支出中的一般债务还本支出＋债务转贷支出中的地方政府一般债务转贷支出）

本级滚存结转结余＝上年滚存结余中的一般预算结转结余＋本年一般预算结转结余

为核算各级财政的一般预算结转结余，财政总预算会计应该设置"一般公共预算结转结余"。年终结账时，应将一般公共预算类收入贷方余额全数转入本科目的贷方，将一般公共预算类支出借方余额全数转入本科目的借方。

【例 22-1】A 市财政 2015 年终结算时有关一般预算类收入总分类科目的贷方余额如表 22-1 所示：

表 22-1 一般预算类收入总分类科目余额

单位：元

总账科目	明细账科目	金额
一般公共预算本级收入	税收收入——增值税	500000
	税收收入——营业税	400000
	税收收入——企业所得税	600000
	税收收入——个人所得税	16000
	税收收入——房产税	400000
	税收收入——印花税	80000
	税收收入——土地增值税	60000
	非税收入——专项收入	40000
	非税收入——行政事业性收费	250000
	非税收入——罚没收入	200000
	非税收入——国有资本经营收入	500000
	非税收入——国有资源（资产）有偿使用收入	20000
补助收入	一般性转移支付收入——农村义务教育补助收入	80000
上解收入	一般性转移支付收入——体制上解收入	60000
调入资金	一般预算调入资金	40000
债务收入		10000
动用预算稳定调节基金		10000
地区间援助收入		10000

请将上述一般预算收入类科目的贷方金额结转。其会计分录为：

借：一般公共预算本级收入　　3066000

　　补助收入　　　　　　　　80000

　　上解收入　　　　　　　　60000

　　调入资金　　　　　　　　40000

　　债务收入　　　　　　　　10000

　　动用预算稳定调节基金　　10000

　　地区间援助收入　　　　　10000

　　贷：一般公共预算结转结余　　　　　　3276000

【例 22-2】A 市财政 2015 年终结算时有关一般预算类支出总分类科目的借方余额如表 22-2 所示：

表 22-2　一般预算类支出总分类科目余额

单位：元

总账科目	明细账科目	金额
一般公共预算本级支出	一般公共服务——人大事务	400000
	一般公共服务——财政事务	200000
	公共安全——检察	500000
	教育——普通教育	10000
	科学技术——基础研究	300000
	文化体育与传媒——广播影视	40000
	社会保障与就业——城市居民最低生活保障	50000
	交通运输——公路水路运输	40000
	农林水事务——水利	150000
	城乡社区事务——城乡社区公共设施	100000
	医疗卫生——公共卫生	400000
	非税收入——国有资源（资产）有偿使用支出	20000
补助支出	一般性转移支付——社会保障和就业专业支付支出	50000
上解支出	专项转移支付——专项上解支出	40000
调出资金	一般预算调出资金	30000
债务转贷支出	地方政府一般债务转贷支出	10000
债务还本支出	一般债务还本支出	10000

请将上述一般预算支出类科目的借方金额结转。其会计分录为：

借：一般公共预算结转结余　　2350000

　　贷：一般公共预算本级支出　　　　　　2210000

　　　　补助支出　　　　　　　　　　　　50000

　　　　上解支出　　　　　　　　　　　　40000

　　　　调出资金　　　　　　　　　　　　30000

| 债务转贷支出 | 10000 |
| 债务还本支出 | 10000 |

二、政府基金预算结转结余

政府性基金预算结转结余是指基金预算收入与基金预算支出相抵后的差额。它是各级财政执行政府基金预算的年终执行结果。基金预算类收入包括政府性基金预算本级收入、属于基金预算的补助收入、上解收入、调入资金及债务收入——专项债务收入、债务转贷收入——地方政府专项债务转贷收入等；基金预算类支出包括政府性基金预算本级支出、属于基金预算的补助支出、上解支出、调出资金以及债务还本支出——专项还本支出、债务转贷支出——地方政府专项债务转贷转出等。基金预算结转结余每年年末结算一次，平时不结转。

为核算政府性基金预算结余，财政总预算会计应设置"政府性基金预算结转结余"科目。年终结账时，应将政府性基金预算类收入贷方余额全数转入本科目的贷方，将政府性基金预算类支出借方余额全数转入本科目的借方。

【例22-3】A市财政2015年年终结算时有关基金预算类收支总分类科目的余额如表22-3所示：

表22-3 基金预算类收支总分类科目余额

单位：元

总账科目	明细账科目	金额 借方	金额 贷方
政府性基金预算本级收入	转让政府还贷道路收费权收入		350000
	政府性住房基金收入		90000
	地方教育费附加收入		60000
	地方水利建设基金收入		70000
	城市公用事业附加收入		100000
补助收入	政府性基金补助收入		40000
上解收入	政府性基金上解收入		50000
	基金预算收入合计		760000
基金预算支出	交通运输——公路水路运输——转让政府还贷	250000	
	城乡社区事务——政府住房基金支出	85000	
	教育——地方教育费附加支出	55000	
	城乡社区事务——城市公用事业附加支出	60000	
	农林水务——水利——地方水利建设基金支出	20000	
补助支出	政府性基金补助支出	30000	
上解支出	政府性基金上解支出	40000	
	基金预算支出合计	540000	

年终，请将上述基金预算类收入科目的贷方余额和基金预算支出类科目的借方余额全数结转。

借：政府性基金预算本级收入　　　　670000
　　补助收入　　　　　　　　　　　　40000
　　上解收入　　　　　　　　　　　　50000
　　　贷：政府性基金预算结转结余　　　　　760000
借：政府性基金预算结转结余　　　　540000
　　　贷：政府性基金预算本级支出　　　　　470000
　　　　　补助支出　　　　　　　　　　　　30000
　　　　　上解支出　　　　　　　　　　　　40000

三、国有资本经营预算结转结余

国有资本经营预算结转结余是指国有资金经营预算类收入减去国有资本经营预算类支出后的差额。其中国有资本经营预算类收入包括国有资本经营预算本级收入和转移性收入中的国有资本经营预算转移性收入；国有资本经营预算类支出包括国有资本经营预算本级支出和转移性支出中的国有资本经营预算转移性支出。国有资本经营预算结转结余每年年终结算一次，平时不结算。

为核算国有资本经营预算结余，财政总预算会计应设置"国有资本经营预算结转结余"科目。年终结账时，应将国有资本经营预算类收入贷方余额全数转入本科目的贷方，将国有资本经营预算类支出借方余额全数转入本科目的借方。

【例22-4】A市财政2015年年终结账时，有关国有资本经营预算类收支科目余额如表22-4所示：

表22-4　国有资本经营预算收支类科目余额

单位：元

总账科目	明细账科目	金额 借方	金额 贷方
国有资本经营预算本级收入	非税收入——利润收入		350000
	非税收入——股利股息收入		150000
	非税收入——产权转让收入		100000
	非税收入——清算收入		70000
国有资本经营预算本级收入			670000
国有资本经营预算本级支出	农林水务——水利	150000	
	交通运输——公路水路运输	200000	
	采掘电力信息等事务支出——电力监管支出	100000	
	粮油物资储备管理等事务——商业流通事务	60000	
国有资本经营预算支出会计		510000	

请将上述国有资本经营预算收支类科目余额全数结转。其会计分录为：

借：国有资本经营预算本级收入　　　　670000
　　贷：国有资本经营预算结转结余　　　　　670000
借：国有资本经营预算结转结余　　　　510000
　　贷：国有资本经营预算本级支出　　　　　510000

四、财政专户管理资金结余

财政专户管理资金结余是指未纳入预算并实行财政专户管理的资金收支相抵形成的结余，包括教育收费、彩票发行机构和彩票销售机构业务费用等资金的结余。

为了核算财政专户管理资金结余业务，财政总预算会计应设置"财政专户管理资金结余"总账科目。年终转账时，应将财政专户管理资金收入贷方余额全数转入本科目的贷方，将财政专户管理资金支出借方余额全数转入本科目的借方。该科目年终贷方余额，反映未纳入预算并实行财政专户管理资金收支相抵后的滚存结余，转入下年度。

【例 22-5】 A 市财政年末结账时，"财政专户管理资金收入"科目贷方余额 5500000 元，其中："教育收费收入"科目贷方余额 4500000 元，"彩票业务费收入"科目贷方余额 1000000 元；"财政专户管理资金支出"科目借方余额 4500000 元，其中："教育经费支出"科目借方余额 3000000 元，"彩票业务费支出"科目借方余额 1500000 元。请将财政专户管理资金收支结转。其会计分录为：

借：财政专户管理资金收入——教育收费收入　　4500000
　　　　　　　　　　　　——彩票业务费收入　　1000000
　　贷：财政专户管理资金结余　　　　　　　　　　　5500000
借：财政专户管理资金结余　　　　　　　　　　4500000
　　贷：财政专户管理资金支出——教育收费收入　　　3000000
　　　　　　　　　　　　　　——彩票业务费收入　　　1500000

五、专用基金结余

专用基金结余是指专用基金收入与专用基金支出相抵后的差额。它是各级财政总预算会计管理的专用基金的年终执行结果。专用基金结余每年年终结算一次，平时不结算。

为核算专用基金收支的年终执行结果，财政总预算会计应设置"专用基金结余"科目。年终转账时，应将专用基金收入贷方余额全数转入本科目的贷方，将专用基金支出借方余额全数转入本科目的借方。该科目年终贷方余额，反映本年专用基金的滚存结余或专用基金历年累计结余。该科目应根据"专用基金收入"科目所列的收入项目逐一结出各项专用基金的结余。

【例22-6】A市财政总预算会计2015年终结转发生如下有关专用基金结余的会计事项：

（1）将全年"专用基金收入——粮食风险基金"600000元结转。其会计分录为：

借：专用基金收入——粮食风险基金　　　　　　600000
　　贷：专用基金结余——粮食风险基金　　　　　　　　　　600000

（2）将全年专用基金支出4550000元结转。其会计分录为：

借：专用基金结余——粮食风险基金　　　　　　4550000
　　贷：专用基金支出——粮食风险基金　　　　　　　　　　4550000

第二节　预算稳定调节基金与预算周转金

一、预算稳定调节基金

在组织财政收入过程中，有时会出现实际筹集的财政收入大于收入预算的情况，即发生财政收入的"超收"情况。超收的收入一般用于追加财政拨款支出，且不必通过人大审批，脱离了人大的事前监督，造成了超收使用的随意性和不规范性。为了将超收的财力储存起来，减少超收安排的不规范性，财政部门从2007年起建立了预算稳定调节基金。

当财政收入超收较多时，从一般预算资金收入中提取一部分，用于增加预算稳定调节基金。在提取预算稳定调节基金时，一方面增加一般预算资金支出，另一方面同时增加预算稳定调节基金。这样，既避免了追加当期财政支出的随意性，又减少了当期预算收支的结余数额。

在财政收入出现短收的年度，使用预算稳定调节基金补充一般预算资金收入是，一方面减少预算稳定调节基金，另一方面同时增加一般预算资金的收入。这样，既避免了因财政短收导致的一般预算资金收支缺口，又减少了当期预算收支的赤字。

为了核算预算稳定调节基金业务，财政总预算会计应设置"预算稳定调节基金""动用预算稳定调节基金""安排预算稳定调节基金"三个总账科目。

该科目核算政府财政设置的用于弥补以后年度预算资金不足的储备资金。预算稳定调节基金的主要账务处理如下：使用超收收入或一般公共预算结余补充预算稳定调节基金时，借记"安排预算稳定调节基金"科目，贷记本科目；将预算周转金调入预算稳定调节基金时，借记"预算周转金"科目，贷记本科目；调用预算稳定调节基金时，借记本科目，贷记"动用预算稳定调节基金"科目。本科目期末贷方余额反映预算稳定调节基金的规模。

【例 22-7】A 省财政部门从 2007 年起建立预算稳定调节基金，具体业务如下：

（1）2014 年根据财政超收情况安排 800000000 元建立预算稳定调节基金。其会计分录为：

  借：安排预算稳定调节基金 800000000
    贷：预算稳定调节基金   800000000

年终转账时，将"安排预算稳定调节基金"科目的余额全部结转。其会计分录为：

  借：一般公共财政预算结转结余 800000000
    贷：安排预算稳定调节基金   800000000

（2）2015 年动用预算稳定调节基金 300000000 元，补充一般预算收支差额。其会计分录为：

  借：预算稳定调节基金 300000000
    贷：动用预算稳定调节基金   300000000

年终转账时，将"动用预算稳定调节基金"科目的余额全部结转。其会计分录为：

  借：动用预算稳定调节基金 300000000
    贷：一般公共预算结转结余   300000000

二、预算周转金

预算周转金是各级财政为调剂预算年度内季节性收入与支出差额，保证及时供应预算用款而设置的周转资金。

1. 预算周转金的管理要求

设置必要的预算周转金，是各级财政灵活调度预算资金的重要保证。预算的收与支往往是不一致的，虽然各级财政的预算收支在预算年度内通常可以做到全年预算总额上收支基本平衡，但月份之间、季度之间总是不平衡的。而且收入是逐日收取的，在实拨资金方式下，每月的支出都要在月初拨付，财政资金从征收、报解、转拨的途中有一定的时间。因此，各级财政为了平衡季节性预算收支，保证按计划及时供应预算资金，各级财政需要按规定设置相应的预算周转金。

预算周转金设置和使用应注意以下几点：

（1）预算周转金一般从年度预算结余中提取设置、补充或由上级部门拨入。

（2）预算周转金由本级政府财政部门管理，只供平衡预算收支的临时周转使用，不能用来安排支出。

（3）已设置或补充的预算周转金，未经上级财政部门批准，不能随意减少，且预算周转金的数额，应与预算支出规模相适应，即预算周转金应随着预算支出的逐年增长相应地补充。

(4) 预算周转金存入国库存款账户，不另设其他存款账户。动用预算周转金时，作为国库存款减少，不作为预算周转金的减少。若国库存款的余额小于预算周转金数额，表明预算周转金已经被动用。

2. 预算周转金的核算

为核算预算周转金业务，财政总预算会计应设置"预算周转金"科目。财政总预算会计收到上级财政拨入的预算周转金时，借记"国库存款"，贷记本科目；从本级财政预算结余中设置或补充预算周转金时，借记"一般公共预算结转结余"，贷记本科目；将预算周转金调入预算稳定调节基金时，借记本科目，贷记"预算稳定调节基金"科目。该科目贷方余额反映预算周转金实有数。预算周转金不需进行明细核算。

【例22-8】A县财政总预算会计发生如下有关预算周转金的事项：

（1）收到上级财政拨入预算周转金850000元。其会计分录为：

借：国库存款　　　　　　　　850000
　　贷：预算周转金　　　　　　　　　850000

（2）经上级财政机关批准，从本县上年结余中设置预算周转金400000元。其会计分录为：

借：一般公共预算结转结余　　400000
　　贷：预算周转金　　　　　　　　　400000

第三节　资产基金与待偿债净资产

一、资产基金

该科目核算政府财政持有的应收地方政府债券转贷款、应收主权外债转贷款、股权投资和应收股利等资产（与其相关的资金收支纳入预算管理）在净资产中占用的金额。本科目应当设置"应收地方政府债券转贷款""应收主权外债转贷款""股权投资""应收股利"等明细科目，进行明细核算。

资产基金的账务处理参见"应收地方政府债券转贷款""应收主权外债转贷款""股权投资"和"应收股利"等科目的使用说明。

本科目期末贷方余额，反映政府财政持有应收地方政府债券转贷款、应收主权外债转贷款、股权投资和应收股利等资产（与其相关的资金收支纳入预算管理）在净资产中占用的金额。

二、待偿债净资产

该科目核算政府财政因发生应付政府债券、借入款项、应付地方政府债券转贷款、应付主权外债转贷款、其他负债等负债（与其相关的资金收支纳入预算管理）相应需在净资产中冲减的金额。本科目下应当设置"应付短期政府债券""应付长期政府债券""借入款项""应付地方政府债券转贷款""应付主权外债转贷款""其他负债"等明细科目，进行明细核算。

待偿债净资产的账务处理参见"应付短期政府债券""应付长期政府债券""借入款项""应付地方政府债券转贷款""应付主权外债转贷款"和"其他负债"等科目的使用说明。本科目期末借方余额，反映政府财政承担应付政府债券、借入款项、应付地方政府债券转贷款、应付主权外债转贷款和其他负债等负债（与其相关的资金收支纳入预算管理）而相应需冲减净资产的金额。

复习思考题

1. 什么是财政总预算会计的净资产？具体包括哪些内容？
2. 什么是财政总预算会计的结余？具体包括哪些内容？
3. 什么是预算稳定调节基金？应当如何核算？
4. 什么是预算周转金？其来源渠道有哪些？应当如何核算？

第二十三章
财政总预算会计报表

【本章学习目标】本章主要介绍财政总预算会计报表的概念、分类、编报程序及其会计报表的编制方法。本章学习目标在于明确政府财政会计报表的种类及编报程序，熟悉年终清理的主要事项及年终结账的主要环节；掌握资产负债表、收入支出表及预算执行情况表的编制；了解会计报表的审核与分析。

第一节 财政总预算会计报表概述

财政总预算会计报表是反映政府财政预算执行结果和财务状况的书面文件。是各级领导机关和上级财政部门了解情况、掌握政策、指导预算执行工作的重要资料，也是编制下年度预算数据的基础。

一、财政总预算会计报表种类

财政总预算会计报表可以划分不同的种类，按照其性质分类，可以分为资产负债表、收入支出表、一般公共预算执行情况表、政府性基金预算执行情况表、国有资本经营预算执行情况表、财政专户管理资金收支情况表、专用基金收支情况表等会计报表和附注。

财政总预算会计报表按照编报的时间，可以分为旬报、月报和年报；按照编报的内容范围，可以分为本级报表和汇总报表。

二、财政总预算会计报表编制要求

各级财政总预算会计要加强日常会计核算工作，督促有关单位及时记账、结账。编制报表时，应符合以下要求：①数字正确；②内容完整；③报送及时。

三、年终清理结算

年终清理、结算和结账是各级财政总预算会计编制年度决算的重要基础工作。在年终前，各级财政总预算会计要根据财政部门年度决算编审工作要求，进行年终清理和办理各项结算，并在此基础上办理年度结账，结束当年账务，编报年度财政总结算。

1. 年终清理

年终清理是指年度终了时，对各级财政总预算包括一般公共预算收支、政府性基金预算收支、专用基金收支、预算调拨收支、财政周转金收支及其有关的财务活动进行全面的清理和核对工作。年终清理工作的具体要求：①核对年度预算收支数；②清理本年预算应收应支款项；③组织征收机关、监交机关和国库进行年终对账；④清理核对当年拨款支出；⑤清理财政周转金收支。

2. 年终结算

年终结算是在年终清理的基础上，按财政管理体制的规定，结清上下级财政总预算之间的调拨收支和往来款项。年终结算的具体要求：①根据财政管理体制的规定，计算出全年应补助、应上解和应返还数额；②将上述数字与年度预算执行过程中已补助、已上解和已返还数额进行比较；③结合借垫款项，计算出全年最后应补、应退金额，填制"财政年终决算结算单"，经核对无误后，作为年终财政结算凭证，报以入账。

四、年终结账

各级财政总预算会计通过年终清理和结算，把各项结算收支计入旧账后，即可办理年终结账。年终结账工作一般分为年终转账、结清旧账和登记新账三个环节。

1. 年终转账

首先，各级财政总预算会计应计算出各账户12月份借贷方合计数和全年累计数，结出12月末余额。其次，根据各账户12月末余额，编制结账前的资产负债表。通过结账前的资产负债表进行试算平衡无误后，再将应对冲转账的各个收入、支出账户余额，按年终冲转办法，填制12月的记账凭证，分别转入"一般公共预算结转结余""政府性基金预算结转结余"等科目冲销。最后，将财政周转金收支相抵后转入"财政周转金"。

2. 结清旧账

各级财政总预算会计在年终转账后，即可结清旧账。具体方法：首先将各个收支账户的借方、贷方结出全年合计数；其次在下面画双红线，表示本账户全部结清。对年终有余额的账户，要在"摘要"栏内注明"结转下年"字样，并在下面画双红线，表示本账户全部结清，转入新账。

3. 登记新账

各级财政总预算会计根据各个账户总账和明细账年终转账后的余额编制年终决算"资产负债表"和明细表后,将各账户的余额计入新年度有关账户的总账和明细账,并在"摘要"栏注明"上年结转"字样,以区别新年度发生数。

第二节 资产负债表

资产负债表是反映政府财政在某一特定日期财务状况的报表,是一级政府财政在执行财政总预算后财力状况结果的反映。按照编报时间,资产负债表可分为月报和年报两种,分别反映月末和年末一级政府财政的实际财力状况。

一、资产负债表格式

财政总预算会计编制的资产负债表采用"资产=负债+净资产"的平衡公式,采用账户式结构。其格式如表 23-1 所示。

表 23-1 资产负债表

编制单位: 年 月 日

会财政 01 表
单位:元

资产	年初余额	期末余额	负债和净资产	年初余额	期末余额
流动资产:			流动负债:		
国库存款			应付短期政府债券		
国库现金管理存款			应付利息		
其他财政存款			应付国库集中支付结余		
有价证券			与上级往来		
在途款			其他应付款		
预拨经费			应付待管资金		
借出款项			一年内到期的非流动负债		
应收股利			流动负债合计		
应收利息			非流动负债:		
与下级往来			应付长期政府债券		
其他应收款			借入款项		
流动资产合计			应付地方政府债券转贷款		
非流动资产:			应付主权外债转贷款		
应收地方政府债券转贷款			其他负债		
应收主权外债转贷款			非流动负债合计		
股权投资			负债合计		
待发国债			一般公共预算结转结余		

续表

资产	年初余额	期末余额	负债和净资产	年初余额	期末余额
非流动资产合计			政府性基金预算结转结余		
			国有资本经营预算结转结余		
			财政专户管理资金结余		
			专用基金结余		
			预算稳定调节基金		
			预算周转金		
			资产基金		
			减：待偿债净资产		
			净资产合计		
资产总计			负债和净资产总计		

二、资产负债表的编制

1. 资产负债表"年初余额"栏的填列方法

资产负债表"年初余额"栏内各项数字，应当根据上年末资产负债表"期末余额"栏内数字填列。如果本年度资产负债表规定的各个项目的名称和内容与上年度不一致，应对上年末资产负债表各项目的名称和数字按照本年度的规定进行调整，填入资产负债表"年初余额"栏内。

2. 资产负债表"期末余额"栏各项目的填列方法

财政总预算会计在编制资产负债表时，除以下项目外，其余项目均根据相应科目的期末余额填列。

（1）资产类项目。

1）"应收利息"项目，反映政府财政期末尚未收回应收利息金额。本项目应当根据"应收地方政府债券转贷款"科目和"应收主权外债转贷款"科目下"应收利息"明细科目的期末余额合计数填列。

2）"应收地方政府债券转贷款"项目，反映政府财政期末尚未收回的地方政府债券转贷款的本金金额。本项目应当根据"应收地方政府债券转贷款"科目下"应收本金"明细科目的期末余额填列。

3）"应收主权外债转贷款"项目，反映政府财政期末尚未收回的主权外债转贷款的本金金额。本项目应当根据"应收主权外债转贷款"科目下的"应收本金"明细科目的期末余额填列。

（2）负债类项目。

1）"应付短期政府债券"项目，反映政府财政期末尚未偿还的发行期限不超过 1 年（含 1 年）的政府债券的本金金额。本项目应当根据"应付短期政府债券"科目下的"应付本金"明细科目的期末余额填列。

2)"应付利息"项目，反映政府财政期末尚未支付的应付利息金额。本项目应当根据"应付短期政府债券""借入款项""应付地方政府债券转贷款""应付主权外债转贷款"科目下的"应付利息"明细科目期末余额，以及属于分期付息到期还本的"应付长期政府债券"的"应付利息"明细科目期末余额计算填列。

3)"与上级往来"项目，正数反映本级政府财政期末欠上级政府财政的款项金额；负数反映上级政府财政欠本级政府财政的款项金额。本项目应当根据"与上级往来"科目的期末余额填列，如为借方余额则以"-"号填列。

4)"一年内到期的非流动负债"项目，反映政府财政期末承担的1年以内（含1年）到偿还期的非流动负债。本项目应当根据"应付长期政府债券""借入款项""应付地方政府债券转贷款""应付主权外债转贷款""其他负债"等科目的期末余额及债务管理部门提供的资料分析填列。

5)"应付地方政府债券转贷款"项目，反映政府财政期末承担的偿还期限超过1年的地方政府债券转贷款的本金金额。本项目应当根据"应付地方政府债券转贷款"科目下"应付本金"明细科目的期末余额分析填列。

6)"应付主权外债转贷款"项目，反映政府财政期末承担的偿还期限超过1年的主权外债转贷款的本金金额。本项目应当根据"应付主权外债转贷款"科目下"应付本金"明细科目的期末余额分析填列。

7)"借入款项"项目，反映政府财政期末承担的偿还期限超过1年的借入款项的本金金额。本项目应当根据"借入款项"科目下"应付本金"明细科目的期末余额分析填列。

（3）净资产类项目。

1)"资产基金"项目，反映政府财政期末持有的应收地方政府债券转贷款、应收主权外债转贷款、股权投资和应收股利等资产在净资产中占用的金额。本项目应当根据"资产基金"科目的期末余额填列。

2)"待偿债净资产"项目，反映政府财政期末因承担应付短期政府债券、应付长期政府债券、借入款项、应付地方政府债券转贷款、应付主权外债转贷款、其他负债等负债相应需在净资产中冲减的金额。本项目应当根据"待偿债净资产"科目的期末借方余额以"-"号填列。

第三节 收入支出表

收入支出表是反映政府财政在某一会计期间各类财政资金收支余情况的报表。

一、收入支出表格式

收入支出表根据资金性质按照收入、支出、结转结余的构成分类、分项列示,见表23-2。

表23-2 收入支出表

编制单位：　　　　　　　　　　　　　　年　月　日　　　　　　　　　　会财政02表
　　　　　　　　　　　　　　　　　　　　　　　　　　　　　　　　　　　单位：元

项目	一般公共预算		政府性基金预算		国有资本经营预算		财政专户管理资金		专用基金	
	本月数	本年累计数	本月数	本年累计数	本月数	本年累计数	本月数	本年累计数	本月数	本年累计数
年初结转结余										
收入合计										
本级收入										
其中：来自预算安排的收入	—	—					—	—	—	—
补助收入							—	—	—	—
上解收入							—	—	—	—
地区间援助收入			—	—			—	—	—	—
债务收入							—	—	—	—
债务转贷收入							—	—	—	—
动用预算稳定调节基金			—	—	—	—	—	—	—	—
调入资金					—	—				
支出合计										
本级支出										
其中：权责发生制列支							—	—	—	—
预算安排专用基金的支出			—	—	—	—	—	—		
补助支出							—	—	—	—
上解支出							—	—	—	—
地区间援助支出			—	—			—	—	—	—
债务还本支出							—	—	—	—
债务转贷支出							—	—	—	—

续表

项目	一般公共预算		政府性基金预算		国有资本经营预算		财政专户管理资金		专用基金	
	本月数	本年累计数	本月数	本年累计数	本月数	本年累计数	本月数	本年累计数	本月数	本年累计数
安排预算稳定调节基金			—	—	—	—	—	—	—	—
调出资金					—	—	—	—	—	—
结余转出			—	—	—	—	—	—	—	—
其中：增设预算周转金			—	—	—	—	—	—	—	—
年末结转结余										

其中：表中有"—"不必填列。

二、收入支出表编制

1. 本表"本月数"栏反映各项目的本月实际发生数

在编制年度收支表时，应将本栏改为"上年数"栏，反映上年度各项目的实际发生数；如果本年度资产负债表规定的各个项目的名称和内容与上年度不一致，应对上年收支表各项目的名称和数字按照本年度的规定进行调整，填入本表"年初余额"栏内。

2. 本表"本月数"栏各项目的内容和填列方法

收入支出表中相关项目除以下项目外，其余项目均根据相关科目的本期发生额填列：

（1）"收入合计"项目，反映政府财政本期取得的各类资金的收入合计金额。其中，一般公共预算的"收入合计"应当根据属于一般公共预算的"本级收入""补助收入""上解收入""地区间援助收入""债务收入""债务转贷收入""动用预算稳定调节基金"和"调入资金"各行项目金额的合计填列；政府性基金预算的"收入合计"应当根据属于政府性基金预算的"本级收入""补助收入""上解收入""债务收入""债务转贷收入"和"调入资金"各行项目金额的合计填列；国有资本经营预算的"收入合计"应当根据属于国有资本经营预算的"本级收入"项目的金额填列；财政专户管理资金的"收入合计"应当根据属于财政专户管理资金的"本级收入"项目的金额填列；专用基金的"收入合计"应当根据属于专用基金的"本级收入"项目的金额填列。

（2）"支出合计"项目，反映政府财政本期发生的各类资金的支出合计金额。其中，一般公共预算的"支出合计"应当根据属于一般公共预算的"本级支出""补助支出""上解支出""地区间援助支出""债务还本支出""债务转贷支出""安排预算稳定调节基金"和"调出资金"各行项目金额的合计填列；政府性基金预算的"支出合计"应当根据属于政府性基金预算的"本级支出""补助支出""上解支出""债务还本支出""债务转贷支出"和"调出资金"各行项目金额的合计填列；国有资本经营预算的"支出合计"应当根据属于国有资本经营预算的"本级支出"和"调出资金"项目金额的合计填列；财政专户管理资金的"支出合计"应当根据属于财政专户管理资金的"本级支出"项目的金额填列;专用基金的"支出合计"应当根据属于专用基金的"本级支出"项目的金额填列。

第四节 预算执行情况表

财政总预算会计编制的预算执行情况表是反映各级政府财政年度预算收支执行情况的报表。一般由一般公共预算执行情况表、政府性基金预算执行情况表和国有资本经营预算执行情况表等组成。财政总预算会计编制预算执行情况表年报,要求根据财政部届时制定的有关规定办理。

一、一般公共预算执行情况表

一般公共预算执行情况表是反映政府财政在某一会计期间一般公共预算收支执行结果的报表,按照《政府收支分类科目》中一般公共预算收支科目列示,见表23-3。

表23-3 一般公共预算执行情况表

会财政03-1表

编制单位:　　　　　　　　　　　年　月　日　　　　　　　　　　单位:元

项　目	本月(旬)数	本年(月)累计数
一般公共预算本级收入		
101 税收收入		
10101 增值税		
1010101 国内增值税		
……		
一般公共预算本级支出		
201 一般公共服务支出		
20101 人大事务		
2010101 行政运行		

二、政府性基金预算执行情况表

政府性基金预算执行情况表是反映政府财政在某一会计期间政府性基金预算收支执行结果的报表,按照《政府收支分类科目》中政府性基金预算收支科目列示,见表23-4。

表 23-4 政府性基金预算执行情况表

会财政 03-2 表

编制单位：　　　　　　　　　　年　月　日　　　　　　　　　　单位：元

项目	本月（旬）数	本年（月）累计数
政府性基金预算本级收入		
10301 政府性基金收入		
1030102 农网还贷资金收入		
103010201 中央农网还贷资金收入		
……		
政府性基金预算本级支出		
206 科学技术支出		
20610 核电站乏燃料处理处置基金支出		
2061001 乏燃料运输		
……		

三、国有资本经营预算执行情况表

国有资本经营预算执行情况表是反映政府财政在某一会计期间国有资本经营预算收支执行结果的报表，按照《政府收支分类科目》中国有资本经营预算收支科目列示，见表 23-5。

表 23-5 国有资本经营预算执行情况表

会财政 03-3 表

编制单位：　　　　　　　　　　年　月　日　　　　　　　　　　单位：元

项目	本月（旬）数	本年（月）累计数
国有资本经营预算本级收入		
10306 国有资本经营收入		
1030601 利润收入		
103060103 烟草企业利润收入		
……		
国有资本经营预算本级支出		
208 社会保障和就业支出		
20804 补充全国社会保障基金		
2080451 国有资本经营预算补充社保基金支出		
……		

四、财政专户管理资金收支情况表

财政专户管理资金收支情况表是反映政府财政在某一会计期间纳入财政专户管理的财政专户管理资金全部收支情况的报表，按照相关政府收支分类科目列示，见表 23-6。

表 23-6 财政专户管理资金收支情况表

编制单位：　　　　　　　　　　　　年　月　日　　　　　　　　　　　会财政 04 表
　　　　　　　　　　　　　　　　　　　　　　　　　　　　　　　　　　单位：元

项目	本月数	本年累计数
财政专户管理资金收入		
财政专户管理资金支出		

五、专用基金收支情况表

专用基金收支情况表是反映政府财政在某一会计期间专用基金全部收支情况的报表，按照不同类型的专用基金分别列示，见表 23-7。

表 23-7 专用基金收支情况表

编制单位：　　　　　　　　　　　　年　月　日　　　　　　　　　　　会财政 05 表
　　　　　　　　　　　　　　　　　　　　　　　　　　　　　　　　　　单位：元

项目	本月数	本年累计数
专用基金收入		
粮食风险基金		
……		
专用基金支出		
粮食风险基金		
……		

第五节 会计报表附注

附注是指对在会计报表中列示项目的文字描述或明细资料，以及对未能在会计报表中列示项目的说明。财政总预算会计报表附注应至少披露下列内容：

（1）遵循《财政总预算会计制度》的声明。

（2）本级政府财政执行情况和财务状况的说明。

（3）会计报表中列示的重要项目的进一步说明，包括其主要构成、增减变动情况等。

（4）或有负债情况的说明。

（5）有助于理解和分析会计报表的其他说明事项。

复习思考题

1. 什么是财政总预算会计报表？财政总预算会计报表主要包括哪些种类？
2. 什么是财政总预算会计的资产负债表？如何编制？
3. 什么是收入支出表？如何编制？

第五篇　政府综合财务报告的编制

按照党的十八届二中、三中、四中全会精神,根据新修订的《中华人民共和国预算法》和《国务院关于深化预算管理制度改革的决定》(国发〔2014〕45号)有关要求,为建立权责发生制的政府综合财务报告制度,全面、准确反映各级政府整体财务状况、运行情况和财政中长期可持续性,财政部制定了《权责发生制政府综合财务报告制度改革方案》(简称《方案》)。建立权责发生制的政府综合财务报告制度涉及面广,技术性、政策性、敏感性较强,宜逐步推进。为此,《方案》中明确了政府综合财务报告改革的"三步走"。2014~2015年工作计划为:组建政府会计准则委员会;修订发布财政总预算会计制度和制定发布政府会计基本准则;等等。2016~2017年工作计划:制定发布政府会计相关具体准则及应用指南;开展政府财务报告编制试点和研究建立政府综合财务报告分析指标体系。目前,政府综合财务报告改革已完成拟定计划,于2015年12月颁布《政府综合财务报告编制操作指南(试行)》(简称《指南》)。《指南》包含了七部分内容,即总则、政府综合会计报表项目及其编制、政府综合会计报表附注编制、政府财政经济分析、政府财政财务管理情况、附则等。2018~2020年工作计划为:制定发布政府会计相关具体准则及应用指南,基本建成具有中国特色的政府会计准则体系;完善行政事业单位财务制度和会计制度、财政总预算会计制度等和对政府财务报告编制试点情况进行评估,适时修订政府财务报告编制办法和操作指南;等等。

第二十四章
政府综合财务报告概述

【本章学习目标】本章主要介绍当前政府与非营利组织会计改革的新趋势，即以权责发生制为基础的政府综合财务报告的编制背景、主要内容及流程，并重点介绍政府综合财务报表的编制办法及注意事项。本章学习目标是了解政府综合财务报表的概念、编制基础、编制流程等；理解政府综合财务报告编报的范围。

第一节 政府综合财务报告编制背景

目前，我国实行的是以收付实现制政府会计核算为基础的决算报告制度，仅能够核算反映预算收支的情况，无法完整反映政府拥有的资源、负债，政府的运行成本和费用，对政府财政和财政责任不能进行科学、有效的会计记录、分析评价和报告披露。国际上政府会计改革的基本做法是，不仅要核算年度预算收支，向议会和公众报告年度预算执行情况，还要引入权责发生制，建立政府财务会计制度，核算政府各组成部门及政府整体所有的资产和负债情况，并以此编制政府年度财务报告，向议会和公众报告政府受托责任和履行责任的能力。

从国际发展趋势来看，推进政府会计改革，逐步建立以权责发生制为基础的政府会计制度，已经成为国际公认的公共财政管理发展方向。为和国际接轨与趋同，结合我国国情和当前经济发展态势，党的十八届三中全会明确提出"建立权责发生制的政府综合财务报告制度"，深刻认识到这项制度的构建与国家治理体系和治理能力现代化目标的提升息息相关，是成功推进和完成新一轮财政改革任务的必然要求。

第二节 政府综合财务报告的主要内容

从国际上来看,政府综合财务报告通常由文字说明、财务报表、财务报表附注等部分组成。其中,文字说明要阐述政府整体财政财务状况、运营情况等,并结合经济运行和政策要求,分析政府财政财务情况未来走势;政府财务报表通常包括资产负债表和收入费用表,部分国家还包含现金流量表等有关报表;报表附注即对报表包括的主体范围、会计政策、报表项目明细以及未在报表中反映的一些重要事项等进行解释说明。借鉴国际通行做法,结合国内实际情况,我国政府综合财务报告包括以下内容:

其一,政府财务报表,主要包括资产负债表和收入费用表,鉴于以收付实现制为基础的预算执行报表,基本能反映出政府现金流量情况,因此,暂不要求编制现金流量表。

其二,政府财务报表附注,主要包括报表的主体范围及合并汇总方法、会计政策和方法、报表明细信息以及未在报表列示但对政府财务状况有重大影响的事项等,帮助报告使用者更好地理解财务报告。

其三,政府财政经济情况。利用财务报表及附注的相关信息,结合国民经济形势、相关政策要求等,分析政府财务状况、运营情况,研究政府财政能力、财政责任以及财政中长期可持续性等,更好地为领导决策服务。

其四,政府财政财务管理情况。反映政府财政管理的政策要求、主要措施及取得成效等,帮助报告使用者了解政府财政财务管理情况。

第三节 政府综合财务报告的编制流程

根据我国政府财政财务管理体制,以及财政总预算、部门决算、基建项目财务决算和国有企业财务决算等的管理要求,政府综合财务报告的编报流程与职责分工如图24-1所示。

一、财政部门负责

编制公共财政决算会计报表、政府性基金决算会计报表、国有资本经营决算会计报表和财政专户会计报表等;将上述报表与部门决算报表、固定资产投资决算报表等合并;撰写财政经济状况、财政财务管理情况,形成政府综合财务报告。

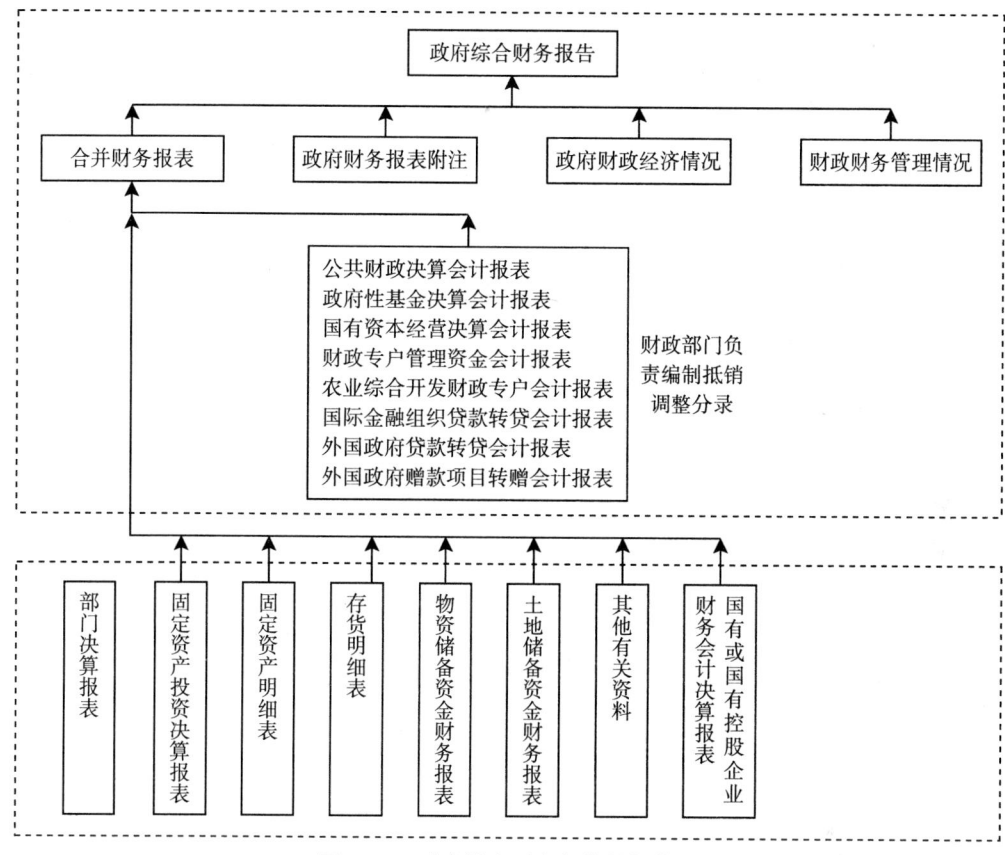

图 24-1 政府综合财务报告编报范围

二、行政单位、事业单位、社会团体负责

编报本单位(部门)的部门决算报表、固定资产投资决算报表;编报本单位(部门)存货明细表、固定资产明细表;国家物资储备局和地方土地储备中心还应分别编报物资储备资金财务报表和土地储备资金财务报表。

三、公益性和非公益性国有企业负责编报本企业财务报告

试编阶段,除另有规定外,行政单位、事业单位、社会团体暂不报送权责发生制单位财务报告。

复习思考题

1. 政府综合财务报告的主要内容包括哪些？
2. 政府综合财务报告编制的流程是什么？

第二十五章
政府综合财务报表的编制

【本章学习目标】 本章重点介绍政府与非营利会计组织综合财务报表的主要内容、计量方法、合并方法以及报表具体的编制方法及内容。本章学习目标是了解政府综合财务报表的主要内容；掌握政府财务报表编制方法。

第一节 政府综合会计报表的内容及计量方法

一、政府综合会计报表的主要内容

政府综合会计报表包括资产负债表、收入费用表以及当期盈余与预算结余差异表项目。

资产负债表，反映政府资产、负债和净资产情况，是一张静态报表。在通常情况下，资产负债表要同时反映报表各项目的期初数和期末数，对于第一次试编的地方，2012年政府资产负债表只要求反映年末数，对于第二次试编的地方，2012年政府资产负债表要求反映年初数（原则上为2011年末数，如相关口径有变化，可按新口径调整后列示）及年末数。

收入费用表，反映政府收入、费用情况。收入费用表中一些项目名称与预算收支报表有关项目名称虽然相同，但由于政府综合财务报告以权责发生制为基础，而预算会计是以收付实现制为基础，因此其内涵不尽相同。如收入费用表中的收入不仅包括当期已实现并取得款项的收入，还包括当期已实现但尚未取得款项的收入，后一种收入是在预算收支表中不反映的。

当期盈余与预算结余差异表包括五个项目：当期预算结余、日常活动产生的差异、投资活动产生的差异、筹资活动产生的差异以及当期盈余。

1. 当期预算结余

本项目反映按现行会计制度规定核算的政府本期总收入减去总支出的差额,包括政府财政当期预算结余和政府部门当期预算结余等。

2. 日常活动产生的差异

本项目反映政府本期按照权责发生制原则,对日常活动经济事项产生的收入和费用调整后,导致当期盈余和预算结余的差异。具体包括因安排和动用预算稳定调节基金,购买商品和服务发生预付账款、应付账款、长期应付款,取得和领用存货及政府储备资产,计提折旧和摊销等事项产生的差异。

3. 投资活动产生的差异

本项目反映政府本期按照权责发生制原则,对投资活动经济事项产生的收入和费用调整后,导致当期盈余和预算结余的差异。具体包括对政府投资收益、资本性支出、国有资本经营预算收入等项目进行调整产生的差异。

4. 筹资活动产生的差异

本项目反映政府本期按照权责发生制原则,对筹资活动经济事项产生的收入和费用调整后,导致当期盈余和预算结余的差异。具体包括对政府债务收入、债务转贷收入、债务还本支出、债务转贷支出等项目调整产生的差异。

5. 当期盈余

本项目反映政府权责发生制基础上的本期总收入减去总费用的差额,包括政府财政当期盈余和政府部门当期盈余等。

二、政府综合会计报表会计要素及计量方法

政府财务报表包含的会计要素有五个,分别是资产、负债、净资产、收入和费用。

会计计量方法主要包括历史成本、重置成本、可变现净值、现值和公允价值等。政府综合财务报表中会计要素的计量一般应当采用历史成本,在无法取得历史成本的情况下,可采用重置成本或可变现净值等进行计量。

第二节 政府综合会计报表的编制

一、编制政府综合会计报表的合并方法

1. 不同类型单位和资金反映到政府财务报表的方法

采用分项合并法反映到财务报表的单位主体包括行政事业单位、主要从事公益性项目融智、建设或运营任务的国有企业等。其中,"公益性项目"是指为社会公共利益服务、不以盈利为目的,且不能或不宜通过市场化方式运作的政府投资项目,如市政道路、公共交通等基础设施项目,以及公共卫生、基础科研、义务教育、保障性安居工程等基本建设项目(在实际操作中,地方应根据各地实际情况,参考上述标准研究制定公益性国有企业的具体确定标准,并在上报报告时在财务报表附注部分予以列明)。

采用分项合并法反映到财务报表的资金主体包括财政层面相关资金、土地储备专项资金等。

作为政府对外投资反映到财务报表的单位主体包括非公益性国有企业,他们主要承担国有资产保值增值的职责,只需将国有权益并入政府合并政府合并财务报表,以反映政府国有资产管理职责履行情况。资金主体包括物资储备专项资金等。

2. 不同报表项目并入政府财务报表的方法

(1) 对于不涉及内部交易的原报表项目,将原报表有关项目金额填入汇总工作表对应项目。

(2) 对于涉及内部交易的原报表项目,要对相关项目进行抵销处理。一是财政层面相关会计报表项目,由于财政掌握明细信息,应当对财政内部(即公共财政决算会计报表、政府性基金决算会计报表和国有资本经营决算会计报表、农业综合开发财政专户会计报表、财政专户管理资金会计报表、国际金融组织贷款转贷会计报表、外国政府贷款转贷会计报表、外国政府赠款项目转赠会计报表、其他财政专户会计报表之间)交易事项,以及财政与单位之间的交易事项进行抵销处理。二是单位层面相关会计报表项目,虽然部门与部门之间、部门内部单位之间的交易事项也应进行抵销处理,但由于财政缺乏更详细的信息,暂不要求对不同部门单位之间的交易事项进行抵销处理。

(3) 对于按权责发生制应确认但未在原报表中反映的项目,以及已在原报表中反映但按权责发生制原则需要调整的项目,要进行相应调整。

二、编制政府财务报表的具体步骤

编制政府财务报表的具体步骤主要包括以下六步：

第一步，剔除原报表中重复反映的事项。一是提出固定资产投资决算表中通过购置形成的固定资产所对应的报表项目金额，购置固定资产的情况已经在部门决算报表中反映。二是剔除已在固定资产投资决算报告中反映的部门决算报表中的行政事业单位使用非偿还资金安排的基本建设类项目收支余情况。三是剔除部门决算报表中国有企业所属事业单位，国有企业财务报表已包含相关事业单位信息。

第二步，将相关报表中的原始数据填列到汇总工作表的对应栏目中。将公共财政决算会计报表、政府性基金决算会计报表、国有资本经营决算会计报表、财政专户管理资金会计报表、部门决算报表、公益性国有企业财务报表、土地储备资金财务报表（以下简称原报表）中年末资产、负债；年初净资产；本年收入、支出数据全部填入汇总工作表对应栏中。

注：能够直接对应到权责发生制报表项目的，直接填入对应行。不能直接对应到有关项目的，填入"待抵销调整项目"。

第三步，对涉及原报表之间的内部交易事项，编制抵销分录，填入汇总工作表"抵销分录栏"，并填写备注。

第四步，对按权责发生制应当确认但未在原报表反映的事项，以及已在原报表反映但需要调整的项目，编制调整分录，填入汇总工作表"调整分录"栏，并填写备注。

第五步，将汇总工作表各项目对应的原始数据栏、抵销分录栏、调整分录栏中的数据加总。

第六步，计算出当期盈余和净资产合计，试算平衡后，将数据填入政府财务报表对应项目，生产合并政府财务报表。

对财政专户会计报表，《指南》只规定了财政专户管理资金会计报表、农业综合开发财政专户会计报表、国际金融组织贷款转贷会计报表、外国政府贷款转贷会计报表、外国政府赠款项目转赠会计报表相关项目的填列方法。其他财政专户会计报表项目的填列由试编地区根据《指南》精神，结合本地实际情况研究决定。

三、编制政府财务报表的案例解析

1. 剔除原报表中重复反映的事项

（1）剔除行政事业单位固定资产投资决算报表中通过购置形式的固定资产所对应的报表项目，剔除的资金来源和资金占用项目金额应当相等。

首先，根据"固定资产投资决算报表——投资项目表"中"项目性质"中属于"其他"的项目,确定当年通过购置形成的固定资产数额及其对应的资金来源。

其次,在"固定资产投资决算报表——资金平衡表"中"交付使用资产——固定资产"一栏,减去购置形成的固定资产部分,同时,在"资金来源"相应项目中减去相等金额。

(2) 在部门决算中反映了行政事业单位使用非偿还资金安排的基本建设类项目收支余情况(即固定资产投资决算报表中已反映的内容)应在表前予以剔除。

(3) 剔除部门决算报表中国有企业所属事业单位的相关数据。

2. 将原报表项目填入汇总工作表

按照"原报表项目处理方法清单"中相关项目的对应关系,将原报表有关项目金额分别加总填入"汇总工作表"中"原报表对应项目"栏下对应项目。

(1) 将原报表相关项目填入汇总工作表"货币资金"行。①公共财政决算跨级报表、政府性基金决算会计报表、国有资本经营决算会计报表中的"国库存款""其他财政存款和在途款"。②财政专户管理资金会计报表中的"财政专户存款"。③农业综合开发财政专户会计报表中的"现金""银行存款"。④国际金融组织、外国政府贷款转贷会计中的"银行存款"。⑤部门决算报表中的"现金""银行存款""货币资金"。⑥固定资产投资决策决算报表中的"现金""银行存款"。⑦公益性国有企业财务会计决算报表中的"货币资金"。⑧土地储备资金财务报表中的"库存现金""银行存款"。

【例25-1】某省公共财政决算会计报表中列示国库存款、其他财政存款和在途款分别为7000万元、5000万元、4000万元;财政专户管理资金会计报表中的财政专户存款为3000万元;行政单位部门决算报表中列示的现金、银行存款分别为2500万元、4500万元;事业单位部门决算报表中列示的现金和银行存款分别为5000万元、8000万元;固定资产投资决算报表中列示的现金、银行存款分别为3200万元、5600万元。填入汇总工作报表时,公共财政决算会计报表栏下的货币资金合计数为16000 (7000+5000+4000) 万元;财政专户管理资金会计报表栏下的货币资金3000万元;部门决算报表行政栏下的货币资金7000万元;部门决算报表事业单位栏下的货币资金13000万元;固定资产投资决算报表栏下的货币资金8800万元。

(2) 将原报表相关项目填入汇总工作表"借出款项"行。①公共财政决算会计报表、政府性基金决算会计报表、国有资本经营决算会计报表的"暂付款"中有计息要求的款项、"财政周转金放款、借出财政周转金、借出外债";②财政专户管理资金会计报表的"应收款"中有计息要求的款项;③农业综合开发财政专户会计报表中的"有偿资金放款""委托贷款""借出有偿资金";④国际金融组织贷款、外国政府转贷会计报表中的"应收统借自还款""国家统借统还款""应收本金""应收联合融资款""应收垫付款"(只包括垫付本金部分)。

【例25-2】某省公共财政决算会计报表暂付款中列示有计息要求款项7100万元；财政专户管理资金会计报表应收款项中列示有计息要求款项4200万元。填入汇总工作报表时，公共财政决算会计报表栏下的借出款项合计数为7100万元，财政专户管理资金会计报表栏下的借出款项合计数为4200万元。

将原报表相关项目填入汇总工作表中的其他项目参照《权责发生制政府综合财务报告试编办法》执行。

3. 编制抵销分录

（1）抵销政府部门之间发生的经济业务或事项。政府财政部门应当根据政府部门财务报表项目明细信息，对经确认的本级政府部门之间发生的经济业务或事项进行抵销。

1）抵销政府部门之间的债权债务事项。政府部门之间发生的待抵销债权债务事项主要涉及应收账款、预付账款、其他应收款、应付账款、预收账款、其他应付款等报表项目。对于经确认抵销的债权债务事项，要编制抵销分录：借记"应付账款""长期应付款""预收账款""其他应付款"；贷记"应收账款""预付账款""其他应收款"。

【例25-3】A部门会计报表"其他应收款"明细信息显示，A部门应收B部门款项570万元，B部门会计报表"其他应付款"明细信息显示，B部门应付A部门款项570万元。经确认无误后，编制抵销分录如下：

借：其他应付款　　　　　　　　　　　　5700000
　　贷：其他应收款　　　　　　　　　　　　　　5700000

2）抵销政府部门之间的收入费用事项。政府部门之间发生的待抵销收入费用事项主要涉及事业收入、其他收入、商品和服务费用等报表项目。对于经确认抵销的收入费用事项，编制抵销分录：借记"事业收入（来自同级政府部门）""其他收入（来自同级政府部门）"，贷记"商品和服务费用（支付给同级政府部门）"。

【例25-4】B部门财务报表中，来自同级A部门的事业收入6700万元，A部门支付给同级B部门的商品和服务费用6700万元。经确认无误后，编制抵销分录如下：

借：事业收入（来自同级政府部门）　　　　67000000
　　贷：商品和服务费用（支付给同级政府部门）　　67000000

（2）抵销财政与部门及相关资金主体之间发生的经济业务或事项。

1）财政总预算会计报表中的"应付国库集中支付结余"与政府部门财务报表、土地储备资金财务报表、物资储备资金会计报表中的"财政应返还额度""财政预算额度"之间存在抵销关系，应经相关方确认后抵销。抵销分录为：借记"应付国库集中支付结余"，贷记"财政预算额度""财政应返还额度"。

【例25-5】政府部门财务报表中财政应返还额度15000万元；物资储备资金会计报表中的财政预算额度1000万元；财政总预算会计报表中应付国库集中支付结余16000万元。

经确认无误后，编制抵销分录如下：

借：应付国库集中支付结余 160000000
　　贷：财政应返还额度 150000000
　　　　财政预算额度 10000000

2）财政总预算会计报表中的"一般公共预算本级支出""政府性基金预算本级支出"等财政预算支出项目与政府部门财务报表及相关资金主体会计报表的"财政拨款收入"存在抵销关系，应经相关方确认后抵销。抵销分录为：借记"财政拨款收入"，贷记"一般公共预算本级支出""政府性基金预算本级支出"。

【例25-6】政府部门财务报表中财政拨款收入5200万元、土地储备资金财务报表中财政拨款收入4500万元，其中一般公共预算安排5200万元，政府性基金预算安排4500万元。经确认无误后，编制抵销分录如下：

借：财政拨款收入 97000000
　　贷：一般公共预算本级支出 52000000
　　　　政府性基金预算本级支出 45000000

3）财政总预算会计报表中的"财政专户管理资金支出"与政府部门财务报表的"事业收入"中来自财政专户拨入的部分之间存在抵销关系，应经相关方确认后抵销。抵销分录为：借记"事业收入（财政专户管理资金）"，贷记"财政专户管理资金支出"。

【例25-7】财政总预算会计报表中财政专户管理资金支出7800万元，政府部门财务报表中事业收入中来自财政专户的资金7800万元。经确认无误后，编制抵销分录如下：

借：事业收入（财政专户管理资金） 78000000
　　贷：财政专户管理资金支出 78000000

4）财政总预算会计报表"借出款项"与政府部门财务报表中"其他应付款"之间存在抵销关系，应经确认后抵销。抵销分录为：借记"其他应付款"，贷记"借出款项"。

【例25-8】财政总预算会计报表借出款项中属于向C部门借出的金额为430万元，C部门会计报表中的其他应付款430万元，经确认无误后，编制抵销分录如下：

借：其他应付款 4300000
　　贷：借出款项 4300000

5）财政总预算会计报表中的"预拨经费"与政府部门财务报表中的"其他应付款"之间存在抵销关系，应经确认后抵销。抵销分录：借记"其他应付款"，贷记"预拨经费"。

【例25-9】财政总预算会计报表中预拨经费720万元，政府部门财务报表中的其他应付款720万元，经确认无误后，编制抵销分录如下：

借：其他应付款 7200000
　　贷：预拨经费 7200000

(3) 抵销财政内部之间发生的经济业务或事项。

1) 财政总预算会计报表"专用基金收入"中来自一般公共预算安排的部分与"一般公共预算本级支出"之间存在抵销关系，应经确认后抵销。抵销分录：借记"专用基金收入"，贷记"一般公共预算本级支出"。

【例 25-10】财政总预算会计报表专用基金收入中由一般公共预算本级支出安排的部分为 25600 万元，经确认无误后，编制抵销分录如下：

借：专用基金收入　　　　　　　　　　256000000
　　贷：一般公共预算本级支出　　　　　　256000000

2) 财政总预算会计报表中不同预算类型资金之间的"调入资金"和"调出资金"之间存在抵销关系，应经确认后抵销。抵销分录：借记"调入资金"，贷记"调出资金"。

【例 25-11】财政总预算会计报表中调入资金、调出资金均为 20100 万元，经确认无误后，编制抵销分录如下：

借：调入资金　　　　　　　　　　　　201000000
　　贷：调出资金　　　　　　　　　　　　201000000

4. 编制调整分录

在将原报表有关项目填入汇总工作表阶段，对于按权责发生制不应反映为相关收入或支出的项目，和未在原报表反映但按权责发生制应确认为资产、负债、收入或费用的项目，以及其他按权责发生制不应反映为相关收入或支出的原报表项目，均应编制调整分录，填入汇总工作表。以下为部分事项的处理方法及案例解析：

（1）调减财政总预算会计报表中的应付代管资金。财政总预算会计报表的应付代管资金以及相应的其他财政存款中属于待管预算单位资金部分，属于财政的受托管理负债和资产，这部分资金在政府部门财务报表资产项目中已有反映，为避免重复，应调减财政受托代理资产和负债部分。调整分录：借记"应付代管资金"，贷记"其他财政存款"。

【例 25-12】财政总预算会计报表中应付预算单位代管资金为 97500 万元，调整分录如下：

借：应付代管资金　　　　　　　　　　975000000
　　贷：其他财政存款　　　　　　　　　　975000000

（2）将财政总预算会计报表中"专用基金收入"分析调整至政府综合会计报表的"其他收入"。财政总预算会计报表"专用基金收入"中不属于通过一般公共预算本级支出安排的部分，按照资金性质应列入政府综合会计报表中的"其他收入"项目。调整分录为：借记"专用基金收入"，贷记"其他收入"。

【例 25-13】财政总预算会计报表专用基金收入中不属于一般公共预算本级支出安排的部分为 420 万元。编制调整分录如下：

借：专用基金收入 420
　　贷：其他收入 420

（3）调减国有资本经营预算收入。按照权责发生制原则，当年取得的国有资本经营预算收入中，利润收入、股利和股息收入实际是收到的报告年度以前年度应收国有资本经营收益，不属于当年收入；产权转让收入、清算收入等属于资产交易所得，不属于收入，应调减收入总额。调整分录：借记"国有资本经营预算收入"，贷记"净资产"。

【例25-14】财政总预算会计报表国有资本经营预算本级收入33000万元。编制调整分录如下：

借：国有资本经营预算收入 330000000
　　贷：净资产 330000000

（4）调减预算稳定调节基金相关收支。按照权责发生制原则，财政总预算会计报表中的"动用预算稳定调节基金"不属于政府综合会计报表中的收入项目，应调减收入总额。调整分录：借记"动用预算稳定调节基金"，贷记"净资产"。同理，财政总预算会计报表中的"安排预算稳定调节基金"不属于政府综合会计报表中的费用项目，应调减费用总额。调整分录：借记"净资产"，贷记"安排预算稳定调节基金"。

【例25-15】财政总预算会计报表中动用预算稳定调节基金10000万元，安排预算稳定调节基金20000万元。编制调整分录如下：

借：动用预算稳定调节基金 100000000
　　贷：净资产 100000000
借：净资产 200000000
　　贷：安排预算稳定调节基金 200000000

（5）调减债务收入、债务转贷收入。按照权责发生制原则，财政总预算会计报表中的"债务收入""债务转贷收入"不属于政府综合会计报表中的收入项目，应予以调减收入总额。调整分录：借记"债务收入""债务转贷收入"，贷记"净资产"。

【例25-16】财政总预算会计报表中债务转贷收入75000万元。编制调整分录如下：

借：债务转贷收入 750000000
　　贷：净资产 750000000

（6）调减债务还本支出、债务转贷支出。按照权责发生制原则，财政总预算会计报表中的"债务还本支出""债务转贷支出"不属于政府综合会计报表中的费用项目，应予以调减费用总额。调整分录：借记"净资产"，贷记"债务还本支出""债务转贷支出"。

【例25-17】财政总预算会计报表中债务还本支出3600万元，债务转贷支出22000万元。编制调整分录如下：

借：净资产 3600

贷：债务还本支出　　　　　　　　　　　　　36000000
　借：净资产　　　　　　　　　　　220000000
　　贷：债务转贷支出　　　　　　　　　　　　　220000000

(7) 调减股权投资等资本性支出。按照权责发生制原则，财政总预算会计报表中属于财政部门直接发生的用于股权投资等方面的资本性支出不属于政府综合会计报表中的费用项目，应调减费用总额。调整分录：借记"净资产"，贷记"一般公共预算本级支出""政府性基金预算本级支出""国有资本经营预算本级支出"等。

【例25-18】财政总预算会计报表反映，一般公共预算安排用于投资基金股权投资的支出50000万元。编制调整分录如下：
　借：净资产　　　　　　　　　　　500000000
　　贷：一般公共预算本级支出　　　　　　　　　500000000

(8) 将财政直接支出分析调整填入相应费用栏。未安排到部门预算且由财政直接安排的一般公共预算本级支出、政府性基金预算本级支出等支出中属于工资福利费用、商品和服务费用、对个人和家庭的补助、对企事业单位的补贴的部分，应分析调整填入上述费用。借记"工资福利费用""商品和服务费用""对个人和家庭的补助""对企事业单位的补贴"等，贷记"一般公共预算本级支出""政府性基金预算本级支出"等。

【例25-19】财政总预算会计报表一般公共预算本级支出中直接列支的对企事业单位的补贴支出9372万元。编制调整分录如下：
　借：对企事业单位的补贴　　　　　　93720000
　　贷：一般公共预算本级支出　　　　　　　　　93720000

(9) 将财政总预算会计报表中"专用基金支出"分析调整至政府综合会计报表相应的费用项目。对财政总预算会计报表中的专用基金支出，应按支出经济分类分析调整为政府综合会计报表中的"商品和服务费用""对个人和家庭的补助""对企事业单位的补贴"等项目。调整分录：借记"商品和服务费用""对个人和家庭的补助""对企事业单位的补贴"等，贷记"专用基金支出"。

【例25-20】财政总预算会计报表专用基金支出中用于企事业单位的补贴支出19800万元，对个人和家庭的补助支出5300万元。编制调整分录如下：
　借：对个人和家庭的补助　　　　　　53000000
　　　对企事业单位的补贴　　　　　　198000000
　　贷：专用基金支出　　　　　　　　　　　　　251000000

(10) 增长期投资、应收股利、投资收益。

1) 关于财政总预算会计尚未核算的政府持有股权的企业股权投资及相关收益的调整。编制政府综合会计报表时，应根据政府持有股权的企业财务会计决算报表中资产负债表的所有者权益和应付股利，以及利润表中的综合收益总额，乘以国有权益比重分别计算长期投资、应收股利、投资收益的金额，并编制调整分录。调整分录：借记"长期投资""应收股利"，贷记"净资产""投资收益"。

长期投资调整额＝所有者权益年末数×国有权益比重

应收股利调整额＝应付股利年末数×国有权益比重

投资收益调整额＝企业综合收益×国有权益比重

净资产调整额＝长期投资调整额＋应收股利调整额－投资收益调整额。

已实行国有资本经营预算的地区，可按照国有资本经营预算数填列应收股利，同时将国有资本经营预算数与上述公式计算得到的应收股利数的差额转入长期投资。

【例25-21】某政府的国有企业财务会计决算报表上列示的国有企业所有者权益年末数为400000万元，国有权益比重为60%。国有企业当年综合收益为100000万元，应付股利为20000万元。经计算，应调整的金额分别为，长期投资＝400000×60%＝240000万元；应收股利＝20000×60%＝12000万元；投资收益＝100000×60%＝60000万元。编制调整分录如下：

借：长期投资　　　　　2400000000
　　应收股利　　　　　120000000
　　贷：投资收益　　　　　　600000000
　　　　净资产　　　　　　　1920000000

2) 关于财政总预算会计已核算的政府股权投资产生的投资收益的调整。按照《财政总预算会计制度》规定，政府股权投资当期应取得的投资收益，应确认记入"资产基金"科目。编制政府综合会计报表时，对于已确认入账的投资收益部分，应将其从资产负债表的"净资产"项目调至收入费用表的"投资收益"项目。调整额根据被投资主体年末会计报表净利润或净亏损数额及政府财政投资比例计算确认，即当年投资收益＝被投资主体净利润（亏损）×政府财政投资比重。调整分录：借记"净资产"，贷记"投资收益"。

【例25-22】某投资基金年末会计报表中净利润为5000万元，政府财政投资比例为15%，投资收益＝5000×15%＝750（万元）。编制调整分录如下：

借：净资产　　　　　　7500000
　　贷：投资收益　　　　　　7500000

(11) 调减土地储备资金财务报表中的"交付项目支出"。按照权责发生制原则，土地储备资金财务报表中"交付项目支出"从经济性质上属于资本性支出，不属于费用，应调减费用总额。调整分录：借记"净资产"，贷记"交付项目支出"。

【例25-23】土地储备资金财务报表中交付项目支出15000万元，应编制调整分录：

借:净资产　　　　　　　　　150000000
　　贷:交付项目支出　　　　　　150000000

(12) 根据调整分录中收入调整总额与费用调整总额的差额,调整净资产项目。由于对收入和费用的调整最终会影响净资产总额,因此应当按照收入调整总额与费用调整总额的差额,调整净资产。按照所有调整分录汇总后计算(收入调增额－收入调减额－费用调增额＋费用调减额)的差额,如果差额为正数,则调增"净资产";如果差额为负数,则调减"净资产"。

第三节　政府财务报表附注编制的方法

政府财务报表附注主要对政府财务报表包含的主体范围,报表项目的列报方法和明细内容,以及未在报表中列报但对政府财务情况有重大影响的事项进行说明。

一、报表包含的主体范围

1. 说明政府财务报表包含的单位主体及资金主体

单位主体主要包括:纳入部门决算编报范围的行政单位、事业单位和社会团体,以及编报基建项目决算的国有建设单位,需要说明各类单位的数量;政府直接管理的国有企业(包括国资委管理的国有企业)和政府部门管理的国有企业,政府直接管理的国有企业需要列示企业名单,政府部门管理的国有企业可以只列示企业数量,规模较大的,应列示名单。

资金主体主要包括财政一般预算资金、政府性基金预算资金、国有资本经营预算资金、国债转贷资金、农业综合开发资金、财政专户管理资金、国际金融组织贷款、外国政府赠款资金、外国政府贷款资金和其他财政专户资金,以及物资储备资金、土地储备资金等,需要说明资金类型。

2. 说明合并、汇总相关主体的方法

分别对各类单位主体、资金主体合并或汇总到政府财务报表的方法进行说明,包括哪些采用分项合并方法,哪些仅反映在政府财务报表的某个项目中等。

二、报表项目遵循的会计政策和使用的具体会计方法

对政府财务报表中主要的资产、负债、净资产、收入、费用五项目的含义、范围、确认原则、计量方法等,并就政府财务报表项目与预算会计相关报表项目的差异进行解释。

三、未在报表中列示但对政府财务状况有重大影响的项目

1. 公共自然资源的列示方法

公共自然资源,反映政府拥有的自然资源的实物数量,包括矿产、土地、森林、草原等。相关数据由国土资源、林业、农业、旅游等管理部门提供。该项目的列示应遵循"谁管理,谁列报"的原则,即由公共自然资源的管理主体列示其管理范围内的公共自然资源。

2. 政府职工养老金的列示方法

政府职工养老金,反映政府需在未来一定时期内支付给政府职工养老金的现值,根据有关部门测算出来的政府职工养老金负债列示。在列示时,需要把握以下几点:一是政府职工专指政府负有支付养老金义务的相关行政单位、事业单位的职工;二是期限的确定。

政府职工养老金负债测算数据无法获取的地区,可暂时不披露。

3. 社会保险基金的列示方法

社会保险基金,反映社会保险基金收入支出以及社会保险负债精算等相关情况,根据社会保险基金决算及相关方面提供的测算数据列示。

4. 或有负债的列示方法

或有负债,反映政府未决诉讼或仲裁、为其他单位提供债务担保等事项预计产生的财务影响,根据相关方面提供的情况分析列示。

四、相关项目的明细信息

根据《指南》指示,通常附注中需要披露十六个项目的明细信息,它们分别是:存货、固定资产、货币资金、借出款项、应收利息、应收股利、应收及预付款项、对外投资明细、借入款项、公益性国有企业负债、应付利息、应付及预收款项、政府债券、应付政府补助项目、应收应退(非)税款项目及投资收益的明细信息。有条件的地区,还可以分行业类型明细反映政府对外投资收益情况。

第四节 政府财政经济状况分析

政府财政经济状况以政府财务报表为依据,结合国民经济形势,分析政府财务状况、运营情况,以及财政中长期可持续性,主要包括以下内容:

一、主要分析方法

政府财政经济状况的分析方法与企业财务报表分析方法类似,主要有四种方法,分别是比率分析法、比较分析法、结构分析法、趋势分析法。这四种方法的原理与企业财务报表的分析方法一样,在此不再赘述。

二、主要分析对象

1. 分析政府财务状况和运营情况

反映政府拥有的资产和承担的债务总体情况,以及政府获得的收入和发生的费用的总体情况。如结合政府公共投资、储备物资调控政策、国有企业改革与发展情况等,分析政府资产特点;结合政府债券发行、政府融资平台、行政事业单位人员离退休政策、社会保障政策等,分析政府债务特点。结合本地区经济运行、相关行业发展、税收政策、收费政策等,分析政府收入特点。结合社会事业政策、政府行政运行、政府融资情况等,分析政府费用的特点。比较权责发生制下当期盈余与收付实现制下当期预算结余的差异。

2. 分析财政中长期可持续性

基于政府当前资产负债状况和运营情况,结合本地区经济形势、经济社会发展规划、财政体制、财税政策、人口结构、行政事业单位离退休政策、社会保障政策等,分析政府财政运行走势,预测财政中长期发展的可持续性。

3. 分析其他有关方面的内容

除上述内容外,还可利用人口和经济信息,以及政府财务报表反映的信息,就政府提供公共服务的社会经济环境、政府财务状况、运用情况等方面的重要事项进行分析。

三、主要分析指标

分析过程中,可以运用以下相关指标进行分析说明,其中,指标分为必须分析指标和自主分析指标,见表25-1。

表25-1 主要分析指标表

必须分析指标	现金比率	现金和现金等价物/流动负债	反映政府利用现金和现金等价物偿还短期债务的能力。政府流动负债是指到期时限在1年内(含1年)的负债
	负债保障率	金融资产/流动负债	通过短期负债和用以偿还这些负债的资金来源进行匹配,反映政府偿还短期债务的能力。金融资产包括货币资金、借出款项、应收利息等
	资产负债率	负债总额/资产总额	反映政府偿付债务本息的能力
	负债构成比率	单位负债总额/负债总额	反映政府主要债务中单位债务所占比率,进而评估政府的直接债务风险和间接债务风险

续表

必须分析指标	收入费用率	年度总费用/年度总收入	反映政府总体当年收入和费用的配比情况
	运行成本率	运行成本年度总费用/年度总费用	反映支出是否大部分用于日常管理活动而不是提供公共服务，以及政府在压缩行政经费方面的力度和成效。运行成本包括工资福利支出、商品和服务支出、折旧费用及其他费用等。
	人均运行成本	运行成本/政府雇员的数目	政府雇员的数目以部门决算报表中《基本数字表》中年末"实有人数"合计数为准
	非税收入比重	年度非税收入/年度收入	反映政府对非税收入的依赖程度，比率越高，反映政府财务稳定性越弱
自主分析指标	利息保障率	当年利息支出/经营收入	反映政府偿还借款本息的能力
	现金储备比率	现金及现金等价物/年度支出总额	反映政府在完全无法获得新资金流入的极端情况下，还能正常运营的时间
	非税收构成比率	最大（非）税收来源/税（非）收收入总额	反映政府税（非）收收入的主要来源及稳定性
	可支配收入比率	可支配收入/收入总额	反映政府对本级收入的支配权和影响权
	债务收入比率	年度债务收入/收入总额	反映政府对于债务收入的依赖程度
	社会抚养人口比率	社会抚养人口/人口总数	反映小于12岁和大于60岁之和占总人口的比例

第五节　政府财政财务管理情况分析

政府财政财务管理情况反映政府财政财务管理的政策要求、主要措施和取得的成效等，主要包括以下内容：①政府预算管理情况，即反映政府预算编制、预算执行财政监督、决算编制管理等方面的管理情况。②政府资产负债管理情况，即反映政府资产管理、负债管理等方面的管理情况。③政府收支管理情况，即反映政府收入、支出管理等方面的情况。④政府财政财务管理制度建设情况，即反映财政财务管理制度的完善性。

复习思考题

1. 政府综合会计报表的主要内容包括哪些？
2. 政府综合财务报告附注主要内容包括哪些？
3. 政府财政经济分析主要内容包括哪些？
4. 政府财政财务管理情况主要内容包括哪些？

附录 政府综合财务报表

附录1 会计报表

附表1 资产负债表

编制单位：　　　　　　　　　　　　　　　年 月 日　　　　　　　　　　　　　单位：元

项目	年初数	年末数	项目	年初数	年末数
流动资产			流动负债		
货币资金			应付短期政府债券		
应收及预付款项			短期借款		
应收利息			应付及预收款项		
应收股利			应付利息		
短期投资			应付职工薪酬		
存货			应付政府补贴款		
一年内到期的非流动资产			一年内到期的非流动负债		
非流动资产			非流动负债		
长期投资			应付长期政府债券		
应收转贷款			应付转贷款		
固定资产净值			长期借款		
在建工程			长期应付款		
无形资产净值			其他负债		
政府储备资产			受托代理负债		
公共基础设施净值			负债合计		
公共基础设施在建工程					
工程					
其他资产					
受托代理资产			净资产合计		
资产合计			负债及净资产合计		

附表 2　收入费用表

编制单位：　　　　　　　　　　　　　年　月　日　　　　　　　　　　　　单位：万元

项目	附注	上年数	本年数
税收收入			
非税收入			
事业收入			
经营收入			
投资收益	附表 14		
政府间转移性收入	附表 15		
其他收入			
收入合计			
工资福利费用			
商品和服务费用			
对个人和家庭的补助			
对企事业单位的补贴			
政府间转移性支出	附表 16		
折旧费用			
摊销费用			
财务费用			
经营费用			
其他费用			
费用合计			
当期盈余			
收入费用表			

附表 3　当期盈余与预算结余差异表

编制单位：　　　　　　　　　　　　　年　月　日　　　　　　　　　　　　单位：万元

项目	金额
当期预算结余	
日常活动产生的差异	
加：安排预算稳定调节基金	
当期预付的商品和服务金额 *	
支付应付未付的商品和服务金额 *	
当期购买的存货和政府储备资产金额 *	
减：动用预算稳定调节基金	
当期收到已预付账款的商品和服务金额 *	
当期发生的应付未付商品和服务金额 *	
当期领用的存货和发出的政府储备资产金额 *	
当期折旧费用 *	
当期摊销费用 *	
投资活动产生的差异	
加：当期应取得的政府股权投资收益	
当期财政直接发生的资本性支出	

续表

项目	金额
土地储备资金中的交付项目支出	
当期政府部门发生的资本性支出*	
减：国有资本经营预算收入	
筹资活动产生的差异	
加：债务还本支出	
债务转贷支出	
减：债务收入	
债务转贷收入	
当期盈余	

注：表中带"*"的项目从政府部门财务报告的当期盈余与预算结余差异表中直接取得。

附录2 会计报表重要项目明细表

附表1 货币资金明细表

单位：万元

项目	期初数	期末数
现金		
国库存款		
国库现金管理存款		
其他财政存款		
银行存款		
其中：土地储备资金存款		
物资储备资金存款		
其他货币资金		
合计		

附表2 应收及预付款项明细表

单位：万元

主体	期初数	期末数
财政		
政府部门		
部门1		
部门2		
……		
其他		
合计		

注：1. 本表中的"财政"是指承担核算财政预算资金、农业综合开发资金等各类资金职能的政府财政部门。"政府部门"是指纳入本级政府综合财务报告合并范围的部门。"其他"是指土地储备资金和物资储备资金等资金主体。

2. 本表反映被合并主体抵销后的应收及预付款项金额。

附表3 短期投资明细表

单位：万元

主体	期初数	期末数
财政		
政府部门		
部门1		
部门2		
……		
其他		
合计		

注：本表中的"财政"是指承担核算财政预算资金、农业综合开发资金等各类资金职能的政府财政部门。"政府部门"是指纳入本级政府综合财务报告合并范围的部门。"其他"是指土地储备资金和物资储备资金等资金主体。

附表 4　长期投资明细表

单位：万元

项目	期初数	期末数
股权投资		
对企业股权投资		
企业 1		
企业 2		
企业 3		
……		
对投资基金股权投资		
投资基金 1		
投资基金 2		
投资基金 3		
……		
其他股权投资		
债券投资		
合计		

注：本表按照长期投资对象列示明细。

附表 5　应收转贷款明细表

单位：万元

项目	期初数	期末数
应收地方政府债券转贷款		
地区 1		
地区 2		
地区 3		
……		
应收主权外债转贷款		
地区 1		
地区 2		
地区 3		
……		
合计		

注：本表按照转贷对象列示明细。

附表 6　固定资产明细表

单位：万元

项目	期初数	期末数
原值合计		
房屋及构筑物		
通用设备		
专用设备		
文物和陈列品		

续表

项目	期初数	期末数
图书、档案		
家具、用具、装具及动植物		
累计折旧合计		
房屋及构筑物		
通用设备		
专用设备		
文物和陈列品		
图书、档案		
家具、用具、装具及动植物		
净值合计		
房屋及构筑物		
通用设备		
专用设备		
文物和陈列品		
图书、档案		
家具、用具、装具及动植物		

注：本表按照转贷对象列示明细。

附表7　政府储备资产明细表

单位：万元

主体	期初数	期末数
部门1		
部门2		
部门3		
……		
合计		

注：本表按照政府储备资产持有部门列示明细。

附表8　公共基础设施明细表

单位：万元

项目	期初数	期末数
原值合计		
交通运输基础设施		
水利基础设施		
市政基础设施		
其他公共基础设施		
累计折旧合计		
交通运输基础设施		
水利基础设施		
市政基础设施		
其他公共基础设施		

续表

项目	期初数	期末数
净值合计		
交通运输基础设施		
水利基础设施		
市政基础设施		
其他公共基础设施		

注：本表按照政府储备资产持有部门列示明细。

附表 9　公共基础设施在建工程明细表

单位：万元

项目	期初数	期末数
交通运输基础设施		
水利基础设施		
市政基础设施		
其他公共基础设施		
合计		

附表 10　应付及预收账款明细表

单位：万元

主体	期初数	期末数
财政		
政府部门		
部门1		
部门2		
……		
其他		
合计		

注：1. 本表中的"财政"是指承担核算财政预算资金、农业综合开发资金等各类资金职能的政府财政部门。"政府部门"是指纳入本级政府综合财务报告合并范围的部门。"其他"是指土地储备资金和物资储备资金等资金主体。
2. 本表反映被合并主体抵销后的应付及预收款项金额。

附表 11-1　应付长期政府债券明细表

单位：万元

项目	期初数	期末数
国债		
地方政府一般债券		
地方政府专项债券		
合计		

注：本表按照长期应付政府债券项目列示。

附表 11-2　应付长期政府债券明细表

单位：万元

到期期限	期初数	期末数
1~3 年（不含 1 年）		
3~5 年（不含 3 年）		
5 年以上（不含 5 年）		
合计		

注：本表按照长期政府债券到期期限列示明细。

附表 12-1　应付转贷款明细表

单位：万元

项目	期初数	期末数
应付地方政府债券转贷款		
其中：地方政府一般债券		
地方政府专项债券		
应付主权外债转贷款		
合计		

注：本表按照应付转贷款种类列示明细。

附表 12-2　应付转贷款明细表

单位：万元

到期期限	期初数	期末数
1~3 年（不含 1 年）		
3~5 年（不含 3 年）		
5 年以上（不含 5 年）		
合计		

注：本表按照应付转贷款到期期限列示。

附表 13-1　长期借款明细表

单位：万元

债权人	期初数	期末数
机构 1		
机构 2		
机构 3		
……		
合计		

注：本表按照债权人列示明细。

附表 13-2　长期借款明细表

单位：万元

到期期限	期初数	期末数
1~3 年（不含 1 年）		
3~5 年（不含 3 年）		
5 年以上（不含 5 年）		
合计		

注：本表按照长期借款到期期限列示明细。

附表14 投资收益明细表

单位：万元

项目	上年数	本年数
股权投资产生的投资收益		
对企业股权投资收益		
对投资基金投资收益		
其他股权投资收益		
债券投资产生的投资收益		
合计		

附表15 政府间转移性收入明细表

单位：万元

主体	上年数	本年数
上级政府		
下级政府		
其他		
合计		

注：本表按照政府间转移性收入来源主体列示明细。其中，上下级政府转移性收入填列上下级政府财政间的转移性收入。

附表16 政府间转移性支出明细表

单位：万元

对象	上年数	本年数
上级政府		
下级政府		
其他		
合计		

注：本表按照政府间转移性支出对象列示明细。其中，上下级政府转移性支出填列上下级政府财政间的转移性支出。

附表 3 汇总工作表

单位：万元

政府综合会计报表项目	包括抵销调整后合计	原有金额合计	被合并主体报表项目					备注	调整分录		抵销分录	
			政府部门会计报表项目	财政总预算会计报表项目	农业综合开发资金会计报表项目	土地储备资金财务报表项目	物资储备资金会计报表项目		借项	贷项	借项	贷项
一、资产类												
货币资金			货币资金	国库存款		库存现金	现金					
				国库现金管理存款		银行存款	银行存款					
				其他财政存款			外汇存款	10.将财政代管的部门资金予以调减		贷：其他财政存款		
应收及预付账款项			应收票据	在途款	转出参股经营资金	预付工程款	转账账款	01.抵销政府部门之间的债权债务事项				
			应收账款	其他应收款	有偿资金放款	其他应收款	应收账款					
			预付账款	与下级往来	委托贷款		合同预付款					
			其他应收款		借出有偿资金		应收索赔款					
应收利息			应收利息	应收利息		应收利息						
应收股利			应收股利	应收股利				23.将未确认的政府在企业中享有的国有资本权益、应收股利、投资收益予以确认	借：应收股利			贷：应收账款、预付款、其他应收款

319

续表

政府综合会计报表项目	包括抵销调整后合计	包括抵销后合计	原有金额合计	被合并主体报表项目					备注	调整分录		抵销分录	
				政府部门会计报表项目	财政总预算会计报表项目	农业综合开发资金会计报表项目	土地储备资金财务会计报表项目	物资储备资金会计报表项目		借项	贷项	借项	贷项
短期投资				短期投资	有价证券								
存货				存货									
一年内到期的非流动资产				一年内到期的非流动资产	应收地方政府债券转贷款（1年内到期），应收主权外债转贷款（1年内到期）								
长期投资				长期投资	股权投资			参股经营投资	23. 将未确认的政府在企业中享有的国有资本权益，应收股利、投资收益予以确认	借：长期投资			
应收转贷款					应收地方政府债券转贷款（剔除1年内到期的部分）								
					应收主权外债转贷款（剔除1年内到期的部分）								
固定资产净值				固定资产净值									
在建工程				在建工程			收储项目						
无形资产净值				无形资产净值									

续表

政府综合会计报表项目	包括抵销调整后合计	包括抵销后合计	原有金额合计	被合并主体报表项目					备注	调整分录		抵销分录	
				政府部门会计报表项目	财政总预算会计报表项目	农业综合开发资金会计报表项目	土地储备资金财务会计报表项目	物资储备资金会计报表项目		借项	贷项	借项	贷项
政府储备资产				政府储备资产				库存储备物资					
								库存专案物资					
								借出储备物资					
								借出专案物资					
								其他待转资产					
政府储备资产				政府储备资产				收储物资					
								物资进货费					
								专项储备物资					
公共基础设施净值				公共基础设施净值									
公共基础设施在建工程				公共基础设施在建工程									
其他资产				其他资产	待发国债	待处理有偿资金	待摊支出	待处理物资短缺					
受托代理资产				受托代理资产									

续表

政府综合会计报表项目	包括抵销调整后合计	原有金额合计	被合并主体报表项目				备注	调整分录		抵销分录	
			政府部门会计报表项目	财政总预算会计报表项目	农业综合开发资金会计报表项目	土地储备资金财务会计报表项目	物资储备资金会计报表项目		借项	贷项	借项	贷项
			财政应返还额度			财政应返还额度		03.抵销财政与部门、土地储备资金、物资储备资金之间的往来事项				贷:财政应返还额度
待调整抵销项目				借出款项				06.将财政的借出款项中的其他应付款科目进行抵销				贷:财政预算额度
				预拨经费				07.将财政与部门的预拨经费中的其他应付款进行抵销				贷:借出款项
资产合计												贷:预拨经费
二、负债类												
应付短期政府债券				应付短期政府债券								
短期借款			短期借款		借入款项(属于短期的部分)	借入偿债资金(属于短期的部分)						
应付票据			应付票据	与上级往来	转入参股经营资金	应付工程款	应付账款					
应付账款			应付账款	其他应付款		其他应付款	划收贷款	01.抵销政府部门之间的债权债务事项			借:应付账款、长期应付款、预收账款、其他应付款	
预收及预收款项			预收账款			合同预收款		07.将财政与部门的预拨经费中的其他应付款进行抵销			借:其他应付款	

续表

政府综合会计报表项目	包括抵销调整后合计	原有金额合计	被合并主体报表项目					备注	调整分录		抵销分录	
			政府部门会计报表项目	财政总预算会计报表项目	农业综合开发资金会计报表项目	土地储备资金财务报表项目	物资储备资金会计报表项目		借项	贷项	借项	贷项
应付及预收款项			其他应付款					06.将财政的借出款项与部门中的其他应付款科目进行抵销			借:其他应付款	
应付利息			应付利息	应付利息								
应付职工薪酬			应付职工薪酬									
应付政府补贴款			应付政府补贴款									
一年内到期的非流动负债			一年内到期的非流动负债									
应付长期政府债券				应付长期政府债券								
应付转贷款				应付地方政府债券转贷款								
应付转贷款				应付主权外债转贷款								
长期借款			长期借款	借入有偿资金（属于长期的部分）			借入款项（属于长期的部分）					
长期应付款			长期应付款									
受托代理负债			受托代理负债									

续表

政府综合会计报表项目	包括抵销后调整合计	原有金额合计	被合并主体报表项目					备注	调整分录		抵销分录	
			政府部门会计报表项目	财政总预算会计报表项目	农业综合开发资金会计报表项目	土地储备资金财务报表项目	物资储备资金会计报表项目		借项	贷项	借项	贷项
其他负债			应缴税费	应付政策性负债		应交税费	应交税金					
其他负债			应缴财政款				待处理物资溢余					
							应上交资金					
待抵销调整项目				应付国库集中支付结余				03. 抵销财政与部门、土地储备资金、物资储备资金之间的往来事项			借：应付国库集中支付结余	
				应付代管资金				10. 将财政代管的部门资金予以调减	借：应付代管资金			
负债合计												
三、净资产												
净资产			净资产	一般公共预算结转结余 政府性基金预算结转结余	本级有偿资金	土地储备基金	储备基金	23. 将未确认的政府在企业中享有的国有资本权益、应收股利、投资收益予以确认		贷：净资产		
								12. 国有资本经营预算收入，应予以调减，并调整净资产 08 专项拨款基金		贷：净资产		

续表

政府综合会计报表项目	包括抵销后调整合计	原有金额合计	被合并主体报表项目					备注	调整分录		抵销分录	
			政府部门会计报表项目	财政总预算会计报表项目	农业综合开发资金会计报表项目	土地储备资金财务报表项目	物资储备资金会计报表项目		借项	贷项	借项	贷项
净资产				国有资本经营预算结转结余	参股经营收益		财政预算基金	13.动用预算基金不属于收入，应予以调减，并调整净资产		贷：净资产		
				财政专户管理资金结余	本级参股经营资金		收入合计与支出合计的差额	15.债务收入，应予以调减，并调整净资产		贷：净资产		
				专用基金结余				16.债务转贷收入不属于费用，应予以调减，并调整净资产		贷：净资产		
			净资产	预算稳定调节基金				17.债务还本支出不属于费用，应予以调减，并调整净资产	借：净资产			
				预算周转金				18.债务转贷支出不属于费用，应予以调减，并调整净资产	借：净资产			
				资产基金				14.安排预算稳定调节基金不属于费用，应予以调减，并调整净资产	借：净资产			
				待偿债净资产（用负数填列）				19.财政直接发生的股权投资等资本性支出	借：净资产			

325

续表

政府综合会计报表项目	包括抵销调整后合计	包括抵销后合计	原有金额合计	被合并主体报表项目					备注	调整分录		抵销分录	
				政府部门会计报表项目	财政总预算会计报表项目	农业综合开发资金财务会计报表项目	土地储备资金财务会计报表项目	物资储备会计报表项目		借项	贷项	借项	贷项
									出不属于费用，应予以调减，并调整净资产	借：净资产			
									24. 交付项目支出不属于费用，应予以调减，并调整净资产	借：净资产			
				净资产					22. 将财政总预算会计中已核算的股权投资收益调出	借：净资产			
净资产									根据调整分录中收入调整总额与费用调整总额的差额，调整净资产项目				
负债及净资产合计													
四、收入类													
税收收入					一般公共预算本级税收收入								
					一般公共预算本级非税收入								
非税收入					政府性基金预算本级收入								

续表

政府综合会计报表项目	包括抵销调整后合计	原有金额合计	被合并主体报表项目					备注	调整分录		抵销分录	
			政府部门会计报表项目	财政总预算会计报表项目	农业综合开发资金会计报表项目	土地储备资金财务报表项目	物资储备资金会计报表项目		借项	贷项	借项	贷项
事业收入			事业收入	财政专户管理资金收入				05.将部门的事业收入与财政的财政专户管理资金支出进行抵销			借:事业收入(财政专户管理资金)	
			事业收入					02.抵销政府部门之间的收入费用事项			借:事业收入(来自同级部门部分)	
经营收入			经营收入									
投资收益			投资收益					23.将未确认的政府在企业中享有的国有资本权益、应收股利、投资收益予以确认		贷:投资收益		
								22.将财政总预算会计中已核算的股权投资收益调出		贷:投资收益		
政府间转移性收入			上级补助收入	一般公共预算补助收入								
			其他收入(来自非同级政府部门的部分)	政府性基金预算补助收入								
政府间转移性收入				一般公共预算上解收入								
				政府性基金预算上解收入								
				地区间援助收入								

续表

政府综合会计报表项目	包括抵销调整后合计	包括抵销后合计	原有金额合计	被合并主体报表项目					备注	调整分录		抵销分录	
				政府部门会计报表项目	财政总预算会计报表项目	农业综合开发资金会计报表项目	土地储备资金财务报表项目	物资储备资金会计报表项目		借项	贷项	借项	贷项
其他收入				其他收入（除了来自非同级政府部门的部分）		其他收入			02. 抵销政府部门之间的收入费用事项			借：其他收入（来自同级政府部门）	
									11. 将财政内部的不属于一般公共预算安排的专用基金收入调整到其他收入中		贷：其他收入		
				财政拨款收入			财政拨款收入		04. 将部门的财政拨款收入与财政的一般公共预算支出、政府性基金预算支出等相关支出进行抵销			借：财政拨款收入	
					调入资金				09. 将财政内部不同类型资金之间的调入事项进行抵销			借：调入资金	
待抵销调整项目					国有资本经营预算本级收入				12. 国有资本经营预算收入不属于本经营预算收入，应予以调减，并调整净资产	借：国有资本经营预算收入			
					动用预算稳定调节基金				13. 动用预算稳定调节基金不属于本收入，应予以调减，并调整净资产	借：动用预算稳定调节基金			

续表

政府综合会计报表项目	包括抵销调整后合计	原有金额合计	被合并主体报表项目					备注	调整分录		抵销分录	
			政府部门会计报表项目	财政总预算会计报表项目	农业综合开发资金会计报表项目	土地储备资金财务报表项目	物资储备金会计报表项目		借项	贷项	借项	贷项
待抵销调整项目				债务收入				15. 债务收入，应予以调减，并调整净资产	借：债务收入			
				债务转贷收入				16. 债务转贷收入不属于收入，应予以调减，并调整净资产	借：债务转贷收入			
				专用基金收入				08. 将财政内部的来自一般公共预算安排的专用基金的一般公共预算本级收入与支出进行抵销			借：专用基金	收入
								11. 将财政内部的不属于一般公共预算安排的专用基金收入调整到其他收入中				
收入合计												
五、费用类												
工资福利费用			工资福利费用					20. 将财政直接安排支出分析调整人相应费用报表项目	借：工资福利费用			
								21. 将财政支出的专用基金支出调整计人相应的费用报表项目	借：工资福利费用			

续表

政府综合会计报表项目	包括抵销调整后合计	原有金额合计	被合并主体报表项目					备注	调整分录		抵销分录	
			政府部门会计报表项目	财政总预算会计报表项目	农业综合开发资金会计报表项目	土地储备资金财务报表项目	物资储备资金会计报表项目		借项	贷项	借项	贷项
商品和服务费用			商品和服务费用					02. 抵销政府部门之间的收入费用事项				贷：商品和服务费用
								20. 将财政直接安排支出分析调整计入相应费用报表项目	借：商品和服务费用			
								21. 将财政的专用基金调整费用计入相应报表项目	借：商品和服务费用			
对个人和家庭的补助			对个人和家庭的补助			用于产业化项目支出		20. 将财政直接安排支出分析调整费用报表项目	借：对个人和家庭的补助			
								21. 将财政的专用基金调整费用计入相应报表项目	借：对个人和家庭的补助			
对企事业单位的补贴			对企事业单位的补贴					20. 将财政直接安排支出分析调整费用报表项目	借：对企事业单位的补贴			
								21. 将财政的专用基金调整费用计入相应报表项目	借：对企事业单位的补贴			

续表

政府综合会计报表项目	包括抵销调整后合计	原有金额合计	政府部门会计报表项目	被合并主体报表项目				备注	调整分录		抵销分录	
				财政总预算会计报表项目	农业综合开发资金会计报表项目	土地储备资金财务报表项目	物资储备资金会计报表项目		借项	贷项	借项	贷项
政府间转移性支出			上缴上级支出	上缴支出								
			补助支出	地区间援助支出								
折旧费用			折旧费用									
摊销费用			摊销费用									
财务费用			财务费用	一般公共预算本级支出、政府性基金预算本级支出				20. 将财政直接安排支出分析调整人相应费用报表项目	财务费用			
经营费用			经营费用			用于土地治理项目支出						
其他费用			其他费用	财政专户管理资金支出				05. 将部门的事业收入与财政专户管理资金支出进行抵销				贷：财政专户管理资金支出
				一般公共预算本级支出				04. 将部门收入与财政拨款的一般公共预算支出、政府性基金预算本级支出等相关支出进行抵销				贷：一般公共预算本级支出
待调整抵销项目								19. 财政直接发生的股权投资等资本性支出不属于以及费用，应予以调增，并调整净资产		贷：一般公共预算本级支出		

续表

政府综合会计报表项目	包括抵销调整后合计	原有金额合计	被合并主体报表项目					备注	调整分录		抵销分录	
			政府部门会计报表项目	财政总预算会计报表项目	农业综合开发资金会计报表项目	土地储备资金财务报表项目	物资储备资金会计报表项目		借项	贷项	借项	贷项
								08.将财政内部的来自一般公共预算安排的专用预算收入与相应的一般公共预算本级支出进行抵销				贷：一般公共预算本级支出
								20.将财政直接安排支出分析调整计入相应费用报表项目		贷：一般公共预算本级支出		
待调整抵销项目				政府性基金预算本级支出				04.将财政部门的财政拨款收入与财政性基金预算本级支出等相关支出进行抵销				贷：政府性基金预算本级支出
								19.财政直接发生的股权投资支出等不属于子以资本性费用,应调整净减,并调整净资产				
								20.将财政直接安排支出分析调整计入相应费用报表项目		贷：政府性基金预算本级支出		

续表

政府综合会计报表项目	包括抵销调整后合计	包括抵销后合计	原有金额合计	被合并主体报表项目					备注	调整分录		抵销分录	
				政府部门会计报表项目	财政总预算会计报表项目	农业综合开发资金会计报表项目	土地储备资金财务报表项目	物资储备资金会计报表项目		借项	贷项	借项	贷项
待调整抵销项目													
					国有资本经营预算本级支出				19.财政直接发生的股权投资支出等资本性支出不属于费用,应予以调减,并调整净资产		贷:国有资本经营预算本级支出		
									20.将财政直接安排支出人分析调整入相应费用报表项目		贷:国有资本经营预算本级支出		
					调出资金				09.不同类型资金之间的调入调出事项进行抵销				贷:调出资金
					债务还本支出				17.债务还本支出不属于费用,应予以调减,并调整净资产		贷:债务还本支出		
					债务转贷支出				18.债务转贷支出不属于费用,应予以调减,并调整净资产		贷:债务转贷支出		
					安排预算稳定调节基金				14.安排预算稳定调节基金不属于费用,应予以调减,并调整净资产		贷:安排预算稳定调节基金		
					专用基金支出				21.将财政支出的专用基金支出用调整计入相应的费用报表项目		贷:专用基金支出		

续表

政府综合会计报表项目	包括抵销后调整合计	原有金额合计	被合并主体报表项目					备注	调整分录		抵销分录	
			政府部门会计报表项目	财政总预算会计报表项目	农业综合开发资金会计报表项目	土地储备资金财务会计报表项目	物资储备金会计报表项目		借项	贷项	借项	贷项
待调整抵销项目						支付项目支出		24.支付项目支出不属于费用,应予以调减,并调整净资产		贷:支付项目支出		
费用合计												
六、当期盈余												
原有收支差额												
抵销后的收支差额												
当期盈余												

附录4 被合并主体报表项目与政府综合会计报表项目对照表

附表1 政府部门会计报表项目对照表

政府综合会计报表项目	政府部门会计报表项目	项目说明
一、资产类		
货币资金	货币资金	
应收及预付款项	应收票据	部门之间抵销事项。与同级政府部门应付账款、长期应付款、预收账款、其他应付款进行抵销
	应收账款	
	预付账款	
	其他应收款	
应收利息	应收利息	
应收股利	应收股利	
短期投资	短期投资	
存货	存货	
一年内到期的非流动资产	一年内到期的非流动资产	
长期投资	长期投资	
应收转贷款	—	
固定资产净值	固定资产净值	
在建工程	在建工程	
政府储备资产	政府储备资产	
无形资产净值	无形资产净值	
公共基础设施净值	公共基础设施净值	
公共基础设施在建工程	公共基础设施在建工程	
其他资产	其他资产	
受托代理负债	受托代理负债	
待抵销调整项目	财政应返还额度	财政与部门之间抵销事项。抵销财政与部门、土地储备资金、物资储备资金之间的往来事项
二、负债类		
应付短期政府债券	—	
短期借款	短期借款	
应付及预收款项	应付票据	
	应付账款	部门之间抵销事项。与同级政府部门应收账款、预付账款、其他应收款进行抵销
	预收账款	
	其他应付款	财政与部门之间抵销事项。将财政的借出款项与部门其他应付款科目进行抵销
应付利息	应付利息	
应付职工薪酬	应付职工薪酬	
应付政府补贴款	应付政府补贴款	

续表

政府综合会计报表项目	政府部门会计报表项目	项目说明
二、负债类		
一年内到期的非流动负债	一年内到期的非流动负债	
应付长期政府债券	——	
应付转贷款	——	
长期借款	长期借款	
长期应付款	长期应付款	部门之间抵销事项。与同级政府部门应付账款、预收账款、其他应付款进行抵销
受托代理负债	受托代理负债	
其他负债	应缴税费	
	应缴财政款	
待抵销调整项目	——	
三、净资产类		
净资产	净资产	
四、收入类		
税收收入	——	
非税收入	——	
事业收入	事业收入	财政与部门之间抵销事项。与财政专户管理资金支出进行抵销
		部门之间抵销事项。与支付给同级政府部门的商品和服务费用进行抵销
经营收入	经营收入	
投资收益	投资收益	
政府间转移性收入	上级补助收入	
	其他收入	来自非同级政府部门的部分
其他收入	其他收入	除来自非同级政府部门部分以外的部分
待抵销调整项目	财政拨款收入	财政与部门之间抵销事项。将部门的财政拨款收入与财政的一般公共预算支出、政府性基金预算支出等相关支出进行抵销
五、费用类		
工资福利费用	工资福利费用	
商品和服务费用	商品和服务费用	部门之间抵销事项。与来自同级政府部门的其他收入和事业收入进行抵销
对个人和家庭的补助	对个人和家庭的补助	
对企事业单位的补贴	对企事业单位的补贴	
政府间转移性支出	上缴上级支出	
折旧费用	折旧费用	
摊销费用	摊销费用	
财务费用	财务费用	
经营费用	经营费用	
其他费用	其他费用	

附表 2 财政总预算会计报表项目对照表

政府综合会计报表项目	财政总预算会计报表项目	项目说明
\multicolumn{3}{c}{一、资产类}		
货币资金	国库存款	
	国库现金管理存款	
	其他财政存款	财政内部调整事项。将财政代管的部门资金予以调减
应收及预付款项	在途款	
	其他应收款	
	与下级往来	
应收利息	应收利息	
应收股利	应收股利	
短期投资	有价证券	
存货	——	
一年内到期的非流动资产	应收地方政府债券转贷款（1年内到期或变现）	
	应收主权外债转贷款（1年内到期或变现）	
长期投资	股权投资	
应收转贷款	应收地方政府债券转贷款（剔除1年内到期或变现的部分）	
	应收主权外债转贷款（剔除1年内到期或变现的部分）	
固定资产净值	——	
在建工程	——	
政府储备资产	——	
无形资产净值	——	
公共基础设施净值	——	
公共基础设施在建工程	——	
其他资产	待发国债	
受托代理负债	——	
待抵销调整项目	借出款项	财政与部门之间抵销事项。将财政的借出款项与部门其他应付款科目进行抵销
	预拨经费	财政与部门之间抵销事项。与部门中的其他应付款进行抵销
\multicolumn{3}{c}{二、负债类}		
应付短期政府债券	应付短期政府债券	
短期借款	——	
应付及预收款项	与上级往来	
	其他应付款	
应付利息	应付利息	
应付职工薪酬	——	
应付政府补贴款	——	

续表

政府综合会计报表项目	财政总预算会计报表项目	项目说明
二、负债类		
一年内到期的非流动负债	一年内到期的非流动负债	
应付长期政府债券	应付长期政府债券	
应付转贷款	应付地方政府债券转贷款	
	应付主权外债转贷款	
长期借款	借入款项	
长期应付款	——	
受托代理负债	——	
其他负债	其他负债	
待抵销调整项目	应付国库集中支付结余	财政与部门之间抵销事项。抵销财政与部门、土地储备资金、物资储备资金之间的往来事项
	应付代管资金	财政内部调整事项。将财政代管的部门资金予以调减
三、净资产类		
净资产	一般公共预算结转结余	财政内部调整事项。国有资本经营预算收入不属于收入,应予以调减,并调整净资产
	政府性基金预算结转结余	财政内部调整事项。动用预算稳定调节基金不属于收入,应予以调减,并调整净资产
	国有资本经营预算结转结余	财政内部调整事项。债务收入不属于收入,应予以调减,并调整净资产
	财政专户管理资金结余	财政内部调整事项。债务转贷收入不属于收入,应予以调减,并调整净资产
净资产	专用基金结余	财政内部调整事项。债务还本支出不属于费用,应予以调减,并调整净资产
	预算稳定调节基金	财政内部调整事项。债务转贷支出不属于费用,应予以调减,并调整净资产
	预算周转金	财政内部调整事项。安排预算稳定调节基金不属于费用,应予以调减,并调整净资产
	资产基金	财政内部调整事项。财政直接发生的股权投资等资本性支出不属于费用,应予以调减,并调整净资产
	待偿债净资产(用负数填列)	
四、收入类		
税收收入	一般公共预算本级收入中税收收入	
非税收入	一般公共预算本级收入中非税收入	财政与部门之间调整事项。将部门的应缴预算款调整为非税收入
	政府性基金预算本级收入	
事业收入	财政专户管理资金收入	
经营收入	——	
投资收益	——	
政府间转移性收入	一般公共预算补助收入	
	政府性基金预算补助收入	
	一般公共预算上解收入	

续表

政府综合会计报表项目	财政总预算会计报表项目	项目说明
四、收入类		
政府间转移性收入	政府性基金预算上解收入	
	地区间援助收入	
其他收入	——	财政内部调整事项。将财政内部中不属于一般公共预算安排的专用基金收入调整到其他收入中
待抵销调整项目	调入资金	财政内部抵销事项。与财政内部调出资金进行抵销
	国有资本经营预算本级收入	财政内部调整事项。国有资本经营预算收入不属于收入，应予以调减，并调整净资产
	动用预算稳定调节基金	财政内部调整事项。动用预算稳定调节基金不属于收入，应予以调减，并调整净资产
	债务收入	财政内部调整事项。债务收入不属于收入，应予以调减，并调整净资产
	债务转贷收入	财政内部调整事项。债务转贷收入不属于收入，应予以调减，并调整净资产
	专用基金收入	财政内部抵销事项。将财政内部的来自一般公共预算安排的专用基金收入与相应的一般公共预算支出进行抵销
待抵销调整项目	专用基金收入	财政内部调整事项。将财政内部中不属于一般公共预算安排的专用基金收入调整到其他收入中
五、费用类		
工资福利费用	——	
商品和服务费用	——	财政内部调整事项。将财政的预算支出与部门的拨款收入未抵销完的部分调整计入相应费用报表项目
对个人和家庭的补助	——	财政内部调整事项。将财政的预算支出与部门的拨款收入未抵销完的部分调整计入相应费用报表项目
对企事业单位的补贴	——	
政府间转移性支出	补助支出	
	上解支出	
	地区间援助支出	
折旧费用	——	
摊销费用	——	
财务费用	——	
经营费用	——	
其他费用	——	
待抵销调整项目	一般公共预算本级支出	财政与部门之间抵销事项。将部门的财政拨款收入与财政的一般公共预算支出、政府性基金预算支出等相关支出进行抵销
		财政与部门之间抵销事项。将农业综合开发资金中的拨入本级财政资金与财政的一般公共预算支出等进行抵销
		财政与部门之间抵销事项。将赠款项目中拨入配套资金（来自同级财政的部分）与财政的相关支出抵销
		财政内部调整事项。财政直接发生的股权投资等资本性支出不属于费用，应予以调减，并调整净资产
		财政内部抵销事项。将财政内部的来自一般公共预算安排的专用基金收入与相应的一般公共预算支出进行抵销

续表

政府综合会计报表项目	财政总预算会计报表项目	项目说明
五、费用类		
待抵销调整项目	一般公共预算本级支出	财政内部调整事项。将财政的预算支出与部门的拨款收入未抵销完的部分调整计入相应费用报表项目
待抵销调整项目	政府性基金预算本级支出	财政与部门之间抵销事项。将部门的财政拨款收入与财政的一般公共预算支出、政府性基金预算支出等相关支出进行抵销
		财政与部门之间抵销事项。将农业综合开发资金中的拨入本级财政资金与财政的一般公共预算支出等进行抵销
		财政与部门之间抵销事项。将赠款项目中拨入配套资金（来自同级财政的部分）与财政的相关支出抵销
		财政内部调整事项。财政直接发生的股权投资等资本性支出不属于费用，应予以调减，并调整净资产
		财政内部调整事项。将财政的预算支出与部门的拨款收入未抵销完的部分调整计入相应费用报表项目
待抵销调整项目	国有资本经营预算本级支出	财政内部调整事项。财政直接发生的股权投资等资本性支出不属于费用，应予以调减，并调整净资产
		财政内部调整事项。将财政的直接支出分析调整计入
待抵销调整项目	国有资本经营预算本级支出	相应费用报表项目
待抵销调整项目	财政专户管理资金支出	财政与部门之间抵销事项。与部门的事业收入（财政专户管理资金）进行抵销
	调出资金	财政内部抵销事项。与财政内部调入资金进行抵销
	债务还本支出	财政内部调整事项。债务还本支出不属于费用，应予以调减，并调整净资产
	债务转贷支出	财政内部调整事项。债务转贷支出不属于费用，应予以调减，并调整净资产
	安排预算稳定调节基金	财政内部调整事项。安排预算稳定调节基金不属于费用，应予以调减，并调整净资产
	专用基金支出	财政与部门之间调整事项。将财政的专用基金支出调整计入相应的费用报表项目

附表3　土地储备资金财务报表项目对照表

政府综合会计报表项目	土地储备资金财务报表	项目说明
一、资产类		
货币资金	库存现金	
	银行存款	
应收及预付款项	预付工程款	
	其他应收款	
借出款项	—	
应收利息	应收利息	
应收股利	—	
短期投资	—	
存货	—	
一年内到期的非流动资产	—	
长期投资	—	

续表

政府综合会计报表项目	土地储备资金财务报表	项目说明
一、资产类		
应收转贷款	—	
固定资产净值	—	
在建工程	收储项目	
政府储备资产	—	
无形资产净值	—	
公共基础设施净值		
公共基础设施在建工程	—	
其他资产	待摊支出	
受托代理负债	—	
待抵销调整项目	财政应返还额度	财政与部门之间抵销事项。抵销财政与部门、土地储备资金、物资储备资金之间的往来事项
二、负债类		
应付短期政府债券	—	
短期借款	短期借款	
应付及预收款项	应付工程款	
	其他应付款	
应付利息	应付利息	
应付职工薪酬	—	
应付政府补贴款	—	
一年内到期的非流动负债	—	
应付长期政府债券	—	
应付转贷款	—	
长期借款	长期借款	
长期应付款	—	
受托代理负债	—	
其他负债	应交税费	
三、净资产类		
净资产	土地储备资金	
四、收入类		
税收收入	—	
非税收入	—	
事业收入	—	
经营收入	—	
投资收益	—	
政府间转移性收入	—	
其他收入	其他收入	
待抵销调整项目	财政拨款收入	财政与部门之间抵销事项。将部门的财政拨款收入与财政的一般公共预算支出、政府性基金预算支出等相关支出进行抵销
五、费用类		
工资福利费用	—	
商品和服务费用	—	

续表

政府综合会计报表项目	土地储备资金财务报表	项目说明
五、费用类		
对个人和家庭的补助	—	
对企事业单位的补贴	—	
政府间转移性支出	—	
折旧费用	—	
摊销费用	—	
财务费用	—	
经营费用	—	
其他费用	—	
待抵销调整项目	交付项目支出	其他调整事项。交付项目支出不属于费用，应予以调减，并调整净资产

附表4 物资储备资金会计报表项目对照表

政府综合会计报表项目	物资储备资金会计报表	项目说明
一、资产类		
货币资金	库存现金	
	银行存款	
	外汇存款	
应收及预付款项	转账收款	
	应收账款	
	合同预付款	
	应收索赔款	
借出款项	—	
应收利息	—	
应收股利	—	
短期投资	—	
存货	—	
一年内到期的非流动资产	—	
长期投资	—	
应收转贷款	—	
固定资产净值	—	
在建工程	—	
政府储备资产	库存储备物资	
	库存专案物资	
	借出储备物资	
	借出专案物资	
	其他待转资产	
	收储物资	
	物资进货费	
	专项储备物资	
无形资产净值	—	

续表

政府综合会计报表项目	物资储备资金会计报表	项目说明
一、资产类		
公共基础设施净值	—	
公共基础设施在建工程	—	
其他资产	待处理物资短少	
受托代理负债	—	
待抵销调整项目	财政预算额度	
二、负债类		
应付短期政府债券	—	
短期借款	借入款项（属于短期的部分）	
应付及预收款项	应付账款	
	划收货款	
	合同预收款	
应付利息	—	
应付职工薪酬	—	
应付政府补贴款	—	
一年内到期的非流动负债	—	
应付长期政府债券	—	
应付转贷款	—	
长期借款	借入款项（属于长期的部分）	
长期应付款	—	
受托代理负债	—	
其他负债	应交税金	
	待处理物资溢余	
	应上交资金	
三、净资产类		
净资产	储备基金	
	08 专项贷款基金	
	财政预算基金	
	收入合计与支出合计的差额	
四、收入类		
税收收入	—	
非税收入	—	
事业收入	—	
经营收入	—	
投资收益	—	
政府间转移收入	—	
其他收入	—	
待抵销调整项目	—	
五、费用类		
工资福利费用	—	
商品和服务费用	—	

续表

政府综合会计报表项目	物资储备资金会计报表	项目说明
五、费用类		
对个人和家庭的补助	—	
对企事业单位的补贴	—	
政府间转移性支出	—	
折旧费用	—	
摊销费用	—	
财务费用	—	
经营费用	—	
其他费用	—	
待抵销调整项目	—	

附录5 抵销调整事项清单

附表1 抵销调整事项清单

序号	事项说明	分录	事项分类
1	抵销政府部门之间的债权债务事项	借：应付账款/长期应付款/预收账款/其他应付款 贷：应收账款/预付账款/其他应收款	部门之间抵销事项
2	抵销政府部门之间的收入费用事项	借：其他收入/事业收入（来自同级政府部门） 贷：商品和服务费用（支付给同级政府部门）	部门之间抵销事项
3	抵销财政与部门、土地储备资金、物资储备资金之间的往来事项	借：应付国库集中支付结余 贷：财政应返还额度/财政预算额度	财政与部门及相关资金主体之间抵销事项
4	将部门的财政拨款收入与财政的一般公共预算支出、政府性基金预算支出等相关支出进行抵销	借：财政拨款收入 贷：一般公共预算本级支出/政府性基金预算本级支出等	财政与部门及相关资金主体之间抵销事项
5	将部门的事业收入与财政的财政专户管理资金支出进行抵销	借：事业收入（财政专户管理资金） 贷：财政专户管理资金支出	财政与部门及相关资金主体之间抵销事项
6	将财政的借出款项与部门的其他应付款进行抵销	借：其他应付款 贷：借出款项	财政与部门及相关资金主体之间抵销事项
7	将财政的预拨经费与部门的其他应付款进行抵销	借：其他应付款 贷：预拨经费	财政与部门及相关资金主体之间抵销事项
8	将财政内部的来自一般公共预算安排的专用基金收入与相应的一般公共预算本级支出进行抵销	借：专用基金收入 贷：一般公共预算本级支出	财政内部抵销事项
9	将财政内部不同类型资金之间的调入调出事项进行抵销	借：调入资金 贷：调出资金	财政内部抵销事项
10	将财政代管的部门资金予以调减	借：应付代管资金 贷：其他财政存款	财政内部调整事项
11	将财政内部的不属于一般公共预算安排的专用基金收入调整到其他收入中	借：专用基金收入 贷：其他收入	财政内部调整事项
12	国有资本经营预算收入不属于收入，应予以调减，并调整净资产	借：国有资本经营本级预算收入 贷：净资产	财政内部调整事项
13	动用预算稳定调节基金不属于收入，应予以调减，并调整净资产	借：动用预算稳定调节基金 贷：净资产	财政内部调整事项
14	安排预算稳定调节基金不属于费用，应予以调减，并调整净资产	借：净资产 贷：安排预算稳定调节基金	财政内部调整事项
15	债务收入不属于收入，应予以调减，并调整净资产	借：债务收入 贷：净资产	财政内部调整事项
16	债务转贷收入不属于收入，应予以调减，并调整净资产	借：债务转贷收入 贷：净资产	财政内部调整事项
17	债务还本支出不属于费用，应予以调减，并调整净资产	借：净资产 贷：债务还本支出	财政内部调整事项
18	债务转贷支出不属于费用，应予以调减，并调整净资产	借：净资产 贷：债务转贷支出	财政内部调整事项

续表

序号	事项说明	分录	事项分类
19	财政直接发生的股权投资等资本性支出不属于费用，应予以调减，并调整净资产	借：净资产 　　贷：一般公共预算本级支出/政府性基金预算本级支出/国有资本经营预算本级支出	财政内部调整事项
20	将财政直接安排支出分析调整计入相应费用报表项目	借：工资福利费用/商品和服务费用/对个人和家庭的补助/对企事业单位的补贴/财务费用 　　贷：一般公共预算本级支出/政府性基金预算本级支出/国有资本经营预算本级支出	财政内部调整事项
21	将财政的专用基金支出调整计入相应的费用报表项目	借：商品和服务费用/对个人和家庭的补助/对企事业单位的补贴 　　贷：专用基金支出	财政内部调整事项
22	将财政总预算会计中已核算的股权投资收益调出	借：净资产 　　贷：投资收益	财政内部调整事项
23	将未确认的政府在企业中享有的国有资本权益、应收股利、投资收益予以确认	借：应收股利/长期投资 　　贷：投资收益/净资产	新增事项
24	交付项目支出不属于费用，应予以调减，并调整净资产	借：净资产 　　贷：交付项目支出	其他调整事项